江苏商务发展

2021

主编 ◎ 陈 涛

南京大学出版社

图书在版编目(CIP)数据

江苏商务发展.2021 / 陈涛主编. —南京：南京大学出版社，2022.6
　ISBN 978-7-305-25775-9

　Ⅰ.①江… Ⅱ.①陈… Ⅲ.①商业经济－经济发展－研究报告－江苏－2021 Ⅳ.①F727.53

中国版本图书馆CIP数据核字(2022)第086937号

出版发行	南京大学出版社
社　　址	南京市汉口路22号　　邮　　编　210093
出 版 人	金鑫荣

书　　名	江苏商务发展2021
主　　编	陈　涛
责任编辑	武　坦　　　　　　编辑热线　025-83592315
照　　排	南京开卷文化传媒有限公司
印　　刷	南京玉河印刷厂
开　　本	787×960　1/16　印张23　字数387千
版　　次	2022年6月第1版　2022年6月第1次印刷
ISBN	978-7-305-25775-9
定　　价	99.00元

网　　址：http://www.njupco.com
官方微博：http://weibo.com/njupco
官方微信号：njupress
销售咨询热线：(025)83594756

＊版权所有，侵权必究
＊凡购买南大版图书，如有印装质量问题，请与所购
　图书销售部门联系调换

《江苏商务发展2021》编委会

主　　　任	陈　涛
副　主　任	陈晓梅　姜　昕　吴海云　孙　津　周晓阳
	郝建祥　倪海清　朱益民　郁冰滢　王　存
编　　　委	（按姓氏笔画为序）
	王　正　王善华　王煜晶　卞益斌　方　斌
	邢　冲　朱卫东　朱宝荣　刘小卉　汤大军
	杜骎骎　李明双　李　俊　李汉春　李晓东
	吴　炜　邱俊波　何剑波　陈晓冬　金玉梅
	赵厚军　骆　兵　夏网生　徐干松　徐　燕
	黄　楹　强　培　楼海中　颜迎来　戴宏慧
	魏　巍　濮方正
主　　编	陈　涛
副　主　编	倪海清
编辑室负责人	祝美琴
编　　　辑	李嘉佳　范良成　薛　雪　倪　蓉　刘舒亚
	董燕萍　张　贤　王晓凤　伍　玲　王瑞丰
编写人员	（按姓氏笔画为序）
	于　璐　万　洁　王　一　叶　晴　冯宗清
	刘　畅　刘　辉　李　坚　李占领　杨　锐
	张　明　张　蓓　张志伟　张惟佳　陈卓凡
	周春洋　郝丽丽　胡晓岚　秦锐文　袁　园
	夏圣凯　徐　丽　翁侨宏　郭亚鹏　郭　霄
	黄小慧　曹华云　常小朋　梁东晨　彭　程
	葛艳霞　蒯梦原　蔡挺进　翟金一

目录 CONTENTS

第一部分　江苏省商务发展情况

2021年江苏省商务运行情况 …………………………………………（ 2 ）

2021年江苏省消费品市场运行和促进情况 …………………………（ 7 ）

2021年江苏省商贸流通情况 …………………………………………（ 14 ）

2021年江苏省商务系统市场体系建设情况 …………………………（ 23 ）

2021年江苏省对外贸易运行情况 ……………………………………（ 29 ）

2021年江苏省服务贸易运行情况 ……………………………………（ 39 ）

2021年江苏省电子商务发展情况 ……………………………………（ 43 ）

2021年江苏省利用外资情况 …………………………………………（ 48 ）

2021年江苏省对外经济技术合作情况 ………………………………（ 52 ）

2021年江苏省开发区建设发展情况 …………………………………（ 58 ）

2021年江苏省口岸运行和开放情况 …………………………………（ 62 ）

2021 年江苏省进出口公平贸易情况 …………………………………（71）

2021 年江苏自贸试验区建设发展情况 …………………………………（74）

2021 年江苏省商务重点领域改革工作情况 ……………………………（79）

第二部分　各设区市及直管县(市)商务发展情况

南京市 ……………………………………………………………………（88）

无锡市 ……………………………………………………………………（95）

徐州市 ……………………………………………………………………（98）

常州市 ……………………………………………………………………（101）

苏州市 ……………………………………………………………………（106）

南通市 ……………………………………………………………………（112）

连云港市 …………………………………………………………………（115）

淮安市 ……………………………………………………………………（119）

盐城市 ……………………………………………………………………（125）

扬州市 ……………………………………………………………………（131）

镇江市 ……………………………………………………………………（137）

泰州市 ……………………………………………………………………（141）

宿迁市 ……………………………………………………………………（146）

昆山市 ……………………………………………………………………（153）

泰兴市 ……………………………………………………………………（158）

沭阳县 ……………………………………………………………………（163）

第三部分　　工作经验交流

江苏高质量开展 RCEP 生效实施准备工作……………………（168）

江苏践行新理念推动特色服务出口基地建设走在前列…………（173）

南京市多措并举推进现代供应链体系建设………………………（177）

常州市积极打造中德产业创新合作示范区………………………（182）

苏州市多措并举推动新型离岸国际贸易发展……………………（186）

南通市打造对外经贸交流合作新高地……………………………（191）

淮安市不断增强开发区发展活力…………………………………（195）

无锡市梁溪区激发市场活力和消费潜力释放……………………（199）

第四部分　　调查研究报告

促进江苏省流通降本增效的对策研究……………………………（204）

电商新模式促进新型消费的对策研究……………………………（212）

江苏加快内外贸一体化进程的对策建议…………………………（220）

江苏省口岸综合绩效评价办法（体系）研究………………………（226）

创新优化特色产业园及其产业链发展的思路与对策……………（233）

推动江苏离岸贸易高质量发展的若干建议………………………（240）

江苏省服务贸易数字化升级的思路与对策报告…………………（247）

以制度集成创新为支撑推动江苏省自贸试验区新经济新支柱产业

发展研究……………………………………………………………（255）

江苏企业利用RCEP意愿及能力情况调研……………………………………（263）
以数字贸易激活外贸发展新引擎……………………………………………（270）
RCEP对江苏省服务贸易影响分析…………………………………………（275）

第五部分　省商务厅党史学习教育情况

深入学习贯彻习近平总书记"七一"重要讲话精神　以伟大建党精神
　指导商务高质量发展实践…………………………………………………（282）
省商务厅党组党史学习教育总结报告………………………………………（286）

附　录

2021年江苏商务重要文件索引………………………………………………（296）
2021年江苏商务发展大事记…………………………………………………（298）
2021年江苏省相关经贸数据…………………………………………………（356）

第一部分
江苏省商务发展情况

江苏商务发展2021
JiangSu Commerce Development Report

2021年江苏省商务运行情况

2021年,江苏省商务系统认真贯彻省委、省政府决策部署,全力落实"六稳""六保"任务,深入推进"保主体促两稳"和"146消费提振"行动,打响"苏新消费"购物节活动品牌,外贸外资社零规模均创历史新高、迈上新的台阶,商务运行稳中向好、稳中有进、好于预期,为全省全国发展大局做出了积极贡献,实现了"十四五"商务高质量发展良好开局。

一 社零规模跃上新台阶,份额提升

2021年,全省实现社会消费品零售总额42 702.6亿元,同比增长15.1%(见表1),两年平均增长6.4%。全省社零累计增速好于全国平均2.6个百分点;占全国比重9.7%,较上年同期提升0.2个百分点,总量居全国第二。

表1 2021年江苏省与沿海主要省市社零增速(%)

	全国	江苏	上海	广东	浙江
社零增速	12.5	15.1	13.5	9.9	9.7

社零消费主要特点：一是品牌活动拉动明显。全年累计举办"苏新消费"主题促消费活动近千场,对消费市场回升拉动作用明显。根据支付平台数据统计显示,"苏新消费·冬季购物节"首月全省支付金额突破万亿元,环比增长10.7%。二是重点商品增长明显。限额以上18类主要商品零售类别中,有17类同比正增长。其中,日用品类、石油及制品类、建筑及装潢材料类同比分别增长22.6%、26.6%、36.9%。限额以上餐饮收入993.6亿元,增长21.5%。三是消费升级趋势明显。金银珠宝类、智能手机类、智能家用电器和音像器材类、可穿戴智能设备类等中高端商品表现抢眼,限额以上零售额同比分别增长22.4%、25.9%、35.2%、55.6%。四是新兴消费赋能明显。限上单位通过公共网络实现商品零售额同比增长26.9%。新能源汽车大幅增长105.4%。

二 进出口规模创历史新高,结构优化

2021年,按人民币计,全省累计进出口52 130.6亿元,同比增长17.1%,两年平均增长9.6%;其中,出口32 532.3亿元,增长18.6%;进口19 598.3亿元,增长14.8%(见表2)。进出口规模保持全国第二,占全国比重13.3%。在沿海主要省市中,全省进出口、出口增幅好于广东、上海。

外贸进出口主要特点：一是民营企业占比提升。民营企业进出口20 056.9亿元,占比38.5%,较上年同期提升3.3个百分点。二是一般贸易占比提升。一般贸易进出口29 328.3亿元,占比56.3%,提升2.9个百分点。三是新兴市场占比提升。对新兴市场出口增长20.9%,占比48.3%,提升1.0个百分点。对"一带一路"沿线国家地区出口增长20.8%,占比27.4%,提升0.5个百分点。四是苏中苏北占比提升。苏中和苏北进出口分别增长26.8%、29.5%,占比10.7%和8.0%,均提升0.8个百分点。苏南进出口增长14.9%。五是外贸主体数量提升。全省新增进出口实绩企业近4 000家,总量突破8万家。

表2　2021年全国及主要省市进出口情况

金额单位:亿元

名称	进出口 金额	同比(%)	占比(%)	出口 金额	同比(%)	占比(%)	进口 金额	同比(%)	占比(%)
全国	391 008.5	21.4	100.0	217 347.6	21.2	100.0	173 660.9	21.5	100.0
广东	82 680.3	16.7	21.1	50 528.7	16.2	23.2	32 151.6	17.4	18.5
江苏	52 130.6	17.1	13.3	32 532.3	18.6	15.0	19 598.3	14.8	11.3
浙江	41 429.1	22.4	10.6	30 121.3	19.7	13.9	11 307.8	30.3	6.5
上海	40 610.4	16.5	10.4	15 718.7	14.6	7.2	24 891.7	17.7	14.3
山东	29 304.1	32.4	7.5	17 582.7	34.8	8.1	11 721.4	29.0	6.7
福建	18 449.6	30.9	4.7	10 816.5	27.7	5.0	7 633.1	35.7	4.4

三　外资规模保持领先，质提效增

按商务部统计口径，全省实际使用外资288.5亿美元，同比增长22.7%，两年平均增长12.5%；占全国比重16.6%，规模继续居全国首位(见表3)。

表3　2021年全国及主要省市吸收外商投资情况(按商务部统计口径)

金额单位:亿美元

地区	实际使用外资金额	增速(%)	占比(%)	实际使用外资排名
全国	1734.8	20.2	100.0	—
江苏省	288.5	22.7	16.6	1
广东省	276.6	18	15.9	2
上海市	233.3	22.7	13.4	3
山东省	215.2	21.9	12.4	4
浙江省	183.4	16.2	10.6	5
北京市	144.3	7.8	8.3	6

使用外资主要特点：一是制造业实际使用外资占比总体稳定。按商务部口径，全省制造业实际使用外资90.9亿美元，占全省比重31.5%；占全国制造业外资比重27.0%，总体保持稳定。二是大项目占比提升。按商务部口径，实际到资3 000万美元以上大项目实际使用外资186.0亿美元，同比增长38.1%；占全省比重64.5%，较上年同期提升7.2个百分点。三是主要来源地占比提升。按商务部口径，来自中国香港的实际使用外资217.5亿美元，同比增长33.4%；占比75.4%，提升6.1个百分点。来自"一带一路"沿线国家实际外资14.7亿美元，同比增长46.1%；占比5.1%，提升0.8个百分点。四是外资总部数量提升。新认定36家跨国公司地区总部和功能性机构，总量突破300家。

四 对外投资有序推进，总体平稳

新批境外投资项目726个，同比增长3.9%；中方协议投资额66.8亿美元，同比增长15.3%。

对外投资主要特点：一是民营企业支撑有力。民营企业新增中方协议投资47.7亿美元，占全省比重71.5%，同比增长23.8%。二是海外并购支撑有力。海外并购项目协议投资30.1亿美元，占全省的45.1%，较上年提高12.2个百分点，继续成为全省对外投资最主要方式。三是苏南地区支撑有力。苏南地区对外投资55.8亿美元，同比增长40.2%，占全省比重为83.6%。四是对"一带一路"国家和地区投资稳步推进。在沿线国家新增协议投资191个项目，中方协议投资额15.9亿美元，占全省比重23.9%。

五 开放平台载体建设扎实推进，成效明显

自贸试验区建设高水平推进，2021年，自贸试验区实际使用外资24.1亿美元，占全省8.4%，货物贸易进出口6 056.3亿元，占全省11.6%，累计新增市场主体6.6万家，居全国同批自贸试验区前列。总体方案113项试点任务实施率超过97%，2021年形成81项制度创新经验成果，其中4项在全国复制

推广。中国(江苏)自由贸易试验区条例正式实施。推动全省57家联动创新发展区改革和生物医药全产业链开放创新。开发区改革创新纵深推进,全省开发区创造了全省50%的经济总量和一般公共预算收入,60%的固定资产投资,70%以上的工业增加值,80%以上的进出口总额和实际使用外资。3家经开区进入国家级经开区考核评价10强。苏州工业园区实现国家级经济技术开发区综合排名"六连冠"。无锡惠山经济开发区获批升级为国家级经开区。区域评估试点事项扩大到10个,改革经验在全国复制推广。

(省商务厅综合处)

2021年江苏省消费品市场运行和促进情况

2021年,在省委、省政府坚强领导下,江苏省商务系统全力落实"六稳""六保"任务,深入开展"146消费提振"行动,打响"苏新消费购物节"活动品牌,有力地促进了消费市场快速恢复。全省消费增长好于全国、好于预期,总量首次突破4万亿元大关,稳居全国第二,占全国比重提升0.2个百分点,消费稳中向好态势进一步延续。

一 全省消费品市场运行情况

2021年,全省实现社会消费品零售总额42 702.6亿元,同比增长15.1%(见表1),比2019年同期增长13.4%,两年平均增长6.4%。全省社零总量占全国总规模的9.7%,较上年占比提高0.2个百分点,总量稳居全国第二。全省社零额增幅好于全国2.6个百分点;分别好于上海、广东、浙江1.6个、5.2个、5.4个百分点,低于山东0.2个百分点。全省消费品市场突出"五个明显"。

表 1 2021 年全国及重点省市社零情况表

金额单位:亿元

位　次	全国及重点省市	社零额	同比(%)	占比(%)
	全　国	440 823	12.5	100.0
1	广东省	44 200	9.9	10.0
2	江苏省	42 703	15.1	9.7
3	山东省	33 715	15.3	7.6
4	浙江省	29 211	9.7	6.6
5	上海市	18 079	13.5	4.1

(一) 重点商品增长明显

2021年,全省限额以上18类主要商品零售类别中,有17类同比正增长(由于消费方式改变,书报杂志类同比负增长)。其中,日用品类、石油及制品类、建筑及装潢材料类表现抢眼,同比分别增长22.6%、26.6%、36.9%(见表2)。限额以上餐饮收入993.6亿元,增长21.5%。受新能源汽车购置补贴、免征购置税期限延长等政策持续刺激,新能源汽车大幅增长105.4%。

表 2 2021 年全省限上(十大)商品类值零售表

金额单位:亿元

类值名称	零售额	增速(%)	占比(%)
限额以上总计	14 956	15.4	100.0
汽车类	4 256	9.9	28.5
石油及制品类	1 871	26.6	12.5
粮油、食品类	1 708	16.0	11.4
服装、鞋帽、针纺织品类	1 439	16.7	9.6
家用电器和音像器材类	1 020	12.4	6.8
日用品类	828	22.6	5.5
中西药品类	506	9.2	3.4
通信器材类	456	8.0	3.0
烟酒类	441	17.6	2.9
建筑及装潢材料类	403	36.9	2.7

（二）重点地区支撑明显

2021年,全省13个设区市社零额增幅均实现较快增长,苏北、苏中、苏南社零额分别增长17.5％、15％、14.1％。其中徐州、盐城、常州增速较快,分别增长22.9％、21.1％、20.2％（见表3）。在全省"销售竞赛季"持续激励下,各地形成了促进消费的浓厚氛围,为消费市场注入了更多增长动力。

表3 2021年全省及各设区市社零额情况表

金额单位:亿元

分　类	2021年累计	同比（％）	增速位次	占比（％）
江苏省	42 702.6	15.1	—	100.0
苏州市	9 031.3	17.3	6	21.1
南京市	7 899.4	9.7	10	18.5
徐州市	4 038.0	22.9	1	9.5
南通市	3 935.5	16.8	7	9.2
无锡市	3 306.1	10.4	9	7.7
常州市	2 911.4	20.2	3	6.8
盐城市	2 684.3	21.1	2	6.3
淮安市	1 828.3	9.1	11	4.3
泰州市	1 576.9	18.3	4	3.7
扬州市	1 480.9	7.4	13	3.5
宿迁市	1 460.4	16.1	8	3.4
镇江市	1 346.8	17.9	5	3.2
连云港市	1 203.3	9.0	12	2.8

注:按各市累计社零规模排序。

（三）消费升级趋势明显

2021年,随着消费市场环境不断优化,居民消费升级趋势也不断加快。

全省限额以上可穿戴智能设备类增长 55.6%；智能家用电器和音响器材类增长 35.2%；智能手机类增长 25.9%；金银珠宝类增长 22.4%。

（四）新兴消费赋能明显

2021年，在疫情防控常态化条件下，线上下融合趋势愈发明显，线下店铺通过与互联网结合，销售不断增长，线上产品通过门店社群，获得新的增量。全省限额以上通过公共网络实现的零售额同比增长 26.9%。

（五）品牌活动拉动明显

2021年，全省累计举办"苏新消费"主题促消费活动近千场，创新打造了"苏新消费·冬季购物节"，对消费市场回升拉动作用明显。根据支付平台数据统计显示，"苏新消费·冬季购物节"首月全省支付金额突破万亿元，累计支付 10 107 亿元，环比增长 10.7%。

二 市场运行和消费促进工作

（一）牵头做好省生活物资保障工作，确保市场供应

一是加强市场监测分析，摸清工作底数。全面摸排"米袋子""菜篮子"等生活必需品供应、储备和消费情况，联合监测蔬菜、肉蛋奶、粮油等市场供需情况，做好储备猪肉（冷鲜肉）投放工作，确保疫情防控期间猪肉市场不断档脱销、价格平稳。二是加强分类指导，重点抓好市场保供。印发《省商务厅关于进一步做好疫情防控期间市场保供工作的通知》，加强对商场、超市、城市商业综合体、农贸市场、餐饮企业等保供单位疫情防控工作的分类指导。充分发挥商务领域商协会作用，引导协会成员共同做好防疫防控工作。三是推动示范引领，发挥重点保供商贸流通企业关键作用。全省共梳理出 390 家生活必需品市场应急保供重点商贸企业，指导保供企业发挥骨干作用，丰富商品种类，拓宽货源渠道，强化产销衔接，畅通线上线下，重点保障米面油、肉蛋奶、蔬菜等生活必需品供应充足。四是发挥资金支持，专项补助全省重点保供企业。

提请省政府印发《关于积极应对疫情影响助力企业纾困解难保障经济加快恢复若干政策措施》,对保障全省尤其是受疫情影响较重区域群众生活必需品供应的商贸流通企业,安排省级商务发展资金给予专项支持。五是加强检查督促,建立长效机制。疫情发生以来,先后组织9批次督查组督查指导。依据商务部《生活必需品市场供应保障》(2021版),结合江苏省实际以及疫情防控要求,重新修订完善全省生活必需品市场供应应急保供预案。

(二)牵头促流通、扩消费工作,着力提振市场

一是举办"苏新消费·冬季购物节"。12月11日"苏新消费·冬季购物节"暨第二届"双12苏州购物节"启幕仪式在苏州市主会场成功举办,活动从2021年12月中旬持续至2022年2月中旬,坚持"省市县、政银企、内外贸、线上下"联动,突出"双十二"、元旦、春节等重要时间节点和"冬奥会"等重大活动,全省13个设区市联动,超12万家商家共同参与。二是扎实推进"146消费提振"行动。在全省继续开展"苏新消费"为主题的系列消费促进活动,推动形成全覆盖、多层次、常态化消费促进机制。三是出台促进大宗消费等政策文件。报请省人民政府办公厅正式印发《苏新消费·冬季购物节活动方案》(苏政传发〔2021〕310号),会同省发改委等11部门联合印发《关于进一步提振大宗消费重点消费促进释放城乡消费潜力若干措施》(苏商运〔2021〕129号),配合出台《省政府办公厅关于印发江苏省以新业态新模式引领新型消费加快发展实施方案的通知》(苏政办发〔2021〕26号),进一步促进全省大宗消费、重点消费,释放城乡消费潜力,推动消费创新,助力乡村振兴。四是加快促进消费载体建设。扎实做好首届中国国际消费品博览会参展参会工作。召开创建国际消费中心城市座谈会,以创促建,进一步推动南京、徐州、苏州、无锡四市国际消费中心城市创建工作。总结推广11个新模式新业态经典案例和32条典型做法,形成示范联动效应。五是创新开展销售竞赛活动。开展"促流通扩消费销售竞赛季"活动,在销售竞赛季的持续激励下,全省消费市场逐渐形成各展所长、竞相发展的良好氛围。

(三)牵头第四届进博会江苏交易团组织筹备工作,发挥溢出效应

11月5—10日,第四届中国国际进口博览会成功举办。在交易团各成员单位、各交易分团的共同努力下,全省报名注册单位1.5万家,报名注册人数5.7万人,均位列全国第二;累计成交65.4亿美元,同比增长1.6%,成交规模继续位列全国第二;举办包括2021江苏开放创新发展国际咨询会议在内的7场配套活动,有效展示了江苏开放大省的形象。

(四) 扎实做好成品油流通管理工作,确保市场稳定

一是加强成品油市场日常管理。完成成品油经营企业年检工作,印发《省商务厅关于做好2020年度成品油经营企业年检工作的通知》,要求各地成品油主管部门结合成品油市场综合整治工作,对辖区内成品油零售经营企业进行经营资格年度检查。做好信访接待处理工作,累计收到各类信访、上访、咨询等65件次,做到了件件有回复、事事有落实,及时化解社会矛盾。积极协调省内国有企业主力供应商,发挥国有企业产销协同优势,加油站环节敞开柴油供应,柴油供需紧张关系得到有效缓解。完成《江苏省成品油流通管理办法》立法。2021年12月14日,《江苏省成品油流通管理办法(草案送审稿)》经省政府常务会议审议通过。二是巩固安全整治成果。开展专项检查,印发《省商务厅关于立即组织开展加油站(点)安全生产大检查的通知》,共抽查检查加油站(点)372站次,排查隐患1 824条,完成整改1 824条,整改率达100%。持续开展对标帮扶,要求各地与企业建立沟通机制,提高国有加油站(点)帮助民营加油站(点)的积极性。委托江苏省石油流通行业协会开发了"江苏加油"安全App,并在全省加油站(点)推广使用。印发《关于全面开展加油站(点)安全隐患排查整治工作的通知》,要求开展安全隐患排查整治,严格审批管控,启动24小时值班制度。组织省工业和信息化厅、省消防救援总队会商加油站(点)建设充(换)电站的相关产业政策和安全工作。三是开展成品油市场综合整治。印发《省成品油市场综合整治工作专班关于建立沟通联络和情况通报制度的通知》,与公安、应急管理、生态环境、市场监管、税务等部门建立联动会商机制、联络员机制、信息报送机制。积极推广"江苏成品油智慧监测云平台"。组织召开专班成员单位联络员会议,研究措施建议,印发《关于开展联合约谈警示非法销售成品油的互联网平台企业工作的通知》,对25家非法销售成品油的互联网平台企业开展了约谈警示工作。

（五）注重分析预测，完善城乡市场信息监测体系

一是优化样本结构，使监测领域更广、行业更多、品种更全。全省生活必需品、生产资料、重点流通企业三大直报系统共有样本企业1 957家，及时报送率达到90%以上。二是强化节日信息监测，时刻监测全省节日市场情况，做到每日一报。三是加强分析研究，加强市场重要商品监测分析，深入了解市场运行情况，掌握市场特点，每月进行市场分析预测，在《江苏商务发展参考》《商务工作专报》上印发二十余篇。全年共撰写上报各类市场分析材料150余篇。四是不断提升公共服务水平。充分利用网站等平台，发布"江苏商务预报"，扩大"江苏商务预报"影响，提升公共服务水平。全年通过"江苏商务预报"网站向社会发布各类信息5 000余条，其中原创并推荐给商务部2 800余条。

（省商务厅市场运行和消费促进处）

2021年江苏省商贸流通情况

2021年,江苏省着眼"争当表率、争做示范、走在前列",围绕建设现代商贸流通体系,着力推动内贸流通高质量发展。

一、全省商贸流通总体情况

(一)批发零售业概况

全省限额以上批发和零售业实现社零额15 950.3亿元,同比增长15.8%。

(二)拍卖行业经营统计分析

截至2021年年底,全省有707家注册拍卖企业,比上年同期602家多了105家。注册企业中正常申报经营报表的企业有467家,其中有175家零申报,实际有业绩的企业只有292家。下面对全省2021年拍卖企业经营统计数据汇总进行分析。

1. 成交额情况

2021年全省共举办各类拍卖会6 703场,同比多了818场,上升了13.9%;成交额219.26亿元,同比上升了4.6%(见表1)。

表1 2021年成交额比较

	2021年	2020年	同 比
成交额(万元)	2 293 429.986	2 192 550.299	4.6%

从委托构成来看成交额。2021年金融机构委托成交额71.87亿元,占42.7%,同比下降了0.68%;其他机构委托成交额62.42亿元,占26.8%,同比下降了9.69%;政府部门委托成交额54.16亿元,占18.68%,同比上升了17.8%(见表2)。按照上述分析,2021年业绩整体略有上升。

表2 2021年委托成交比较

单位:万元

分类 占比%	法院 2.56%	政府部门 18.68%	金融机构 42.7%	破产清算 0.19%	其他机构 26.8%	个人 9.06%	合计 100%
成交额	29 566.3	541 647.4	718 668.9	17 385.1	624 239.6	361 922.6	2 293 429.99
同比增长率	447.24%	17.8%	−0.68%	−45.11%	−9.69%	28.88%	4.6%

从标的构成来看成交额。2021年房地产成交额74.83亿元占32.63%,同比下降了10.92%;其他成交额63亿元占27.47%,同比上升了72.62%(见表3)。房地产成交额和其他成交额比重都很大,但是房地产成交额有所下降。

表3 2021年标的成交比较

单位:万元

分类 占比%	房地产 32.63%	土地 使用权 1.24%	机动车 1.68%	农副产 0.07%	股权债权 31.39%	无形资产 4.47%	文物 艺术品 1.05%	其他 27.47%	合计 100%
成交额	748 349.2	28 422	38 631.1	1 577.8	719 943.4	102 528.1	23 997.2	629 981.2	2 293 429.99
同比 增长率	−10.92%	−67.38%	37.52%	−49.2%	−7.45%	40.35%	31.48%	72.62%	4.6%

2021年总成交额229.34亿元。成交额超亿元的企业61家,这61家企业的成交额是184.07亿元,占总成交额的80.26%。

2．佣金收入情况

2021年佣金收入达2.72亿元,同比上升了9.02%。它主要来自房地产拍卖1.04亿元,占38.24%;还有来自其他拍卖0.99亿元,占36.4%。拍卖收入2021年分散在各个领域,收入明显高于2020年。超过百万元的企业有74家,这74家总收入2.13亿元,占总收入的78.31%。

3．2021年各地区发展情况

2021年各地区发展情况如表4所示。

表4 2021年各地区发展情况

序号	地区	本期值	比值(%)	去年同期值	增长率(%)
1	江苏省	2 293 429.986	100	2 192 550.299	4.6
2	南京市	546 134.650 7	23.81	326 152.610 4	67.45
3	无锡市	260 599.856	11.36	448 276.176 1	−41.87
4	徐州市	303 370.799 4	13.23	133 101.974 5	127.92
5	常州市	233 215.155 1	10.17	189 562.927 5	23.03
6	苏州市	417 138.356 2	18.19	407 055.95	2.48
7	南通市	271 158.264 1	11.82	348 673.034 1	−22.23
8	连云港市	15 871.243 3	0.69	10 874.787 8	45.95
9	淮安市	45 236.656 2	1.97	45 199.272 5	0.08
10	盐城市	47 120.663 3	2.05	47 162.594 8	−0.09
11	扬州市	21 249.043 5	0.93	18 785.771 9	13.11
12	镇江市	30 091.613 5	1.31	28 460.996 5	5.73

续 表

序 号	地 区	本期值	比值(%)	同比增长 去年同期值	增长率(%)
13	泰州市	29 295.633 4	1.28	78 208.611 9	−62.54
14	宿迁市	41 374.831 4	1.8	38 540.974 5	7.35
15	昆山市	31 573.219 5	1.38	72 494.616 9	−56.45

二 商贸流通业发展促进工作

(一) 开展现代商贸流通体系建设专题工作

牵头成立厅推进现代商贸流通体系建设工作专班,起草形成江苏省现代商贸流通体系建设调研报告。制定印发《省商务厅关于加快现代商贸流通体系建设的工作意见》和《全省现代商贸流通体系建设十项工作抓手细化落实方案》,确定到2025年工作目标,聚焦商贸流通体系建设"主体、业态、布局、融合、载体、平台、标准、安全"八个方面重点内容,突出"八项重点任务",聚力"十项工作抓手",推动全省现代商贸流通体系建设工作落地落实。制定印发《全省现代商贸流通体系建设示范区管理办法(试行)》,在各地推荐的基础上,在全省评价认定一批示范区,加快完善具有江苏特色、更加高效顺畅的现代商贸流通体系。

(二) 培育壮大龙头商贸流通企业

按照"政府支持、企业主导、上下联动、多方协同"的原则,坚持制度创新、技术赋能和消费引领导向,在全省培育壮大一批规模大、商业模式新、示范引领性强的商贸流通龙头企业,提升企业核心竞争力、品牌影响力和示范带动力。苏宁易购、苏果超市、德基广场等省内9家企业被商务部列为国家重点零售企业,组织各地对全省重点零售企业名单进行调整完善,指导各地结合地方特色分梯度建立地方重点培育商贸流通企业名录。支持企业参与国内区域合作交流、出口产品转内销、中国国际进口博览会、消博会等重大项目和展会,打造畅通国内大循环、联通国内国际双循环的江苏力量。发布江苏省重点联系零售企业名单,德基广场有限公司等 36 家企业上榜。

(三) 持续推进步行街改造提升

指导"全国示范步行街"南京夫子庙步行街进一步创新管理、深化经验和放大效应,为全省改造提升工作提供样板和借鉴。3 月份,联合省广电总台《黄金时间》栏目组录制专题节目对步行街改造提升政策进行解读,向老百姓宣传工作成效。落实商务部《关于高质量推进步行街改造提升工作的通知》,积极稳妥、科学有序推动省级 21 条试点培育街区进行改造提升。下拨省级财政专项资金用于支持省级试点培育街区进行智慧化改造和管理创新。组织专家对部分试点培育街区改造提升情况进行阶段性评估,了解步行街改造提升最新进展,查找存在问题与不足并给出指导意见,为验收提供意见。推动成立"江苏省步行街联盟",12 月 11 日晚,在"苏新消费·冬季购物节"启幕仪式上,江苏省步行街联盟作为重要成果进行了成立发布,政府、银行、专家、街区、商户 5 方代表共同见证了联盟启动成立。

(四) 加强老字号传承保护和创新发展

一是扩大江苏老字号品牌影响力。组织全省 10 家有代表性的江苏老字号企业参加第四届进博会人文交流活动,近百家江苏老字号企业通过现场 LED 屏实现云展览、云销售。二是以文化创意促进品牌创新发展。继续办好"紫金奖"文创设计大赛老字号专项赛事。第八届"紫金奖"文创设计大赛老字号专项赛事以"守匠心、立新潮"为主题共收集各地参赛作品 655 件,征集作品的质量、数量和类别均比往届有大幅提升。三是创新政府资金扶持方式。推动成立江苏老字号产业投资基金,作为全国首支老字号专属政府股权投资基金,将带动和支持老字号企业技术、服务、文化和经营创新。四是推进老字号新消费。组织老字号企业参加兄弟省市老字号行业展会,支持各地举办各具特色的"年货节""老字号嘉年华"等促消费活动。会同省委宣传部、省文旅厅等部门继续作为展会的指导单位,指导省老字号企业协会、江苏贸促国际会展有限公司做好第四届中国(江苏)老字号博览会各项筹备组织工作。五是夯实日常监管工作基础。建立和完善"江苏老字号管理信息系统",272家江苏老字号(含96家中华老字号)完成企业基础信息填报,为加强行业管理、制定政策提供翔实的数据支撑和依据。

(五)推进商贸物流和服务业标准化高质量发展

会同省发展改革委等9部门研究制定《江苏省商贸物流高质量发展专项行动工作方案(2021—2025年)》,此工作方案在商务部网站"地方经验"栏目全文登载(全国仅3个)。向商务部推荐中储南京智慧物流科技有限公司等47家企业为重点联系商贸物流企业。会同建设银行江苏省分行下发《关于推荐金融支持商贸物流高质量发展重点项目的通知》。督促指导南京、无锡、徐州市加快推进城乡高效配送工作,开展绩效评价和工作总结,推广试点经验做法,试点工作取得较好成效。与省交通运输厅、公安厅推进绿色货运配送示范工程建设,取得明显成效。苏州市成为全国第一批绿色货运配送示范城市,南京、无锡、徐州、南通等市绿色货运配送示范工程创建工作取得显著成绩。根据《商务部 市场监管总局关于开展国家级服务业标准化(商贸流通专项)的通知》要求,会同省市场监管局指导设区市和相关企业积极申报,徐州市和孩子王儿童用品股份有限公司等10家企业进入国家级服务业标准化试点名单。支持和指导重点商贸物流企业制定行业标准和地方标准。经江苏省商务厅推荐,江苏华商城市配送、江苏佳利达制订的《快速消费品B2B城市配送服务规范》《仓储管理中的RFID应用技术规范》,2021年上半年已被确定为江苏省地方标准。

(六)引导绿色流通发展

引导各地实体零售企业门店积极参加绿色商场创建工作,23家企业门店被认定为绿色商场创建单位;指导全省国家级绿色商场在全国率先悬挂使用"绿色商场"标志,并向商务部流通司推荐有关案例。按照《商务部办公厅关于进一步加强商务领域塑料污染治理工作的通知》和《省发展改革委、生态环境厅关于印发〈关于进一步加强塑料污染治理的实施意见〉的通知》要求，督促大型商超以及电商、外卖企业落实相关塑料制品禁限要求。依据商务部制定的《商务领域一次性塑料制品使用、回收报告办法（试行）》，指导和督促相关报告主体，每半年向商务部门报告一次性塑料制品使用、回收情况以及环保替代产品使用情况。

（七）推进商务诚信体系建设

推动商务诚信公众服务平台应用推广，拓展行政管理信息采集渠道，推动深化商务诚信平台与公共信用信息系统数据对接机制。起草完成《江苏省商务信用监管试点示范工作实施方案》，拟在全省开展商务信用监管试点示范工作，以试点的示范引领作用带动商务领域信用监管工作创新。联合省级17个部门和单位，开展"讲好诚信故事·弘扬诚信文化"为主题的"诚信兴商宣传月"活动。组织遴选和报送"诚信兴商"典型案例，徐州宣武集团成功入选全国"诚信兴商十大案例"名单。筹备组织诚信兴商线上宣传活动，开发"诚信政策文件展示""诚信建设地方馆"和"诚信兴商典型案例展览"等专栏，宣传诚信建设重要政策文件，展示各设区市商务信用建设重要举措和成效，推广商务信用工作经验，宣传诚信兴商典型案例。制定工作方案，开发宣传专栏，组织宣传素材和案例。

（八）推进商务领域事中事后监管

按照互联网＋监管和"双随机、一公开"监管工作要求，制定《2021年互联网＋监管和"双随机、一公开"监管工作方案》。梳理互联网＋监管事项清单、互联网＋监管工作操作流程、"双随机、一公开"监管事项清单、"双随机、一公开"监管计划、"双随机、一公开"监管工作操作流程、部门联合监管计划，对两个监管工作进行了规范。按照商务部、省政务办和省联席办要求，动态调整互联网＋监管和"双随机、一公开"监管工作清单。召开厅机关互联网＋监管和"双随机、一公开"监管工作推进会议，组织对省市场监管信息平台和互联网＋监管系统操作培训。对相关处室和监管事项清单完成情况逐月进行梳理，联系和配合相关处室完成互联网＋监管和"双随机、一公开"监管任务并回填结果。省商务厅 18 个互联网＋监管行为数据覆盖监管主项比例达到 100%，"双随机、一公开"监管 5 个抽查事项全部完成检查。按照省食安委 2021 年食品安全重点工作安排，积极推动厅相关处室按职责做好商务领域食品安全工作，做好江苏省食品安全宣传周和食品安全高质量发展绩效考核等工作。全年办理商业特许经营备案 156 家；办理特许经营信息公开申请 2 项；处理关于商业特许经营的信访 10 余次。根据《中华人民共和国拍卖法》和商务部《拍卖管理办法》有关规定，结合各地初审意见，对全省参加年度核查的 490 家拍卖企业进行核查，第一批合格企业 470 家。将"对依法取得从事拍卖业务许可的企业的监督管理"列为 2021 年度互联网＋监管事项，对南京嘉信拍卖有限公司开展现场检查并将结果回填至互联网＋监管系统。

（九）扎实推进全省预付卡管理工作

细化规则、落实制度，研究制定《江苏省商业预付卡管理细则（试行）》和合同示范文本，推进《江苏省预付卡管理办法》在商务系统的贯彻落实。推动预付卡管理服务平台建设，指导南京、南通市先行先试。加强部门协作，牵头组织省内有关部门依据部门职责分工，建立全省预付卡管理省级联席会议机制。牵头组织联系省内开展普法宣传，依托省内主流媒体和省商务厅微信公众号等媒介，宣传解读管理办法。强化单用途商业预付卡日常监管，组织开展"双随机一公开"监督检查工作、专项整治与督查工作。保护消费者权益，及时处理"金吉鸟"舆情和日常其他有关预付卡投诉建议，引导经营者规范经营，引导消费者提高权益保护意识。加强宣传教育，牵头组织联系省内开展普法宣传和防范处非集中宣传。依托省内主流媒体和省商务厅微信公众号等媒介宣传解读管理办法。联动各地处非部门开展《防范和处置非法集资条例》集中宣传，提高民众风险防范意识。

（十）牵头抓好商务领域安全生产

落实国务院江苏安全生产专项整治和全国安全生产专项整治三年行动计划工作要求，制定厅领导班子成员 2021 年度安全生产重点工作清单，印发《2021 年全省商务领域安全生产工作要点》，落实商务领域安全生产责任。迎接省第十六安全生产巡查组专项巡查,形成《巡查反馈意见整改工作方案》报省安委会。巩固深化"一年小灶"成果,突出做好"三年大灶"经开区安全专项牵头任务,重点做好国务院督导组交办的危化品使用安全专项治理中餐饮燃气安全工作,持续抓好春节、全国"两会"、"五一"、建党 100 周年等重要时间节点商务领域安全生产防范,全省商务领域安全生产形势保持稳定向好态势。

(省商务厅流通业发展处)

2021年江苏省商务系统市场体系建设情况

2021年,江苏驰而不息抓好疫情防控、推动农贸市场改造升级、规范商业网点布局规划、开拓农村商业体系建设、高质量推进社区商业发展、优化提升商品交易市场、持续深入促进供应链创新与应用、积极稳妥推进汽车流通发展、常抓不懈安全生产,市建条线各项工作按计划稳步推进,努力为服务全省商务高质量发展大局做出积极贡献。

一 紧抓商贸场所疫情防控工作

一是印发通知。下发《省商务厅关于进一步强化当前商贸领域疫情防控工作的紧急通知》,要求各地严守防疫底线,压实主体责任,指导商贸流通企业落实疫情防控措施,做到"可知可控、精准防控"。二是做好物资保障。按照省疫情防控领导小组生活物资保障组工作要求,指导南京市和其他地区做好疫情防控生活物资保障工作。按照省处置南京禄口机场新冠肺炎疫情应急指挥部工作安排,做好相关工作,开展疫情防控专项检查督查。三是推动疫苗接种。

指导督促各地商务部门做好组织发动商务领域从业人员接种疫苗,定期上报疫苗接种情况。四是开展技术指导。转发《商务部办公厅关于印发〈商场、超市疫情防控技术指南(第三版)〉等2个防控指南的通知》,指导商贸场所按照技术指南要求做好防控工作;组织各市商务部门以及大型商超、农批市场及行业协会等,参加商务部农贸(集贸)市场、冷链食品领域疫情防控消毒工作线上培训。

二 牵头出台《关于完善商业网点规划管理的指导意见》

在充分吸收借鉴国家已有政策和外省已出台文件和做法,认真梳理总结全省有关工作实践,开展大量实地调研工作的基础上,2021年年初,起草完成《关于完善商业网点规划管理的指导意见》(以下简称《指导意见(初稿)》),并与相关处室、部门保持密切沟通,前后共召开了6场座谈会。充分听取智库和市场主体意见,邀请中商研究院、省级城乡规划部门和相关智库的专家对指导意见进行了研究修改,并在条线会上就文件内容同市场主体共同讨论。前后三轮书面征求各地各部门意见,并呈送商务部征求意见。6月份,经厅长办公会审定后,会同省发展改革委等13个部门联合签发,报请省政府办公厅转发,根据惠建林副省长意见和国家关于农村商业体系建设和城市社区商业建设的最新精神,再次对文稿内容进行完善。7月26日,省政府办公厅正式印发《指导意见》,省商务厅配合省政府信息公开办进行了政策解读。经各相关部门、各市推荐、审核审查、社会公示等环节后,建立了江苏省商业网点规划专家库,将在商业网点规划编制和实施管理相关咨询、评审、培训中引入专家服务。

三 持续推动农贸市场升级改造

2021年,农贸市场升级改造100家任务继续被列入省政府"民生实事"项目,是省委省政府重点工作,截至年底,全省已完成农贸市场改造升级116家,经过改造升级的农贸市场,基础设施明显改善,安全保障进一步加强,经营业态更加丰富便民,人民群众获得感提升。下一步,将围绕目标任务,对各市工作开展情况进行督促指导,及时了解掌握项目进展情况,确保高质量完成民生实事任务。加强农贸市场改造升级工作中好的做法、经验模式的收集汇总,对建设改造中涌现出的典型案例进行宣传推广。

四 着力推动县域商业体系建设

一是下发《省商务厅等17部门关于转发加强县域商业体系建设促进农村消费意见的通知》,推动建立完善县域统筹,以县城为中心、乡镇为重点、村为基础的农村商业体系。二是召开工作推进会。9月中旬,在徐州沛县召开全省城乡商业体系建设暨农贸市场改造升级工作推进会,并组织现场观摩,学习借鉴沛县县域商业体系建设及城乡高效配送"沛县模式"等典型经验和做法。三是赴南京、南通、徐州等地开展农村商业设施建设调研,了解乡镇商贸中心等农村商业设施建设情况。确定《江苏省农村商业建设的路径研究》课题,委托省经贸学院开展农村商业调研并形成调研成果。

五 开展城市一刻钟便民生活圈建设

一是组织申报工作。下发《省商务厅关于开展城市一刻钟便民生活圈建设试点城市申报的通知》,要求各市按照《城市一刻钟便民生活圈建设试点方案》要求,积极组织开展试点申报。二是开展线上培训。组织各市商务部门人员积极参加部里举办的一刻钟便民生活圈建设线上培训会,学习掌握一刻钟便民生活圈建设的相关政策和建设指南、标准等,科学编制试点工作方案。三是推荐试点城市。经商省住房建设厅等部门同意,推荐南京市、苏州市、徐州市、扬州市申报一刻钟便民生活圈建设国家试点城市。经国家评审,南京、苏州被确定为国家第一批试点城市。四是指导南京市秦淮区按照打造社区生活中心的思路,将老旧科巷菜场打造成为网红市场,并总结其典型经验和做法,通过《江苏商务发展参考》进行宣传推广,引导各地学习借鉴。

六　优化提升商品交易市场

一是加强数据报送。督促江苏11家商务部重点联系的商品交易市场及时报送季报、年报数据,并进行审核分析。二是参加工作培训。组织全省重点联系市场参加商务部举办的"推进商品交易市场转型升级工作线上培训班",学习交流各地推进商品交易市场转型升级的经验做法。三是推荐国家试点。联合相关部门转发商务部等部门印发的《商品市场优化升级专项行动计划(2021—2025)》。组织各地积极参加商品市场优化升级转型试点城市申报。经材料初审,推荐无锡、徐州、苏州、南通申报国家商品市场优化升级城市试点。最终无锡、苏州成功入选国家试点城市。四是完善试点方案。指导无锡、苏州进一步完善试点方案,明确试点目标,梳理典型案例和做法。五是开展行业调研。对全省以商品交易市场为主的批发业发展情况进行书面调研,完成调研报告并报送商务部。

七　深入推进供应链创新与应用

一是组织国家试点企业和试点城市争创国家示范。组织国家试点企业和试点城市参加国家试点终期验收,积极发动并辅导企业做好示范创建申报工作,最终全省张家港市和11家企业入选全国示范行列,入选企业数位居全国第三。二是开展省级重点培育企业中期评估。制定省级重点培育企业中期评估方案和评审标准,对省级重点培育企业评定等次,对在中期评估中获得优秀等次的给予通报表扬。三是组织企业参加培训。上半年,联合省现代供应链协会举办"新发展格局下的供应链创新高峰论坛暨示范创建"活动,邀请业内知名专家,围绕数字化供应链等课题授课,并结合中期评估结果,对企业培训辅导。下半年,组织企业参加由商务部组织的供应链示范企业线上培训。

八　促进新车消费和二手车流通

一是做好新车特别是新能源汽车促消费有关工作。与工信厅等单位联合印发《关于开展2021年度新能源汽车下乡等系列推广应用活动的通知》，通过深入基层组织新能源汽车城市巡展、"三走进六下乡"一站式购车服务体验等活动，促进全省新能源汽车销售。参加在溧阳举行的全国新能源汽车下乡启动仪式和在苏州举办的新能源汽车下乡启动仪式等。二是便利二手车流通。在全省分两批开展小型非营运二手车交易登记"跨省通办"，方便二手车跨省交易。推动江苏省汽车流通管理服务（二手车）平台，将车辆信息核对、交易登记、税票代开等功能整合到一个系统中，实时掌握行业发展动向，加强对二手车行业的精细化指导。

九　规范报废车回收行业发展

一是建立现场评审专家库。聘任环保、财务、汽车拆解、行业管理领域的22名专家，组建全省报废机动车回收现场验收评审专家库。二是开展行业培训。先后于3月、9月两次组织行业培训，进一步统一评审标准、明确评审细节，细化申报材料清单，明确企业申报中有关工作标准。三是开展现场评审。目前已组织专家对4家报废机动车回收企业完成现场评审，督促各地有关部门指导企业按照专家组提出的整改意见完成整改。四是加强对报废车行业检查指导。在全省开展非法拆解检查，规范使用危化品进行切割，总结无锡新三洲公司探索回用件"拆配融合"发展模式推动报废机动车回收行业专业化规模化发展典型案例，分别在《江苏商务发展参考》和商务部《商务参阅》上进行宣传推广。

十　毫不松懈抓好安全生产工作

制定印发了《江苏省报废机动车回收行业危险化学品使用安全专项治理行动实施方案》，在全省报废机动车回收拆解行业开展危化品使用安全专项治理；印发《关于加强报废机动车回收拆解监管工作的通知》，于5月份开展专项检查，全省各地共计开展联合检查37次，全面遏制涉及报废机动车的违法行为；先后赴镇江、泰州和连云港、宿迁开展工作调研和并进行安全生产、疫情防控检查。

十一 加强农产品市场建设和产销对接

一是制定出台《关于进一步加强农产品市场建设的指导意见》。提出了农贸市场建设标准指引,指导各地推动农批市场和农贸市场建设和改造。二是引导农批市场信息化建设。在无锡朝阳农批市场召开农批市场数字化转型推进会,引导全省重点农批市场开展数字化转型升级工作,提升市场的现代化流通和服务水平。朝阳农批市场数字化转型经验做法通过《江苏商务发展参考》进行了宣传推广。三是开展农产品产销对接。贯彻落实省政府消费帮扶工作会议精神,组织企业赴拉萨开展农畜产品产销对接会,参加2021国际农产品流通产业大会暨第六届中国农产品供应链大会,组织近190家参展商和采购商参加在南京溧水举办的2021全国农商互联暨乡村振兴产销对接大会。2021年全省12家重点农产品批发市场累计采购销售中西部22个省份农副产品约184亿元。

(省商务厅市场体系建设处)

2021年江苏省对外贸易运行情况

2021年,面对疫情冲击影响和复杂严峻的国际经济环境,在江苏省省委省政府坚强领导下,全省商务系统坚持稳中求进工作总基调,认真落实"六稳""六保"工作部署,深入推进"保主体促两稳"行动,对外贸易实现新跨越,进出口、出口、进口规模均创历史新高,贸易结构持续向好,新业态新模式快速增长,高质量发展取得新突破,实现了"十四五"良好开局。

一 全省外贸运行情况

据海关统计,2021年,全省累计进出口8 068.7亿美元,比上年同期(下同)增长25.5%。其中,出口5 035.4亿美元,增长27.1%;进口3 033.3亿美元,增长23%。按人民币计,2021年,全省累计进出口52 130.6亿元,增长17.1%。其中,出口32 532.3亿元,增长18.6%;进口19 598.3亿元,增长14.8%。

（一）进出口实现高速增长，规模首次突破 8 000 亿美元

2021 年，全省进出口高速增长，增速创 2011 年以来最高值。进出口规模连续跨越 7 000 亿美元、8 000 亿美元两大台阶，首次突破 8 000 亿美元；以人民币计，进出口首次突破 5 万亿元。进出口、出口和进口规模全面创历史新高。与 2019 年相比，进出口、出口、进口分别增长 28.2%、27.5% 和 29.2%；两年平均增幅分别为 13.2%、12.9% 和 13.7%。与全国相比，进出口、出口、进口增幅分别低于全国平均水平 4.5、2.8 和 7.1 个百分点，自 6 月份以来进出口增幅与全国差距持续收窄。进出口规模连续 19 年居全国第二位，占全国比重为 13.3%（见图 1）。

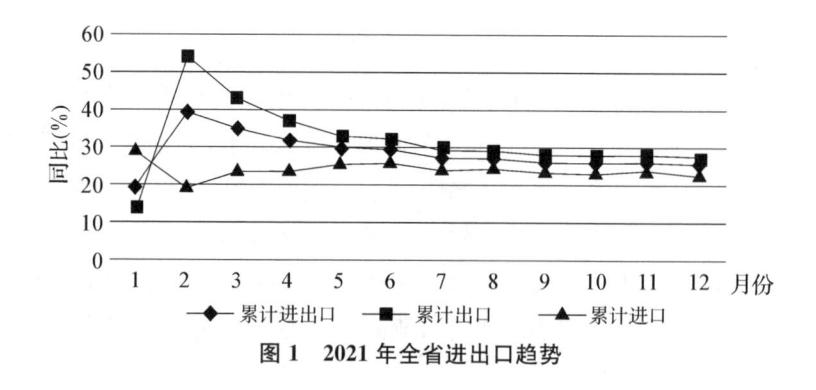

图 1　2021 年全省进出口趋势

（二）东盟跃居第二大贸易伙伴和进口来源地，新兴市场拓展有效

2021 年，全省与欧盟、东盟、美国、韩国和日本前五大贸易伙伴分别进出口 1 188.7 亿美元、1 146.7 亿美元、1 105.1 亿美元、840.9 亿美元和 674.7 亿美元，增长 26.2%、27.5%、20.4%、21.6% 和 14.2%，合计占比 61.4%。东盟超越美国成为江苏第二大贸易伙伴。

从出口市场看（见图 2），对美国、欧盟、中国香港和日本分别出口 937.6 亿美元、856.3 亿美元、351.7 亿美元和 334.2 亿美元，增长 22.6%、30.7%、32.8% 和 13.8%；对四大传统市场出口合计 2 605.4 亿美元，增长 24.8%，占比 51.7%。对新兴市场出口 2 430.0 亿美元，增长 29.6%，占比 48.3%，提升 1.0 个百分点。其

中,对东盟出口 684.0 亿美元,增长 24.0%,占比 13.6%;对"一带一路"沿线市场出口 1 381.4 亿美元,增长 29.5%,占比 27.4%,提升 0.5 个百分点。

从进口来源地看,自韩国、东盟、中国台湾、日本和欧盟分别进口 517.9 亿美元、462.7 亿美元、434.5 亿美元、340.6 亿美元和 332.3 亿美元,增长 21.6%、33.0%、19.1%、14.5% 和 15.9%;前五大进口来源地进口合计 2 088.0 亿美元,增长 21.1%,占比 68.8%,拉动进口增长 14.8 个百分点。东盟超越中国台湾成为江苏第二大进口来源地(见图3)。

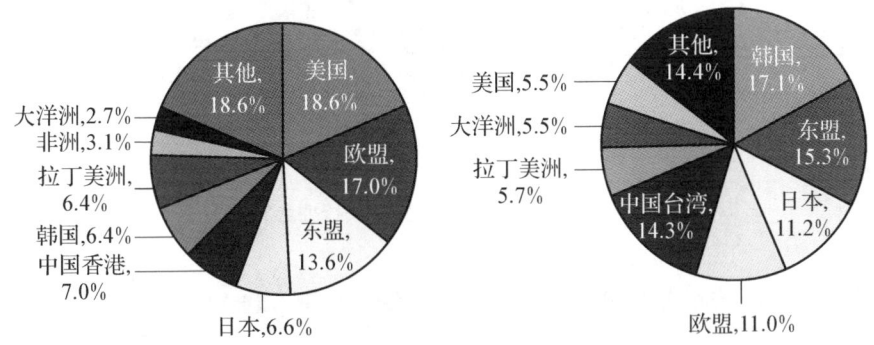

图 2　2021 年全省主要出口市场分布图　　图 3　2021 年全省主要进口市场分布图

(三) 重点产品出口增势强劲,主要大宗商品进口量价齐升

2021 年,机电产品出口 3 342.8 亿美元,增长 26.2%,占比 66.4%,拉动全省出口增长 17.6 个百分点。其中,集装箱、电工器材、汽车零配件、通用机械设备和家用电器出口分别增长 172.0%、41.4%、33.0%、30.3% 和 27.1%。高新技术产品出口 1 747.5 亿美元,增长 18.3%,占比 34.7%。其中,重点 IT 产品涨跌分化,便携式电脑出口增长 16.1%,集成电路出口增长 30.6%,手机出口下降 11.0%。七大类劳动密集型产品出口合计 794.2 亿美元,增长 16.6%,占比 15.8%,拉动全省出口增长 2.9 个百分点。其中,玩具、鞋靴、塑料制品和家具出口分别增长 47.0%、36.6%、25.6% 和 24.1%。

机电产品进口 1 714.3 亿美元,增长 18.0%,占比 56.5%,其中通用机械设备进口增长 22.1%。高新技术产品进口 1 232.5 亿美元,增长 17.4%,占比 40.6%,其中集成电路进口增长 18.7%。占比近两成的 15 种大宗商品合计进口 585.3 亿美元,增长 36.8%。其中,15 种商品进口价格普涨,铁矿砂、大豆、铜、塑料原料和纸浆进口价格分别上涨 62.1%、42.2%、37.7%、35.7% 和 28.2%;9 种商品进口量价齐升。

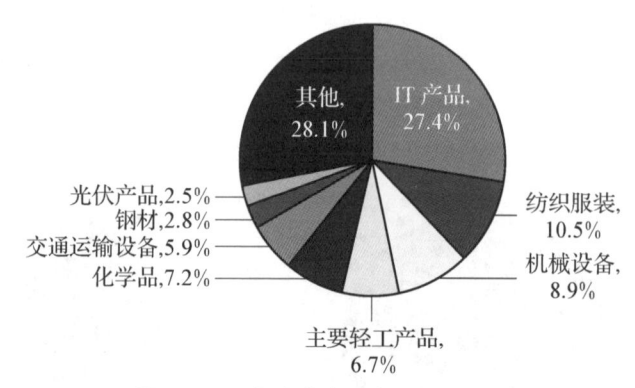

图 4　2021 年全省主要出口行业分布

(四)民营企业拉动作用显著,外资企业占比下降

2021 年,民营企业进出口 3 104.7 亿美元,增长 37.1%,拉动全省进出口增长 13.1 个百分点;占比 38.5%,提升 3.3 个百分点;其中出口、进口分别增长 36.1% 和 39.7%。外资企业进出口 4 239.5 亿美元,增长 17.4%;占比 52.5%,下降 3.7 个百分点;其中出口、进口分别增长 19.4% 和 14.9%。国有企业进出口 723.5 亿美元,增长 32.0%,占比 9.0%,提升 0.5 个百分点;其中出口、进口分别增长 31.5% 和 32.6%。2021 年全省各类企业进出口情况如表 1 所示。

表 1　2021 全省各类企业进出口情况

单位:万美元

企业性质	进出口完成情况					
	出口完成情况			进口完成情况		
	累计出口	同比(%)	占比(%)	累计进口	同比(%)	占比(%)
内资企业	26 205 430	35.1	52.0	12 086 673	37.7	39.8
国有企业	3 920 556	31.5	7.8	3 314 929	32.6	10.9

续　表

企业性质	进出口完成情况					
	出口完成情况			进口完成情况		
	累计出口	同比(%)	占比(%)	累计进口	同比(%)	占比(%)
民营企业	22 280 653	36.1	44.2	8 766 773	39.7	28.9
外资企业	24 149 017	19.4	48.0	18 246 203	14.9	60.2

（五）一般贸易主导地位巩固，加工贸易增势平稳

2021年，一般贸易进出口4 538.6亿美元，增长32.2%，拉动全省进出口增长17.2个百分点；占比56.2%（见图5），提升2.8个百分点；其中出口、进口分别增长33.6%和29.9%。加工贸易进出口2547.8亿美元，增长12.3%；占比31.6%，下降3.7个百分点；其中出口、进口分别增长9.2%和17.3%。保税物流进出口912.2亿美元，增长41.0%，占比11.3%，提升1.2个百分点；其中出口增长61.5%，进口增长19.6%。外投设备进口下降31.1%。

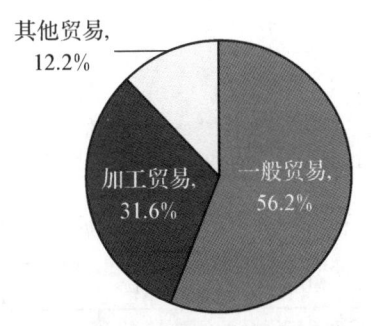

图5　2021年全省进出口贸易方式分布

（六）外贸大市稳步增长，苏中苏北占比提升

2021年，13个设区市中，9个市进出口增幅高于全省平均水平；苏州、无锡、南京、南通、常州5个外贸大市进出口总体增长24.2%，合计占全省进出口的86.2%。苏北和苏中进出口分别增长38.4%、36.0%，占比分别为8.0%、10.7%，均提升 0.8 个百分点;苏南地区进出口增长 23.2%,占比 81.3%(见表2)。

表2　2021年全省各设区市进出口情况

金额单位:亿美元

名称	进出口 累计	同比(%)	占比(%)	出口 累计	同比(%)	占比(%)	进口 累计	同比(%)	占比(%)
全省	8 068.7	25.5	100.0	5 035.4	27.1	100.0	3 033.3	23.0	100.0
苏州市	3 921.1	21.6	48.6	2 302.7	23.3	45.7	1 618.5	19.3	53.4
无锡市	1 057.0	20.4	13.1	653.5	27.6	13.0	403.5	10.4	13.3
南京市	985.3	27.7	12.2	617.5	25.8	12.3	367.8	30.9	12.1
南通市	527.1	39.0	6.5	350.2	35.4	7.0	176.9	46.7	5.8
常州市	467.0	33.8	5.8	339.9	31.1	6.8	127.1	41.6	4.2
徐州市	194.2	26.7	2.4	162.6	30.4	3.2	31.6	10.5	1.0
泰州市	189.2	29.1	2.3	133.6	39.1	2.7	55.6	10.2	1.8
盐城市	174.2	45.9	2.2	108.5	35.6	2.2	65.6	67.4	2.2
扬州市	150.0	34.4	1.9	110.2	31.9	2.2	39.7	42.0	1.3
连云港市	144.9	55.3	1.8	60.2	58.6	1.2	84.8	53.0	2.8
镇江市	129.1	23.8	1.6	92.2	24.9	1.8	36.9	21.3	1.2
宿迁市	69.7	45.7	0.9	60.7	45.9	1.2	8.9	43.9	0.3
淮安市	59.9	20.6	0.7	43.5	27.0	0.9	16.3	6.2	0.5
苏南	6 559.6	23.2	81.3	4 005.9	25.0	79.6	2 553.7	20.4	84.2
苏中	866.3	36.0	10.7	594.0	35.5	11.8	272.3	37.2	9.0
苏北	642.8	38.4	8.0	435.6	36.6	8.7	207.3	42.6	6.8

注:按各市进出口规模排序。

(七) 有进出口实绩的企业数超过8万家

2021年,全省有进出口实绩的企业81 307家,增加3 841家。其中,有出口实绩的企业70 292家,增加3 511家;有进口实绩的企业37 541家,增加1 127家。三星电子(苏州)半导体有限公司、苏州得尔达国际物流有限公司、名硕电脑(苏州)有限公司进出口超百亿美元。

二 主要工作举措及成效

(一) 持续发力,确保稳外贸各项工作落实落细

一是政策支持体系不断强化。报请省政府办公厅印发《江苏省"十四五"贸易高质量发展规划》、转发省商务厅等7部门《关于促进全省跨境电子商务高质量发展的工作意见》;牵头16个省级部门起草《关于加快发展外贸新业态新模式的若干措施》,已上报省政府办公厅。二是"保主体促两稳"行动持续推进。持之以恒"抓大""扶小""育新""稳链",加强对重点企业的运行监测和精准服务,全力保护和服务好市场主体。"一企一策"解决企业实际困难问题,每月监测606家重点外贸联系企业经营情况,建立重点企业常态化走访机制,对全省83家外贸龙头企业开展常态化走访,会同相关部门协调解决企业的具体问题和实际困难。全省稳外贸工作获得国务院、商务部等部门多次肯定。2021年4月27日,商务部副部长任鸿斌对江苏稳外贸工作做出肯定性批示。4月29日,商务部外贸外资协调办公室以快报向国务院报送江苏省推进跨境电商发展的经验做法。4月30日,国务院对2020年江苏省落实促进外贸外资稳定增长,积极优化营商环境成效明显予以督查激励通报(国办发〔2021〕17号)。

(二) 找准定位,发展线上线下融合拓市场成效显著

一是线上展会品牌效应凸显。继续举办"江苏优品·畅行全球"系列线上展会,引导企业转型线上拓市场,全年共举办176场,累计组织约2.7万家江苏企业参展。其中,16场线上国际展会参展企业近2万家,在线成交额超2亿美元;160场以"一国一展""一业一展"为特色的线上对接会参展企业近7 000家,开展"一对一"对接超过3.2万场,调研问卷显示参展企业满意率超过90%。二是重点展会拓外转内有成效。积极引导企业利用广交会等线上线下展示平台开拓国际市场。第130届广交会首次采取线上线下融合方式举办,首次以促进国内国际双循环为主题,全省640家企业线下参展,2 245家企

业线上参展,同步开拓国内外市场。江苏交易团获评第129届广交会"优秀交易团"。三是中欧班列发展提质增效。推动中欧班列优化整合,积极构建境外揽货体系,加强中欧班列与外贸企业的沟通合作,鼓励外贸企业依托中欧班列开展跨境贸易,搭建贸易促进平台。

(三)把握优势,推动外贸高质量发展步伐加快

一是进口载体平台发展壮大。充分发挥进口政策作用,用足用好国家和省级进口贴息资金,扩大先进技术、高端装备和关键零部件进口。会同省各有关部门,出台《昆山市进口贸易促进创新示范区培育工作方案》,指导昆山市出台进口创新示范区实施方案,推动各项政策举措尽快落实,推进重点项目建设,充分发挥昆山进口创新示范作用。支持张家港保税港区汽车整车进口口岸错位发展,积极探索特色改装产业,稳步推进汽车平行进口业务。全力做好第四届中国国际进口博览会组织工作,协助做好招展、招商、宣传、统计等各项工作,邀请1.3万家企业、3.8万多名采购商到会,成交规模继续位居全国省市交易团前列。积极承接进博会溢出效应,优化进口结构,深化经贸合作。二是外贸转型升级基地提档升级。2021年新增国家外贸转型升级基地8家、18家2018年度认定的国家外贸转型升级基地通过商务部考核。2021年,全省国家外贸转型升级基地45家,省级基地36家,共计81家。鼓励基地企业积极开展国际国内认证,不断提高自主品牌产品出口比重,强化品牌战略,提升企业国际竞争力。三是二手车各项政策逐步落地。大力推进南京二手车出口业务落地,指导南京市出台《南京市二手车出口管理暂行办法》,组织实施了试点企业的申报和审核工作并上报商务部。

(四)乘势而上,实现外贸新业态新模式发展提速

一是跨境电商发展取得新突破。支持扬州、泰州、镇江申报新一批综试区,力争实现设区市全覆盖。组织召开全省跨境电商发展大会,启动"江苏优品·数贸全球"专项行动。成立由12个部门组成的省跨境电商发展工作专班,召开跨境电商综试区工作推进会,梳理并研究解决各地在推进跨境电商发展工作中遇到的25项具体困难问题。积极协调省级部门推动盒马"现场体验、线上下单、

极速配送"跨境新零售新模式在苏州落地。在杭州举办全省商务系统跨境电商专题培训班,加快探索具有江苏特色的跨境电商发展路径。与亚马逊全球开店、阿里巴巴等重点平台在推动出口产业集群和优质企业数字化转型、人才培训等方面深化合作。开展2021年度省级跨境电商产业园评选工作,新认定34家省级跨境电商产业园。开展2021年省级公共海外仓认定评估工作,新培育13家省级公共海外仓,省级公共海外仓达32家,面积合计超过40万平方米,服务企业近2 000家。商务部对江苏推进跨境电商发展的经验做法进行了宣传推介。

二是市场采购贸易实现创新发展。推动海门、常熟市场采购贸易方式试点创新发展。2021年,全省市场采购贸易累计出口23.9亿美元,同比增长44.6%,备案主体同比增长58%。做大做优"市采通"平台,在全省推广"市采通"平台,截至年底,"市采通"平台已与13个设区市完成对接,实现省内全覆盖,累计出口27亿美元,服务企业超过2 200家。省外,"市采通"平台已在云南瑞丽、广西凭祥等市场复制使用,努力打造市场采购贸易"江苏模式"。"市采通"平台作为地方稳外贸、稳外资典型经验做法获商务部推广。

三是加工贸易保税维修业务创新拓展。进一步优化加工贸易激励政策,鼓励重点地区支持加工贸易稳定创新发展,助力龙头企业争取总部订单。推动加工贸易创新发展,向商务部积极争取将切合江苏企业需求的电子信息、医疗器械、轨道交通、航空、船舶等产品列入综合保税区维修产品目录;支持有条件的综保区外企业开展高技术含量、高附加值、符合环保要求的产品保税维修;支持中国(江苏)自由贸易试验区按照综合保税区维修产品目录开展先行先试,为全国相关业务管理政策及方式突破积累经验。

四是新型离岸贸易发展稳步推进。积极探索新型离岸贸易发展路径,加强与省外管局等相关部门的协调交流,指导苏州工业园区建设新型国际贸易综合服务平台,先行先试发展基于制造业和实体经济的新型离岸贸易。组织课题组赴苏州、连云港等地开展专题调研,召开离岸贸易企业及金融机构座谈会,完成《江苏发展离岸贸易的研究与对策》课题,形成发展离岸贸易的思路与重点举措。

(五) 主动作为,推进外贸发展环境持续优化

一是进出口涉企服务持续优化。深入推进"放管服"改革,积极配合推进自贸区赋权、自贸区"证照分离"改革,配合落实"双随机、一公开""互联网＋监管"等事中事后监管事项。组织全省符合条件的企业向商务部申报各类商品资质和配额,做好贸管商品的业务指导、政策咨询和调研服务工作。积极反映省内纸制品加工贸易企业困难,推动商务部、海关总署发布了《关于调整加工贸易禁止类商品目录的公告》(2021年第12号公告),保障了昆山乐美包装等纸制品加工贸易企业的正常生产经营,维护了相关供应链的畅通稳定,提振了企业投资信心。积极协调解决汇鸿中锦等企业因疫情防控措施趋严进口货物无法清关的问题。办理对外贸易经营者备案登记变更25家,协助处理多起涉外贸易纠纷。二是机电产品国际招标平台成效显著。2021年,累计完成2 354个机电产品国际招标项目,中标金额19.58亿美元。加强招标机构管理,新增22家招标机构,目前全省共有139家机电产品国际招标代理机构。对11家机电产品国际招标投标代理机构、32个招标项目开展"双随机、一公开"监管工作,推动机电产品国际招投标行业健康稳定发展。

(六) 精准施策,统筹疫情防控服务保障有力

一是进口物品疫情防控工作统筹推进。牵头做好进口高风险非冷链集装箱货物和冷链非食品货物疫情防控工作,会同海关、卫健、市监等相关单位,出台了《江苏省进口高风险非冷链集装箱货物和冷链非食品货物新冠肺炎疫情防控工作方案》,指导各地按照工作方案要求,进一步压实"四方责任",筑牢进口货物疫情防线。在确保进口货物疫情防控安全的同时,坚持科学、精准、有效防疫,提升口岸通关效率,减轻企业负担,不断提升贸易便利化服务,保障产业链、供应链畅通稳定。二是境外人员邀请函工作稳步开展。根据省委省政府关于在疫情防控特殊时期外国人来华邀请的指导意见及外交部相关总体要求,继续配合做好重点外籍经贸人员来苏邀请工作,为重要外贸企业办理来华邀请函。2021年,累计为外贸企业办理来苏邀请函近5 000人次,保障外贸企业生产经营活动正常有序开展。

(省商务厅对外贸易处)

2021年江苏省服务贸易运行情况

2021年,江苏服务贸易条线在省委省政府坚强领导下,咬定扩量提质、创新争优总目标,服务贸易载体主体培育获得新突破,服务贸易创新发展试点取得新进展,服务外包转型升级实现新成效,经贸促进拓展新空间。

一 全省服务贸易运行情况

(一)服务贸易运行情况

根据商务部数据,2021年全省服务进出口522.5亿美元,同比增长20.6%。其中,出口258.5亿美元,同比增长29.7%;进口264.0亿美元,同比增长12.9%。总的来看,全年全省服务贸易发展提速,结构持续优化。呈现"三个提升"的特点。

一是数字贸易增速和占比持续提升。2021年,数字贸易保持快速增长,成为拉动全省服务贸易增长的主要引擎。全年数字贸易额274.3亿美元,增长33.7%,占全省服务贸易比重提高 5.1 个百分点,达 52.5%,占比过半,为全省服贸增长贡献 16.0 个百分点。其中,知识产权服务、电信计算机和信息服务、其他商业服务分别增长 53.0%、30.2%、28.5%,占全省服贸比分别上升至 11.8%、12.6%、26.8%。另外,传统服务中的运输服务进出口受货物贸易和价格因素影响,全年大幅增长 75.7%,成为增长最快的领域,拉动全省服务贸易增长 6.9 个百分点,占全省比重达 13.3%。旅行服务继续下滑 10.2%,占比从疫情前约 1/3 下降至约 1/5。

二是服务出口增速和占比持续提升。全年服务出口 258.5 亿美元,同比增长 29.7%,增幅大于进口 16.8 个百分点,占比达 49.5%。其中,数字服务出口增长 35.1%,占出口比重达 56.6%。

三是苏中苏北占比提升。连云港、泰州、扬州、盐城服务进出口增速超过 20%,位列全省的前四位,苏中、苏北占比提高 0.9 个百分点,占比达 17.3%。苏州、南京、无锡合计占全省比重 76.6%,增速都在两位数以上,稳住了全省服务贸易基本盘。

(二) 服务外包运行情况

一是产业规模再上台阶。2021 年全省服务外包业务合同额、执行额分别迈过 800 亿美元、600 亿美元关口,增速都超过 10%;其中,离岸业务执行额 301.8 亿美元,同比增长 9.8%,占全国近 1/4,占长三角地区近 1/2,继续保持全国首位。

二是业务结构向高端升级。附加值更高的知识流程外包(KPO)离岸执行额增速最快,达到 22.2%,占比提升至全省 41.0%。细分领域中大数据服务、新一代信息技术开发应用服务分别增长 271.6%、79.6%。

三是梯次发展各有突破。老牌国家级示范城市南京、无锡、苏州离岸执行额均超过 50 亿美元,继续对全省数据起到重要支撑作用。南通增速超 20%,离岸执行额突破 40 亿美元。泰州、扬州离岸执行额同比分别增长 41.2%、55.1%,突破 10 亿美元和 4 亿美元。镇江、徐州、常州业务发展势头良好,均保持两位数增长。

四是国际市场格局总体保持稳定。美国、中国香港、欧盟、日本、中国台湾、韩国6个地区仍为江苏离岸外包主要市场,占比近七成,发包市场发展稳定。承接"一带一路"沿线国家(地区)业务执行额同比增长12.6%。

五是促就业社会效益明显。2021年,全省服务外包产业新增企业1 440家,新增吸纳从业人员20.8万人。

二 主要工作及成效

(一) 服务贸易载体主体培育获得新突破

徐州在新申报服务外包示范城市综合评价中位列第一并成功晋级国家级服务外包示范城市,南京在综合评价中位列第二。苏州工业园区成功入选国家文化出口基地。无锡在商务部文化出口基地综合评价中总分位居前列,省中医院、南京中医药大学在商务部中医药服务出口基地综合评价中获得优秀,获得通报表扬。全省服务贸易载体培育工作受到商务部肯定,相关经验做法在全国交流推广。全省共有35家企业、11个项目入选新一批国家文化出口重点企业和重点项目,数量创近年新高,上升到全国第二位。

(二) 服务贸易创新发展试点取得新进展

统筹协调相关省级部门,项目化、表格化推进试点任务落实和政策支持,121项全面深化服务贸易创新发展试点任务全部落地实施,其中80项基本完成。完成专利代理开放、外资旅行社审批2项国家法规调整举措在全省落地实施。3个试点实践案例获商务部印发在全国推广。

(三) 服务外包转型升级实现新成效

贯彻国家和省两级推动服务外包转型升级政策文件,牵头省级相关部门按任务分工和时序进度推进年度十项重点工作落实。创新性对"定制化产品包含的设计服务外包业务收入"予以支持,鼓励服务与制造深度融合。服务外包业务规模在连续13年保持全国第一基础上,业务结构逐渐向数字化、高端化转型升级。

（四）经贸促进拓展新空间

持续打造"苏新服务·智惠全球"服务贸易促进品牌，全年举办 70 场线上对接会，共组织省内服务贸易企业与境外采购商开展超过万次云洽谈云对接。组织全省企业参加中国国际服务贸易交易会、中国—东盟博览会、中国（上海）国际技术进出口交易会等线下重点展会，获评中国国际服务贸易交易会线下优秀展区、中国（上海）国际技术进出口交易会最佳组织奖。

（省商务厅服务贸易和商贸服务业处）

2021年江苏省电子商务发展情况

2021年,江苏省充分发挥电商在促进就业、改善民生、扩大消费、引导投资、创业创新、公共服务等方面的作用,努力探索政策创新、管理创新和服务创新,不断促进线上线下融合发展,推动构建宽松有度、充满活力、良性循环的电子商务发展环境。

一 电子商务市场主体建设水平持续提升

全省商贸流通企业加快应用数字技术实现创新突破,实现数据赋能,在提升企业经营能力、实现降本增效、推动转型升级、保持产业链供应链稳定等方面都发挥了积极作用,形成了良好的示范带动效应。截至2021年年底,全省共遴选、打造出8家国家数字商务企业(全国第二)、16家国家电子商务示范企业(全国第二)、12家国家电子商务示范基地(全国第一)以及87家省级数字商务企业、64家省级电子商务示范基地,覆盖全省各地和不同行业领域。

二 电商促销活动助力释放消费新动能

2021年,全省网络消费快速成长,限额以上通过公共网络实现的零售额同比增长26.9%,网络零售很好地扮演了消费增长的"压舱石"。根据商务部工作部署,全省认真组织开展"网上年货节""双品购物节",在全国唱响江苏品质品牌。各地积极举办区域电商促消费活动,有力带动消费提振。苏州市按照"政府搭台、企业唱戏、百姓受惠"的活动思路,联动上海举办"五五购物节",配合省政府开展"苏新消费·冬季购物节"暨第二届"双12苏州购物节",全市累计举办特色促消费活动超过2 300场,重点活动1 200多场,阿里、京东、苏宁、抖音、百度、腾讯等20多个头部平台通过满减、红包、秒杀等合计让利超百亿元。南京市通过开展"活力消费、惠民消费、品质消费"主题消费活动,线上线下联动发力,"双11"期间,全市实现网络零售额548亿元,同比增长23.7%。在举办电商促销活动的同时,积极推广应用社交电商、直播电商等电商新模式,传统零售企业加快数字化转型升级,充分应用大数据、人工智能、VR/AR等新技术,推动商业基础设施智能化升级,发展沉浸式体验消费,加快激活消费新市场。

三 电子商务新业态新模式创新发展

大数据、云计算和移动互联网等现代信息技术运用日趋广泛,平台经济赋能日益加快,推动全省商贸流通领域新业态新模式创新发展。苏宁"星河云"开放平台、徐工产业互联网平台的数字化供销应用解决方案和"科技力量+人文关怀"孩子王的创新实践等3个典型案例,入选商务部"商业科技创新应用优秀案例"在全国推广应用。2021年,常州市参与淘宝直播的商品数达到15.5万个,参与直播的商品实现网络零售额43.6亿元,直播场次突破4万场,累计观看近2.1亿人次;全市共有32家阿里新零售店铺,2021年实现网络零售额16.4亿元,同比增长30.2%,网络零售量8 904万件。抖音国内首家海鲜直播基地落户连云港市赣榆区,东海县位列全国直播电商百强县第7位,赣榆区直播销售的海苔、扇贝、鱿鱼、比目鱼等产品销量全国第一。

四 电商在服务民生和抗疫保供方面作用进一步加强

全省持续推进数字商务社区试点,推进社区商业信息化、数字化改造,引导社区商业主体创新销售模式,促进线上线下融合发展,加快建设一刻钟便民生活圈。平台企业加快社区业务布局,无锡叮咚买菜发展迅速,2021年线上销售额突破7亿元,同比增幅超过50%。淮安新亚、金鹰商场、大润发、苏果等传统大型商超及餐饮饭店借助自建小程序、入驻第三方平台、开展直播、建立社群等方式,进一步拓展消费新场景。省内部分城市受疫情影响期间,美团优选、饿了么、叮咚买菜、十荟团等社区电商平台和美团快驴、饿了么、盒马集市、京东到家、顺丰同城急送等配送企业充分发挥自身渠道优势和配送服务能力,加大对地区网销生活必需品的备货和调运力度。据统计,疫情防控期间,南京各社区电商平台企业民生物资保障订单数日均超140万单,销售额日均超5 000万元,快速有力、最大限度地保障了广大市民生活物品的需要。美团向禄口地区配备2辆无人配送车,每天最大配送次数超过300次,大大提升了高风险区域物资配送效率。泰州市开展"百家电商助农销售"活动,组织全市100余家电商企业通过平台销售、社区团购、直播带货等多种形式,促进农副产品货畅其流,疫情期间实现农产品线上线下销售额超20亿元。

五 "数商兴农"深入推动

农村电商示范体系建设持续推进,全省新增11个国家电子商务进农村综合示范县,丰县发展农村电商获国务院办公厅督查激励表彰,这是江苏省连续第3年获此殊荣。深入实施"数商兴农",有序推进农村电商新基建,引导支持苏宁易购、汇通达以及阿里巴巴、京东等大型电商企业以乡镇为重点下沉供应链,进一步完善日用消费品、农资下乡和农产品进城双向流通,农产品电商化水平持续提高,有力地带动了农民增收和乡村振兴。宿迁与京东京喜签订战略合作协议,举办京东京喜宿迁项目对接会,合作推动110余家农产品生产企业触网销售。沭阳县农资绿植、宿城区家具家居、泗洪县生态水产、洋河新区酒水饮料等电商产业集群成效明显。泰州市在省农展中心开设兴化馆,将"兴化大米"入驻"学习强国"强国城,加大泰州农产品"走出去"力度,打响"泰州品牌"。淮安积极探索"农户(基地)+产地仓(产地市场)+电商平台"的农村电商发展模式,帮助县区对接叮咚买菜、美团优选、抖音等电商平台,构建商产合作机制,积极发挥电商平台对推动农产品出村进城的重要作用,洪泽区与美团优选签订《共建大闸蟹产业发展示范基地协议》《互联网+农产品出村进城工程战略合作协议》

六 产业电商加快错位发展

举办以"新理念、新格局、新合作"为主题的 2021 中国江苏电商大会暨产业互联网年会,在全国引起了广泛关注。向社会正式发布《江苏产业电商发展报告》,研究推进江苏产业电商高质量发展的有效举措。全省各地结合自身产业特点,积极推动优势产业数字技术应用,培育壮大专业化、规模化的垂直电商群体和行业领先垂直电商平台。宜兴远东买卖宝 2021 年电商平台实现在线交易额近 115.67 亿元,同比增长 7.23%,线缆行业 B2B 引领者地位进一步巩固;中国最大的纱线坯布面料惠山大耀纺织企业的电商平台在线交易额 7.4 亿元,同比增长 40%;锡山区邦威防护自建平台实现销售额 3 亿元,同比增长 42.95%。苏州市联合 1688、阿里国际站、京东企业购等 B2B 平台,通过产业峰会+线上专场的形式开展"苏州超级产地节""亿企上苏州"等活动;开通常熟服装城、虎丘婚纱城、渭塘珍珠宝石城、蠡口家具城等专业市场线上入口,深化与抖音、B 站、小红书等新经济平台的合作对接,打造苏州特色产业带线上营销矩阵;依托阿里巴巴 1688 平台,在苏州打造一批智能工厂,发展个性化定制、智能化生产。

七 营商环境持续优化

深入实施"电商公共服务惠民惠企行动",先后在宿迁、盐城、淮安等地举办 5 站"电商公共服务全省行"活动,开展电商直播知识和技能培训,助力电商直播等新业态新模式普及应用。有序推进商务领域"互联网＋监管""双随机一公开",商务诚信公众服务平台成功上线。围绕"规范电商平台经营行为,扶持中小微企业发展"主题,开展网络经营不规范问题专项整治,强化压实电子商务平台经营者主体责任。省电商法律服务联盟积极制定行业标准,督促重点企业提升自身治理能力,推动建立共建共治共享的治理机制。

（省商务厅电子商务和信息化处）

2021年江苏省利用外资情况

2021年,江苏省外资运行呈现"规模快速增长、创历史新高,质量稳步提升"的良好态势。

一 全省外资运行情况

(一)规模保持全国首位

按商务部统计口径,2021年,全省实际使用外资288.5亿美元,同比增长22.7%,增速比全国高2.5个百分点,较2019年同期增长26.7%,两年平均增长12.5%;占全国比重16.6%,占比较上年提高0.3个百分点,规模继续保持全国首位。按省统计口径,全省实际使用外资330亿美元,同比增长16.3%,较2019年同期增长26.3%,两年平均增长12.4%。

(二)结构持续优化

从制造业看,全省制造业实际使用外资90.9亿美元,占全省总量的31.5%,占全国制造业实际使用外资的27%;江苏省占比分别比全国(19.4%)和广东省(17.0%)高12.1个、14.5个百分点。从服务业看,服务业实际使用外资182.1亿美元,同比增长35.1%,占全省总量的63.1%。

(三) 主要来源地保持稳定

中国香港地区作为江苏省第一大外资来源地,实际使用外资217.5亿美元,同比增长33.4%,占全省总量的75.4%。来自日本和韩国的实际使用外资21.4亿美元,占全省总量的7.4%,占全国日韩资的26.9%。来自新加坡、美国、德国等重要来源地的实际使用外资分别同比增长52.8%、23.3%和5.6%。

(四) 大项目支撑作用明显

从到资项目看,实际到资3 000万美元以上大项目267个,同比增长28.4%;实际使用外资186亿美元,同比增长38.1%;占全省总量的64.5%,较上年同期提高7.2个百分点。从项目服务看,协调推进解决长城宝马、斯堪尼亚、液化空气、博西、LG新能源等一批重点外资项目用地、用能、物流运输、递延纳税等方面问题,加强要素保障,推动项目落地见效。

(五) 重点板块带动作用增强

按省统计口径,13个设区市实际使用外资均实现正增长。规模排在前两位的苏州市(69.9亿美元)、南京市(50.1亿美元),实际使用外资分别同比增长26.2%和11.1%,为全省稳外资做出了突出贡献。宿迁市、盐城市、泰州市实际使用外资分别同比增长53.4%、24.5%、22.3%,增速位居全省前列。

二 利用外资质量效益持续提升

(一) 深入开展"保主体促两稳"行动

围绕抓大、扶小、育新、稳链精准服务保障外资企业,特别是对84家加工贸易重点外资企业和82家产业链关键环节企业做好监测预警和跟踪服务,努力稳住外资企业生产经营,抓好重点地区、重点产业、重点企业和重点项目,发挥好重点板块"压舱石"作用。

(二) 加大外资重点项目推进服务

落实重大外资项目与省领导挂钩联系和外贸外资协调机制,充分发挥重点外资项目工作专班作用,梳理100个省级重点外资在谈、在建项目,加强上下联动、部门协同,会同有关部门定期召开重大外资项目推进协调会,协商解决用地、用能、环保和资金等问题,加快重点外资项目的落地和建设。

(三) 全面深化与日韩产业合作

2021年5月,举办首届"东亚企业家太湖论坛",为疫情发生以来全省举办的最大规模、最高层次的涉外经贸活动,进一步深化了江苏省与日本、韩国合作交流,促进产业链、供应链稳定发展。2021年,新认定苏州工业园区等7个对日韩合作基础良好的园区为中日韩(江苏)产业合作示范园区,鼓励结合产业发展方向先行先试,建设中日韩地方合作的新增长点。

(四) 大力提升总部经济工作水平

修订完善《关于鼓励跨国公司在江苏设立地区总部和功能性机构意见(2021年版)的通知》,完成全省第十二批跨国公司地区总部和功能性机构认定工作,此次全省认定地区总部和功能性机构36家,累计认定331家。建立2021年度省级外资总部企业培育库。出台《省商务厅关于江苏省外资总部经济集聚区认定管理办法(试行)》,推动外资总部经济发展,充分发挥外资总部集聚效应、带动效应。

(五) 积极推进外资研发中心工作

加强外资研发中心鼓励政策研究制定,推动完成重点课题"推进江苏外资研发中心高水平发展的政策研究"。会同省财政厅、省税务局和南京海关完成江苏省2021—2025年度外资研发中心进口税收政策实施办法的制定,开展新一批次资格认定和复核工作,积极推动政策宣传落实,让更多外资研发中心享受税收优惠。

（六）持续优化外资营商环境

持续开展"三访三服务"和"外企与部门面对面"系列活动，加强重点外资企业调研服务，积极宣传惠企政策，及时回应外企诉求。举办银企对接活动，加强金融支持服务；举办第四届国际知识产权应用暨项目合作大会，加强外资知识产权保护和应用工作力度。

（省商务厅外国投资管理处）

2021年江苏省对外经济技术合作情况

一 全省对外投资合作情况

(一) 对外投资

2021年,江苏新增对外投资项目726个,同比增长3.9%;中方协议投资额66.8亿美元,同比增长15.3%;中方实际投资额73.1亿美元,同比增长18.7%,列全国第4。其中,在"一带一路"沿线国家新增对外投资项目191个,中方协议投资额15.9亿美元,中方实际投资额13.5亿美元;在RCEP国家新增对外投资项目216个,中方协议投资额14.2亿美元,中方实际投资额12.6亿美元,同比增长10.5%。主要呈现以下特点:

一是第三产业投资增长迅速。2021年,全省对外投资流向第三产业36.2亿美元,同比增长56.5%,占全省总量的54.3%;流向第二产业30亿美元,占全省总量的44.9%。第二产业中,流向制造业23.6亿美元,占全省总量的

35.3%。投资额排名前五的制造业领域为：通信设备及其他电子设备制造业、医药制造业、专用设备制造业、通用设备制造业和交通运输设备制造业。

二是对"一带一路"沿线投资持续开展。2021年，全省在"一带一路"沿线国家新增投资项目191个，协议投资额16亿美元，占比分别为26.3%、24.0%。1 000万美元以上的投资项目41个，协议投资额13.5亿美元，其中，制造业项目占比超70%。投资国别由2014年的38个增加至56个，投资行业门类由37个增加至73个。

三是海外并购占比持续回升。2021年，全省对外投资海外并购占比为45%，较2019年提高了15个百分点，较2020年提高了12个百分点，海外并购占比持续回升。

(二) 对外承包工程

2021年，全省对外承包工程新签合同额55.9亿美元，同比增长2.5%，列全国第7(位于湖北、广东、山东、四川、上海、天津之后)；完成营业额59.5亿美元，同比下降4.7%，列全国第7(位于广东、上海、山东、浙江、湖北、四川之后)。主要有以下特点：

一是大项目支撑明显。大项目对2021年全年业绩起到较强支撑作用，新签合同额超过5 000万美元的大项目有31个，累计31.6亿美元，全省占比56.5%；新签合同额超过1亿美元的大项目有11个，全省占比30.2%，其中，惠生(南通)重工有限公司在俄罗斯的北极LNG2 GBS-3模块建造项目新签合同额达2.8亿美元，为2021年全年单体规模最大的新签对外承包工程项目。

二是国别市场向"一带一路"沿线集中。2021年，全省对外承包工程在"一带一路"沿线国家新签合同额34亿美元，完成营业额34.9亿美元，分别占同期总额的60.8%和58.7%，截至2021年年底，全省对外承包工程覆盖了沿线50个国家，其中，越南、以色列、俄罗斯、印度尼西亚、沙特阿拉伯为新签合同额前5位国别。新签合同额超过1亿美元的大项目有11个，全省占比30.2%，基本分布在"一带一路"沿线国家。

三是亚洲市场份额保持领先。2021年，全省对外承包工程项目亚洲市场份额依然领先，新签合同额33.4亿美元，占比达59.7%。越南为全省对外承包工程新签合同额体量最大的国别。

(三) 对外劳务

2021年,全省对外劳务合作新签劳务人员合同工资总额18 831万美元,较2020年同期下降8.1%;劳务人员实际收入总额43 220万美元,较去年同期下降24.2%;派出各类劳务人员11 354人(含海员),较去年同期增加3 344人;期末在外各类劳务人员25 346人,较去年同期减少4 889人。全省在外劳务人员分布的主要国家(地区)为:新加坡、中国香港、以色列、日本。截至2021年年底,全省有对外劳务合作企业120家,2021年开展对外劳务合作业务的企业47家。

(四) 境外合作园区

截至2021年年底,全省在6个国家建有7家境外园区,其中3家国家级园区:柬埔寨西哈努克港经济特区、埃塞俄比亚东方工业园和中阿产能合作示范园;4家省级境外经贸合作区:印尼东加里曼丹岛农工贸经济合作区、江苏—新阳嘎农工贸现代产业园、印尼吉打邦农林生态产业园、徐工巴西工业园。运营企业为国企的有3家:中阿产能合作示范园(江苏海投公司)、江苏—新阳嘎农工贸现代产业园(海企集团)和徐工巴西工业园(徐工集团),其他园区运营企业为民企。7家园区累计占地面积1 220平方公里,投资32.3亿美元,入区企业329家,总产值59亿美元,上缴东道国税费1.6亿美元,为当地创造就业岗位逾5.1万个。

2021年,西哈努克港经济特区内企业累计实现进出口总额22.3亿美元,比上年同期增长42.8%。习近平主席在第三次"一带一路"建设座谈会讲话中肯定"西哈努克港经济特区为当地发展提供了强劲的动能"。

二 积极推进对外经济技术合作

(一) 全力以赴做好境外企业疫情防控工作

开展省境外企业疫情防控"1115"行动,确保全省境外企业疫情防控工作稳妥有序。报请省政府办公厅印发境外企业疫情防控工作方案、应急预案,发布两版《江苏省境外企业疫情防控指南》,建立健全工作机制,压实各方责任,妥善处置突发事件。加强境外疫情形势跟踪研判,指导企业强化人员健康防护和项目现场防控,引导企业减少境内外人员轮换。坚持疫情"日报告""零报告"制度,定期摸排在外中方人员基本情况。

(二) 认真做好风险防范工作

充分认识境外安全形势的严峻性、复杂性,督促企业进一步完善应急预案,加强外派人员管理,倡导"非必要、非紧急、不出行"。提醒企业密切关注我使领馆信息,落实使领馆工作要求,确保全省境外企业安全风险防范工作稳妥有序。

(三) 扎实推进对外投资合作高质量发展

一是支持引导企业优化对外投资结构和布局。鼓励引导有实力的企业主动走出去参与全球产业链供应链重构。支持企业采取产能合作和高端要素资源整合的双轮驱动策略,通过走出去建立立足国内国际两个市场两种资源的自主可控现代产业体系。推动省内优势企业和龙头企业通过对外投资并购,提升核心竞争力,打造具有江苏特色的制造业跨国企业集群。

二是支持柬埔寨西港特区等境外园区高质量发展。推动西港特区"2.0升级版"建设与发展,进一步提升园区竞争力、配套服务能力和国际化程度,积极配合商务部与中国人民银行在柬埔寨西港特区开展人民币国际化试点工作,目前,柬埔寨西港特区员工工资由特区内境外企业直接发至员工境内人民币账户,无须员工通过境外账户汇至其境内个人账户,大幅缩短了到账时间,实质性降低了人民币跨境汇款手续费,西港特区还在跨境资金其他方面取得了积极进展。支持埃塞俄比亚东方工业园转型升级和可持续发展,推动中阿(联酋)产能合作示范园建设。适时引导具备条件的走出去企业开展境外园区创建工作。

三是推动境外工程、投资、援外融合发展。推进对外承包工程结构优化,支持企业承接总承包和新业态项目。促进投建营综合发展,鼓励企业以投建营一体化等多种方式开展境外项目建设,打造"江苏建设"品牌。促进工程企业参与全省境外投资项目和园区建设,增强援外实施综合效应。

四是规范提升对外劳务合作管理。统筹协调,保障中以劳务合作等重点项目健康稳步发展。规范管理,完善外派人员管理和服务系统,新增备用金管理、人员统计、"好差评"等功能,进一步方便基层、企业、群众。优化服务,落实对外劳务合作经营资格核准改革,进一步缩短办结时限,并在江苏省自贸试验区内实施告知承诺。加强监管,有效保障劳务人员合法权益。

五是配合做好对外援助工作。向国合署推荐5家援外培训机构的87个项目,承办了近10期线上援外短期培训班和3期线上学历教育培训班,承担3个工程总承包项目和1个援外物资项目,组织全省7家企业申请援外资格,有2家获得援外物资项目总承包企业资质。在商务部合作局援外成套项目优良工程经验交流会上作交流发言。

六是加强事中事后监管和宣传引导。督促企业自觉遵守当地法律,尊重当地风俗习惯,规范经营行为,有效提升境外项目在环境、健康、安全、风险防范和应急处置等方面的管理水平。建立完善并积极运用商务部"境外企业和对外投资联络服务平台"江苏省分平台,推进境外企业和项目安全生产治理体系和能力建设。开展"双随机,一公开"事中事后监管抽查,全年共抽取99个企业(项目),要求有关企业限期整改。

(四) 持续提升综合服务保障水平

一是协同厅投促中心开通运行"全程相伴"江苏走出去综合服务平台信息系统,进一步加强与23个省有关部门和机构的联动配合,立足企业视角,聚焦市场主体需求,为企业提供全周期、一站式服务,在疫情防控、网上办事、信息资讯、风险防范、保险支持、咨询沟通等方面更好地服务企业。截至2021年年底,在线办理走出去业务近1 700项,累计浏览量近20万次。会同省教育厅持续推动"走出去人才地图"建设,配合成立"一带一路"国际法律服务联盟,与司法厅共同推动海外法务中心建设。

二是充分发挥"江苏省对外投资和经济合作外派人员人身意外伤害及安全防卫保险"项目对外派人员的人身安全保障作用,保护外派人员合法权益。2021年,外派人员人身意外伤害及安全防卫保险共保障13 298人,累计107 368人受益。

三是持续发挥"江苏省走出去统保平台"对企业的保障作用。2021年,平台承保项目137个,承保金额41.5亿美元。累计承保项目917个,承保金额254.9亿美元。

(五)认真组织重大经贸活动

一是参加第二届中非经贸博览会。9月26—29日,时任副省长惠建林率江苏省代表团参加博览会,全省集中展示了改革开放以来特别是党的十八大以来与非洲国家开展经贸合作的成果,组织了30余家与非洲国家在投资、工程建设等方面有经济合作和开拓意向的江苏企业参加线上、线下各类专题研讨、经贸洽谈活动。二是参加第十八届中国东盟博览会。9月10—13日,组织走出去企业参加第十八届中国东盟博览会国际经济和产能合作展区,展示江苏与东盟合作情况,借助东盟博览会国际产能合作展示平台,拓展合作机会。三是举办长三角国际工程联盟拓市对接会。与浙江省商务厅合作在徐州举办"长三角国际工程联盟拓市对接会",组织江浙两省50多家对外承包工程企业交流座谈"创新区域合作,共谋出海发展"。

(六)做好建议提案和调研分析工作

办理省人大代表建议和政协委员提案9件,满意率100%。加强调研分析,完成《区域全面经济伙伴关系协定(RCEP)对江苏走出去企业的影响分析》《推动江苏企业参与全球产业链供应链重塑的对策研究》等多篇调研报告。开展对外投资企业综合评价指标研究。

(七)深入落实"三访三服务"和"两在两同建新功"行动

2021年,进一步加大联系企业、服务基层的工作力度,赴中材集团、中核华兴、苏交科等企业开展"三访三服务",赴海投公司、中江公司、省建集团、天楹公司、鹏飞公司、红豆集团、国泰集团等开展调研,召开企业座谈会,及时了解掌握基层和企业面临的新情况、新问题,想方设法予以协调推进。

(省商务厅对外投资和经济合作处)

2021年江苏省开发区建设发展情况

2021年,在省委、省政府的统一部署和厅党组的正确领导下,江苏省开发区坚持以习近平新时代中国特色社会主义思想为指导,贯彻落实党的十九届六中全会和省第十四次党代会精神,以推动高质量发展为主题,以创新发展为根本动力,按照党中央、国务院和省委省政府决策部署,坚持稳中求进工作总基调,扎实推进"六稳"工作,全面落实"六保"任务,积极推进开发区项目招引、产业培育、科技创新、体制改革和安全生产等方面工作,各项经济指标平稳运行,对全省经济社会贡献持续增强。

一 基本情况

全省开发区经济实力不断增强,新兴动能快速发展,为全省经济健康发展奠定了坚实基础,经济社会发展取得显著成效。2021年,全省开发区完成全省70%的工业增加值和50%以上的一般公共预算收入,实现了80%实际使用外资和外贸进出口。开发区在改革开放排头兵、转型升级主阵地、创新驱动强引擎上的作用更加凸显,是推动全省高水平开放、高质量发展的主力军。

二 主要工作和成效

(一)强化宏观引导

根据江苏省"十四五"规划编制工作安排,组织编制《江苏省开发区"十四五"总体发展规划》。紧扣新时期开发区在服务构建新发展格局、推动"一中心一基地一枢纽"建设的任务要求,围绕推动开发区高质量发展的工作重点,提出了"综合实力稳步提升、产业核心竞争力明显提高、创新能力显著增强、开放水平全面提高、绿色低碳循环发展持续推进、体制机制活力全面增强"等六个方面发展目标,从优化空间格局、增强自主创新能力、提升制造业核心竞争力、畅通内外循环通道、绿色集约安全发展等五个方面提出任务举措,指导"十四五"时期全省开发区加快转型升级、创新提升、特色发展。修订并推动出台经济开发区高质量考核评价指标体系,发挥考核评价"指挥棒"和"风向标"作用,强化高质量发展导向。

(二)推动国家级经开区建设再上新台阶

无锡惠山经济开发区获批升级为国家级经开区,全省国家级经开区数量扩容至27家,继续保持全国第一位。苏州工业园区、昆山、江宁经开区等3家经开区位列商务部2021年国家级经开区综合发展水平考核评价综合排名前10(分别列第1、第5、第6位),其中苏州工业园区连续6年位居第一。

(三)加快特色载体和平台培育

积极推动省级特色创新产业园区、智慧园区、国际合作园区等平台载体建设,2021年开展了第四批省级特色创新产业园区、智慧园区,第三批省级国际合作园区申报评定工作,新评定18家省级特色创新产业园区、13家省级智慧园区、5家省级国际合作园区,目前全省72家省级特色创新(产业)示范园区实现全省 13 个设区市全覆盖，35 家省级智慧园区信息化、数字化、智能化建设步伐加快，18 家国际合作园区深化与德国、日本、新加坡、韩国等特定国别企业合作，开放能级不断提升。

(四) 推动全省开发区体制机制改革

推动全省开发区去行政化改革，密切跟踪地方改革进展、成效和困难，总结提炼改革成果，围绕开发区职能设置、机构精简、人事薪酬制度改革、营商环境优化、招商制度改革、整合优化等 6 张清单，与省委编办、省发改委联合发布了江苏省开发区体制机制改革 9 个实践案例，推动有条件的开发区因地制宜开展去行政化改革，鼓励菜单式模式集成创新。

(五) 深入推进区域评估工作

在全省开发区深入推行 10 个事项区域评估改革，变"单个项目评"为"区域整体评"，变"企业付费"为"政府买单"，变"申请后审批"为"申请前服务"，为区域内企业投资项目审批减事项、减环节、减时间、减材料、减费用。2021 年 3 月，住建部印发《关于复制推广一批工程建设项目审批制度改革经验的函》(建办厅函〔2021〕125 号)，其中对江苏省区域评估改革简化项目审批举措给予高度肯定，并以《工程建设项目审批制度改革经验清单》的形式向全国各地复制推广。目前，江苏区域评估工作已在全省 158 家省级以上开发区以及自贸区、新区和其他有条件的区域全面展开，各设区市均已按要求制定对接落实方案。据不完全统计，全省开发区已有 3 300 多个项目免费享受评估成果。

(六) 探索开展国际商务创新区试点

推动在相城高新区北河泾街道全域范围设立"苏州相城国际商务创新区"，鼓励在商贸流通、数字金融、文化创意等商务领域先行先试、创新发展，提高贸易投资便利化，提升对内对外合作层级和水平。引导苏州狮山和相城商务创新区积极探索，围绕产业定位和发展规划，加快集聚创新资源要素，持续强化商贸流通服务实体经济功能，推进商旅文体等跨界融合，探索建立整合集约、精简高效的功能区组织架构，着力提高贸易投资便利化。

(七) 协调推动开发区跨省合作共建

在原有45家南北共建园区基础上,会同有关部门设立5家省级创新试点园区和4家省级特色园区,带动苏中、苏北开发区协同发展。持续推进10家苏陕共建"区中园"、国家级经开区与边合区合作共建等一批省际共建园区建设。印发《省商务厅关于做好2021年度苏陕协作共建"区中园"有关工作的通知》(苏商开发传〔2021〕304号),明确共建"区中园"重点任务、保障措施、工作要求。苏陕共建"区中园"已引进投资项目68个,通过苏陕协作吸纳就业4 817人次,吸纳农村劳动力就业3 286人次,吸纳贫困就业792人次。

(八) 扎实开展经开区安全生产专项整治工作

在全省开发区开展提升本质安全水平"一年小灶"工作基础上,按照省里统一部署和要求,制定《经济开发区安全专项整治三年行动实施方案》,成立省级部门工作专班和商务条线工作专班,召开苏南、苏中、苏北3个片区工作推进会,积极开展开发区安全专项整治工作,建立安全生产"周报告、月督查、季评估"制度,全面推动专项整治任务落实。编制印发经济开发区安全专项整治三年行动2021年重点工作任务清单,指导各经济开发区做好整体性安全风险评估和安全监管信息平台建设工作。2021年,根据各市上报的数据统计,自开展专项整治以来,全省经开区共排查企业752 862家,排查一般问题隐患(企业层面)共计842 412处,已整改810 925处,整改率93.3%;排查重大问题隐患197处,已整改197处,整改率100%;苏州工业园区和徐州、连云港、淮安、扬州等5家国家级经开区已向省安委办提交创建省级安全发展示范城市申请;全省已有45家经开区完成整体性安全风险评估工作,并出具了评估报告,72家正在有序推进中;51家经开区建成集约化可视化安全监管信息共享平台,64家正在有序推进中。

(省商务厅开发区处)

2021年江苏省口岸运行和开放情况

2021年是中国共产党成立一百周年,也是系统谋划推进全省口岸"十四五"发展的开局之年。江苏省口岸管理工作以习近平新时代中国特色社会主义思想为指导,按照省委省政府决策部署和省口岸工作领导小组工作要求,紧扣全省商务发展中心工作,立足新发展阶段,贯彻新发展理念,构建新发展格局,切实筑牢口岸安全防线,着力推进口岸扩大开放,不断优化口岸营商环境,努力推动长三角口岸联动发展,积极促进智慧口岸建设,在畅通双循环中发挥口岸功能作用,各项工作取得积极成效。

一 口岸基本情况

(一)口岸概况

全省拥有海岸线954千米,分布在连云港、盐城和南通3市,约占全国海岸线的1/10;长江江苏段全长418千米,素有长江"黄金水道"之称。丰富的海岸线和得天独厚的长江岸线,为江苏开设口岸、发展经济提供了优越的自然条件。全省拥有26个口岸,形成了全方位、立体式口岸对外开放格局,不仅为全省大部分货物出入境提供服务,同时也为中西部地区对外贸易提供优良通道。

(二) 口岸分布

截至2021年年底,全省共有26个口岸,其中空运口岸9个,水运口岸17个。水运口岸中,海港口岸5个,河港口岸12个(见表1)。

表1　2021年江苏省口岸分布情况表

口岸(26)	空运口岸(9)		南京空运口岸(禄口国际机场)、无锡空运口岸(硕放国际机场)、徐州空运口岸(观音国际机场)、常州空运口岸(奔牛国际机场)、南通空运口岸(兴东国际机场)、连云港空运口岸(白塔埠国际机场)、淮安空运口岸(涟水国际机场)、盐城空运口岸(南洋国际机场)、扬泰空运口岸(扬泰国际机场)
	水运口岸(17)	海港口岸(5)	南通如东水运口岸、南通启东水运口岸、连云港水运口岸、盐城大丰水运口岸、盐城水运口岸
		河港口岸(12)	南京水运口岸、无锡江阴水运口岸、常州水运口岸、苏州张家港水运口岸、苏州太仓水运口岸、苏州常熟水运口岸、南通水运口岸、南通如皋水运口岸、扬州水运口岸、镇江水运口岸、泰州水运口岸、泰州靖江水运口岸

(三) 口岸运行

2021年,全省空运口岸出入境旅客157 363人次,同比下降79.18%;外贸货邮量79 083.68吨,同比下降11.86%(见表2)。水运口岸共完成外贸货运量57 674.31万吨,同比增长4.11%;外贸集装箱运量达到8 831 797.5标箱,同比增长11.71%(见表3)。

表 2　2021 年全省空运口岸出入境旅客及外贸货邮量情况表

	出入境旅客（人次）		外贸货邮量（吨）	
	自年初累计	同比	自年初累计	同比
全省合计	157 363	－79.18％	79 083.68	－11.86％
南京空运口岸	108 949	－76.62％	52 415.3	－4.53％
无锡空运口岸	13 834	－86.84％	14 500	－32.24％
徐州空运口岸	0	－100％	80.2	－87.43％
常州空运口岸	29 250	－59.06％	714.15	998.16％
南通空运口岸	5 068	－83.76％	7 547.14	8.19％
连云港空运口岸	0	－100％	—	—
淮安空运口岸	0	－100％	103.74	—
盐城空运口岸	12	－99.89％	3 723.15	－35.21％
扬泰空运口岸	250	－99.27％	—	—

表 3　2021 年全省水运口岸外贸货运量和外贸集装箱运量情况表

	外贸货运量（万吨）		外贸集装箱运量（标箱）	
	自年初累计	同比	自年初累计	同比
全省合计	57 674.31	4.11％	8 831 797.50	11.71％
南通如东水运（海港）口岸	727.08	28.13％	—	—
南通启东水运（海港）口岸	453.70	25.46％	—	—
连云港水运（海港）口岸	13 924.43	5.11％	2 449 100	－7.29％
盐城大丰水运（海港）口岸	987.59	3.26％	29 512	－24.33％
盐城水运（海港）口岸滨海港区	175	—	—	—
南京水运（河港）口岸	3 125.70	1.52％	919 000	－2.25％
无锡江阴水运（河港）口岸	6 658.36	2.84％	22 108	－25.85％

续 表

	外贸货运量(万吨)		外贸集装箱运量(标箱)	
	自年初累计	同比	自年初累计	同比
常州水运(河港)口岸	1 206.28	－12.81％	98 593.00	－23.39％
苏州张家港水运(河港)口岸	6 593.66	2.58％	585 075.50	1.78％
苏州太仓水运(河港)口岸	9 209.24	12.03％	3 864 428.75	46.64％
苏州常熟水运(河港)口岸	1 297.10	－10.44％	137 550.75	13.14％
南通水运(河港)口岸	3 335.40	－0.50％	301 869.50	－12.42％
南通如皋水运(河港)口岸	1 017.01	－22.26％	47 126.00	46.01％
扬州水运(河港)口岸	1 367.20	23.50％	133 348	－21.74％
镇江水运(河港)口岸	4 730.57	1.49％	136 267.00	－7.07％
泰州水运(河港)口岸	1 465.26	－5.37％	107 819	6.65％
泰州靖江水运(河港)口岸	1 400.73	11.88％	—	—

(四) 口岸与码头(泊位)开放

2021年,全省新获批对外扩大开放的口岸2个、对外开放的码头(泊位)18个(见表4)。

表4 2021年新获批对外开放的口岸和码头(泊位)

序　号	新获批项目
一	对外扩大开放口岸
1	连云港空运口岸
2	南通港口岸通州湾港区
二	对外开放码头(泊位)
1	江苏华电句容发电有限公司码头储运1号泊位
2	江苏长源钢铁物流投资有限公司码头

续　表

序　号	新获批项目
3	南通中集太平洋海洋工程有限公司码头2号和3号泊位
4	镇江港大港港区四期工程码头14号和15号泊位
5	扬州中远海运重工有限公司1号和2号舾装码头
6	扬州海螺水泥有限责任公司码头3号泊位
7	江阴兴澄储运有限公司万吨级码头2号泊位
8	张家港沙洲电力有限公司码头2号泊位
9	连云港港徐圩港区143、144、145号泊位
10	南通港码头管理有限公司新世界码头3号、4号泊位
11	南通通常港务有限公司码头
12	江苏大唐国际吕四港发电有限责任公司煤炭专用码头2号泊位
13	盐城港大丰港区滚装码头
14	扬州远扬国际码头有限公司江都港区3号泊位
15	泰州国际集装箱码头一期工程
16	太仓港协鑫发电有限公司码头2号泊位
17	无锡(江阴)港申夏港区5号码头二期工程3号泊位
18	招商局金陵鼎衡船舶(扬州)有限公司2号舾装码头

二　扎实有序地推进口岸协调、开放和管理工作

(一)强化系统思维,口岸发展规划迈出新步伐

一是切实发挥省口岸工作领导小组办公室职能作用。先后召开省口岸工作领导小组全体会议、全省口岸办主任会议,进一步完善工作机制,明确重点

任务,研究出台《江苏省口岸工作领导小组工作规则》《江苏省口岸工作领导小组办公室工作细则》,为充分发挥办公室统筹协调作用、进一步强化全省口岸运行管理奠定基础。制定下发《2021年全省口岸工作要点》,提出2021年度6个方面17项重点工作,明确全年工作目标任务。二是贯彻落实"十四五"规划。深入学习研究国家"十四五"口岸发展规划,结合江苏实际,做好江苏省"十四五"口岸发展规划组织实施。三是高度重视口岸安全和疫情防控工作。贯彻落实海关总署等九部委和省委、省政府决策部署,与南京海关等省口岸工作领导小组成员单位认真研究、反复沟通,印发了《关于建立健全口岸安全联合防控工作制度的实施意见》,进一步完善江苏口岸安全联合防控制度机制。作为省疫情防控工作领导小组"外防输入"联防联控机制成员单位,认真贯彻落实国家和省"外防输入"联防联控机制有关部署,参与研究会商口岸疫情防控重大事项、重要问题,主动对接长三角地区兄弟省市,就建立省外空港和水路口岸联防联控机制进行沟通,及时做好相关信息的统计报送。

(二) 坚持主动作为,口岸功能布局取得新进展

一是大力提升空运口岸功能。主动作为,提前谋划,密切跟踪连云港空运口岸扩大开放审批进度,指导连云港市口岸办多次赴国家口岸办汇报工作;组织连云港口岸办和连云港机场进行专题会谈,建立"半月汇报、适时督导"推进工作机制,压实连云港市主体责任,有效推动连云港空运口岸扩大开放成功获得国务院批准。指导淮安、扬州、连云港市口岸办做好空运口岸进境指定监管场地相关申报准备工作,指导推进扬泰空运口岸申报进境水果指定监管场地。二是加强水运口岸开放管理。按照国家及全省口岸工作要点的部署安排,坚持做到规范管理与服务发展相结合,努力提高水运口岸对外开放水平。积极对接国家口岸办,协调省级查验单位,督促相关地方口岸管理部门,推动盐城港响水港区、射阳港区对外开放和南通港口岸扩大开放相关筹备工作。支持条件完备的水运口岸申报码头对外开放和开放水域内码头的临时启用,支持相关非开放港口范围内码头临时对外开放。三是不断拓展陆港开放功能。指导徐州市总结淮海国际陆港进境肉类指定监管场地申报成功的经验,落实海关总署力助中欧班列发展十条措施,依托中欧班列平台,积极支持申报进境粮

食、原木指定监管场地,进一步拓展陆港开放功能。

(三)增强服务意识,口岸运行管理实现新改善

一是服务一线企业单位。严格落实厅党组党史学习教育部署和"三访三服务"工作要求,先后赴省电子口岸公司、数据中心、地方空运口岸和相关企业开展走访调研,了解企业发展诉求和困难问题;坚持问题导向和结果导向,建立定期联络、集中会商、分类指导等工作机制,将真服务解难题落到实处。二是开展口岸评估。根据相关文件要求,按照各地口岸自评、省级层面初评、重点调研督导、形成评估报告等步骤,评估口岸运量达标情况,分析口岸运行特点及运量达标存在困难,提出进一步加强口岸运行管理的针对性举措。三是着眼重点开展研究。响应国家战略,落实省委省政府主要领导指示要求,结合厅重点工作,积极开展了以高水平开放助力通州湾长江集装箱运输新出海口建设和口岸综合绩效评价办法(体系)两项课题研究,切实提出了各自相关的发展思路和目标路径,力争以口岸的高质量开放助力我省开放型经济高质量发展。四是研究相关文件政策。认真研究《口岸准入退出管理办法》等三个办法修订稿,向国家口岸办反馈修改意见,建议在受新冠肺炎疫情影响且国家相关限制性政策未放开的年度,不将客货运量指标作为空运口岸准入退出的考核标准。

(四)突出智慧引领,口岸信息化建设开创新局面

一是推进智慧口岸建设试点。选择信息化程度较高的太仓港口岸开展试点,明确工作方案和技术方案,完成一期项目建设任务,形成数字口岸、智能码头、智慧监管、数据中心等四大板块16项建设成果。二是持续推进长三角"单一窗口"合作共建。优化长三角服务专区布局,完善功能系统,加强数据交互,加快技术对接。经过努力推进,新版长三角"单一窗口"服务专区已于5月下旬正式上线,实现用户贯通、公共查询、业务协同、数据交互及展示等功能。三是完善国际贸易"单一窗口"功能。积极做好国际贸易"单一窗口"口岸收费及服务信息发布系统、监管证件申领系统等标准版系统推广应用工作。做好"单一窗口"标准版出口退税(金三版)系统切换和功能推广工作,加快推进海关查

验信息推送,保障企业用户平稳过渡。四是保障"单一窗口"安全运行。抓好"单一窗口"及省电子口岸系统安全管理工作,保持系统可用性99.9%以上。落实国家口岸办"单一窗口"网络安全保障要求,配合开展建党100周年网络安全攻防演习,持续抓好"单一窗口"安全管理工作,组织督促省电子口岸公司开展系统安全三级等保测评。五是加强省电子口岸资金绩效管理。研究制定2021年度省电子口岸资金使用管理方案,明确资金申报审批流程,引入绩效考评机制,加大项目管理力度,树立科学发展导向。

(五)深化关键改革,口岸营商环境得到新提升

一是实施专项行动。2021年8月起,开展为期4月的全省跨境贸易便利化专项行动,把国家要求和江苏实际紧密结合,主动学习国际国内先进经验,将监管要求和企业需求相结合,聚焦堵点难点和关键环节,着力破解专项行动工作中的突出矛盾问题,真正让市场主体感受到服务的便利便捷;及时梳理总结经验做法,加大工作力度和部门协调,推动改革取得实效。二是出台实施意见。11月,落实海关总署等十部委文件要求,会同南京海关等11个省级部门,经过反复研究,联合制定出台关于进一步深化跨境贸易便利化改革优化口岸营商环境的实施意见,提出4大类25项改革举措,为进一步优化通关流程、创新监管方式、提升通关效率、降低通关成本,加快营造市场化法治化国际化口岸营商环境指明了重点和方向。三是研究制定评价方案。根据省优化营商环境条例贯彻落实任务清单明确的"口岸生产作业时限公示""口岸收费目录清单公示"等工作项目,联合省发展改革委、财政厅、交通厅、南京海关等部门制定指标评价方案,合力推进相关工作。四是优化涉企暖心服务。积极寻求金融机构支持,多渠道缓解企业资金压力,为企业提供法律援助和政策咨询平台,做好正确舆论宣传引导。

(六)当好桥梁纽带,协会建设展现新气象

一是优化涉企服务。指导和帮助会员单位在疫情"新常态"下做好疫情防控工作,及时对会员单位下发《关于做好2021年春节期间新冠肺炎疫情防控工作的倡议书》,并加强对会员单位疫情防控的宣传,统一疫情防控的思想认识,坚定夺取疫情防控新胜利的决心和信心。组织会员企业积极参加中国口岸协会组织的"中国陆港高质量发展"及"全国智慧口岸建设与管理"培训班,进一步拓宽思路、开阔眼界,提升业务水平。二是筑牢口岸宣传阵地。编印《江苏口岸透视》内刊,持续加强口岸方针政策和动态信息的宣传报导。拓宽信息采集渠道,加强通讯员队伍建设,成功举办"百年荣光 我心向党"江苏口岸优秀摄影作品征稿活动,宣传会员单位沐浴党的温暖、努力拼搏奋斗的良好风貌。三是搭建会员交流平台。以通讯会议的方式召开三届二次理事暨常务理事会议,总结2021年的工作,研究部署2022年的工作安排。召开会员企业南京片区座谈会,围绕重点工作、疫情防控和企业遇到的困难等情况,邀请南京海关、江苏海事、江苏边检等查验部门就会员企业关心的问题做现场解答,增强会员企业的获得感。

(省商务厅陆路空港口岸处、海港口岸处)

2021年江苏省进出口公平贸易情况

2021年,江苏省公平贸易条线完善多主体协同应对机制,积极组织应对中美经贸摩擦,聚焦预警防范和法律服务,全力维护行业、企业利益。

一 进出口公平贸易情况

2021年,江苏遭遇国外新发起的贸易救济调查57起,同比减少51.3%;涉案金额21.3亿美元,同比减少57.1%。从贸易摩擦案件类型看,涉及江苏的反倾销、反补贴"双反"合并调查减少10起,降幅为62.5%。从发起国(地区)看,涉及江苏的贸易救济调查来自19个国家(地区),印度成为发起案件数、涉案金额最多的国家。从行业看,涉及江苏的贸易救济调查包括金属制品、化学原料和制品、通用设备、有色金属、钢铁、纺织等16个行业。

2021年,江苏企业代表全行业参与发起对国外贸易救济复审调查2起,即海阳科技股份有限公司、江苏海阳锦纶新材料有限公司对原产于美国、欧盟、俄罗斯和中国台湾地区的进口锦纶 6 切片反倾销期终复审调查;江苏亨通光纤科技有限公司、中天科技光纤有限公司对原产于日本、韩国的非色散位移单模光纤的反倾销期终复审调查。

2021 年,江苏省 8 家实体被列入美国商务部出口管制"实体清单",所属行业主要是超算、芯片、通信、专用车辆等。

二 主要工作与成效

(一) 全力应对中美经贸摩擦,提高风险防范能力

密切关注美对华贸易新政策,全面监测重点企业动态,强化跟踪服务。定期召开应对工作专班会议暨出口管制协调机制座谈会,交流应对工作开展,及时将企业动态和诉求反馈给基层和省有关部门,协调解决困难问题。全面摸排美国出口管制涉及情况,及时分析影响,指导企业应对。

(二) 着力提升贸易摩擦应对成效,维护出口市场份额

加强全过程指导服务,开发全省贸易摩擦网络系统,形成从立案、应诉、裁决到措施效果跟踪的贸易摩擦案件全过程闭环管理平台。针对涉案金额在 1 亿美元以上或强制应诉企业在江苏省的案件,与商务部、国家行业商协会、地方商务主管部门群策群力,鼓励重点企业应诉,体现责任担当。

(三) 持续推进工作站建设,夯实公平贸易工作基础

2021 年,经考核确认通过的江苏省进出口公平贸易工作站 29 家,涵盖光伏、化工、钢铁、机械、纺织服装、医药等省内重点行业,在预警监测、组织或参与案件应对、跟踪评价措施影响、推动行业自律、提供信息咨询,以及配合做好贸易政策审议、贸易协定宣传等方面发挥重要作用。

(四) 推动贸易调整援助工作,助企纾困解难

为深入贯彻党中央、国务院关于推进贸易高质量发展的决策部署,探索建

立符合省情的贸易调整援助制度,根据商务部等5部门联合下发的《关于推进贸易调整援助工作的意见》要求,出台《江苏省贸易调整援助工作方案(试行)》,增强企业、产业应对和适应外部风险能力,帮助由于国际贸易环境变化而遭受损失的企业纾困解难。

(五) 探索开展相关工作,提高自身工作水平和能力

按照商务部部署,协助开展2019—2020年地方补贴通报工作,协助做好后续解释和应对工作。牵头对省级政府部门5份新制定的政策文件、规划措施进行合规性评估,研提合规意见。组织省内业务骨干参加世贸司合规工作培训。强化对省商务厅11个涉及市场主体经济活动的规范性文件进行公平竞争审查。

(省商务厅进出口公平贸易处)

2021年江苏自贸试验区建设发展情况

2021年,江苏自贸试验区坚持以习近平新时代中国特色社会主义思想为指导,深入贯彻习近平总书记关于自贸试验区建设重要论述,认真落实党中央、国务院决策部署和省委、省政府特别是省自贸试验区工作领导小组第3次会议部署要求,持续深化改革创新,总体方案113项改革试点任务落地实施110项,建设发展取得一系列新进展新成效。2021年,江苏自贸试验区进出口6 056.3亿元,占比11.6%;实际使用外资24.1亿美元,占比8.6%;截至2021年年底,累计新增市场主体6.7万家,主要经济指标位居全国前列。

一 加强统筹谋划部署

筹备召开省自贸试验区工作领导小组第三次会议,省委、省政府主要领导出席会议并讲话,强调自贸试验区要自觉对标"争当表率、争做示范、走在前列"重大使命要求,持续深化改革开放,不断提升创新能力;要加强前瞻性思考、全局性谋划,认真研究"十四五"期间江苏自贸试验区重点工作安排,确保开好局、起好步,奋力推动全省自贸试验区建设取得更大突破。会同省有关部门建立完善重点任务常态化督导推进机制,切实解决企业重点难点问题,有效增强市场主体获得感和满意度。

二 加快落实试点任务

对照江苏自贸试验区建设实施方案,梳理形成首批落地清单、对接细化清单和深化改革清单,加大对上争取力度,加快推进试点任务落实。在既有任务清单基础上,根据任务推进落实情况,动态更新企业需求清单、集成创新清单、复制推广清单"三项清单",形成"1+3"清单任务体系,实行对账销号工作推进机制。截至年底,总体方案113项试点任务实施率超过97%。

三 持续深化制度创新

支持三大片区聚焦转变政府职能、投资管理体制改革、贸易监管制度创新、金融开放创新、实体经济创新发展等重点领域,大胆试、大胆闯、自主改,着力深化首创性、集成化、差别化探索。一是推动形成一批制度创新成果。坚持以制度创新为核心,以市场主体需求为导向,以风险防控为底线,以可复制可推广为基本要求,指导片区围绕《中国(江苏)自由贸易试验区总体方案》确定的6个方面主要任务,积极开展首创性实践、差异化探索。2021年全年形成81项新的制度创新成果,择优选取第二批12项改革试点经验和20个创新实践案例在省内复制推广,推动形成制度创新红利溢出效应。二是积极争取省内制度创新成果在全国复制推广。2021年6月,"'生态眼'助力长江大保护"案例成功入选全国自贸试验区第四批"最佳实践案例"。2021年,江苏自贸试验区形成的制度创新成果,4项在全国面上复制推广,2项在国家部委备案。三是积极落实全国制度创新成果的复制推广。持续推动全国自贸试验区制度创新成果在省内复制推广,进一步激发市场主体活力和产业发展动力。四是评选首批十佳制度创新成果。开展首批十佳制度创新成果评选工作,在省内复制推广的72项成果中遴选出十佳制度创新成果。

四 纵深推进集成改革

聚焦三大片区生物医药共性优势产业,探索开展生物医药全产业链开放创新发展试点。先后听取110多家重点企业诉求建议,学习借鉴上海临港新片区、海南自贸港等地经验做法,围绕生物医药"研发—制造—流通—使用—保障—安全"六大环节,研究编制试点工作方案,提出6个方面、26项试点任务、78项重点政策举措,其中涉及省级层面的22项,已会同17个省级部门制定出台专项支持政策。目前方案正在国家层面稳步研究推进。

五 充分释放开放动能

对标CPTPP等高标准国际经贸规则,探索高水平开放、制度型开放思路举措,形成专题研究报告和4个方面、28项建议探索清单。持续落实准入前国民待遇加负面清单管理模式,创新贸易综合监管制度,率先在全国探索高端制造全产业链保税模式;搭建"关证一链通"保税货物公证辅助销毁处置平台,实现不良品、残次品等保税货物处置单据"线上跑"、数据指纹"链上存"、公证书"线上出"一站式服务。加快发展贸易新业态新模式,打造全国首个以制造业服务化为特色的新型离岸国际贸易创新示范区,建设新型离岸国际贸易综合服务平台。

六 着力夯实产业基础

实施创新驱动战略,加快打造先进制造业集群,推动服务业集聚发展,培育壮大新经济新支柱产业。赋予自贸片区高新技术企业认定初审权,近3 000家高新技术企业在自贸试验区集聚,占全省9%。9家企业在科创板发行上市,占全省近1/4。获批建设国家生物药技术创新中心、第三代半导体技术创新中心、国家新一代人工智能创新发展试验区。新一代信息技术、生物医药、高端装备制造、人工智能、纳米技术应用以及数字经济等新经济和新支柱产业增长迅速,其中自贸试验区生物医药产值近2 500亿元。

七　不断优化营商环境

持续深化"放管服"改革，加快转变政府职能，按照直接取消审批、审批改备案、实行告知承诺、优化审批服务四种方式，全面推进"证照分离"改革全覆盖，国家层面523项和省级层面12项涉企经营事项在自贸试验区全部落地，受益企业超过1.1万家。完善商事纠纷多元化解机制，设立南京片区自由贸易区法院、国际商事调解中心，苏州片区国际商事法庭和连云港片区法庭。苏州片区、南京片区营商环境模拟排名分别位居全球第25、第26位。

八　积极推进联动发展

经省自贸试验区工作领导小组第三次全体会议审定，57个联动创新发展区正式挂牌成立。会同省有关部门制定印发《关于支持中国（江苏）自由贸易试验区联动创新发展区建设的若干措施》，提出5个方面20项政策举措。加强与长三角自贸试验区联动发展，苏州片区被纳入虹桥国际开放枢纽北向拓展带。与上海、浙江、安徽共同推动成立长三角自贸试验区联盟，3项经验案例入选长三角自贸试验区十大制度创新案例。协同省政务办推动向自贸试验区、联动创新发展区赋予省级管理事项。2021年9月，省政府印发了《关于赋予中国（江苏）自由贸易试验区第二批省级管理事项和开发区（自由贸易试验区联动创新发展区）省级管理事项的决定》，赋予自贸试验区第二批省级管理事项30项，赋予联创区省级管理事项14项。

九　建立完善长效机制

《中国（江苏）自由贸易试验区条例》于2021年1月15日经省人大常委会表决通过，并于3月1日起施行，为自贸试验区改革创新提供有力法治保障。加强与省有关部门、三大片区协同联动，制定出台省领导小组工作规则、领导小组办公室工作规则和专题工作组工作规则，建立月度例会、"制度创新直通车"等常态化机制,研究解决市场主体提出的诉求建议 200 余项,形成横向协同、上下联动的长效机制。加强与高校、专业智库等合作,围绕生物医药全产业链开放创新、推进制度型开放、培育新经济和新支柱产业等重点领域开展重点课题研究。推动设立中国(江苏)自由贸易试验区研究院,研究院在自贸试验区相关的决策咨询、学术研究、合作交流、人才培养、宣传推广等方面已逐步开展相关工作,助力江苏自贸试验区高质量发展。

(省商务厅自由贸易试验区综合协调处、自由贸易试验区制度创新处)

2021年江苏省商务重点领域改革工作情况

2021年,江苏省商务厅认真落实党中央、国务院和省委、省政府改革决策部署,完整、准确、全面贯彻新发展理念,围绕服务构建新发展格局目标任务,加强改革系统集成、协同推进、精准施策,注重探索创新、跟踪督察、机制保障,积极扩流通促消费,深入推进"一带一路"交汇点建设,大力推动高水平制度型开放。省商务厅列入省委《全面深化改革领导小组2021年工作要点》的8项改革任务均得到有序推进,取得积极成效,商务领域改革创新不断取得新进展。

一 完善政策支撑体系

围绕积极完善现代商贸流通体系,推进高水平开放、制度型开放,推动建设具有世界聚合力的双向开放枢纽等商务领域重点改革任务,聚焦改革工作中的痛点堵点难点,制定出台有关政策措施,着力夯实商务高质量发展的政策支撑体系。

在深化内贸流通领域改革方面，2021年，在全国率先出台省级层面加快现代商贸流通体系建设工作意见，形成了"146消费提振"行动，和推进龙头商贸流通企业培育壮大、城乡商业网点规划布局优化、镇村商贸流通提升、传统商贸流通企业转型促进、国际消费中心城市创建、新型社区生活圈打造、步行街和农贸市场改造提升、跨境电商发展提速、商务诚信体系建设九大工程。报请省政府办公厅印发全省商业网点规划管理指导意见，持续优化全省商业网点布局。

在推动建设具有世界聚合力的双向开放枢纽方面，报请省政府办公厅印发《江苏省"十四五"贸易高质量发展规划》，印发《江苏省"十四五"开发区总体发展规划》《江苏省"十四五"商务高质量发展规划》，进一步明确发展思路。积极落实国家关于加快发展外贸新业态新模式的决策部署，报请省政府办公厅转发省商务厅等七部门《关于促进全省跨境电子商务高质量发展的工作意见》，研究制定全省促进外贸新业态新模式发展的政策举措。《中国（江苏）自由贸易试验区条例》2021年3月正式实施。出台2021版外资总部鼓励政策，研究制定外资总部集聚区政策，努力提高利用外资质量。

二 着力建设现代商贸流通体系

（一）创新举办消费促进活动

全年成功举办"苏新消费"促消费活动近千场，有力拉动消费市场回升。12月启动"苏新消费·冬季购物节"，推出"十百千"消费促进活动（12场重点省级促消费活动、102场"一市一主题"特色品牌活动、1 018场商家促消费活动），省市县、政银企、内外贸、线上下联动开展，持续激发消费潜力。支付平台数据统计显示，"苏新消费·冬季购物节"首月全省支付金额突破万亿元，环比增长10.7%。

(二) 夯实载体平台支撑

放大"全国示范步行街"南京夫子庙步行街试点带动效应，支持21条省级试点培育街区智慧化改造和管理创新。南京、苏州入选全国首批"城市一刻钟便民生活圈"试点，无锡、苏州入选首批国家商品市场优化升级试点，张家港市入选供应链创新与应用示范城市，徐州市入选国家级服务业标准化试点。丰县、靖江、如皋等11个县（市）获批国家电子商务进农村综合示范县，丰县积极发展农村电商获国务院办公厅督查激励表彰。

(三) 加快培育流通主体

新培育23家绿色商场，总量居全国前列。9家企业获批国家重点零售企业；16家重点电商企业入围国家电商示范企业；8家企业被确认为国家数字商务企业。培育认定36家省级重点联系零售企业。推进全省老字号企业创新发展。新建、改造升级农贸市场178家，超额完成省政府2021年度民生实事任务。

(四) 优化商贸流通环境

有序推进商务领域"互联网＋监管""双随机、一公开"。推动成品油市场综合整治，《江苏省成品油流通管理办法》以省长令正式颁布。认真落实《电子商务法》等法律法规，完善平台风险防控管理制度。开展"诚信兴商宣传月"活动，徐州宣武集团入选全国"诚信兴商十大案例"。制定商务领域预付卡管理办法实施细则，推动预付卡管理服务平台建设。老字号管理信息系统正式上线。

三　着力推进外贸创新发展

(一) 大力发展外贸新业态新模式

报请省政府办公厅转发省商务厅等七部门《关于促进全省跨境电子商

务高质量发展的工作意见》，推进载体平台建设、市场主体培育、业态模式融合、贸易便利提升、发展环境优化"五项工程"。组织召开全省跨境电商发展大会，开展"江苏优品·数贸全球"专项行动。成立省跨境电商发展工作专班，召开跨境电商综试区工作推进会，协调解决在跨境电商发展过程中遇到的困难问题。与亚马逊全球开店、阿里巴巴等重点平台签署合作备忘录，深化出口产业集群和优质企业数字化转型、人才培训等方面合作。积极推进全省10家国家级跨境电商综试区建立健全"六体系两平台"，9个综试区建成线上综合服务平台，平台上线企业1 425家。培育认定新一批34家省级跨境电商产业园和13家省级公共海外仓。积极推广"市采通"平台，打造市场采购贸易"江苏模式"，覆盖国内50个口岸，累计出口超27亿美元，服务企业超2 200家，被商务部作为地方稳外贸、稳外资典型经验做法在全国推广。

（二）推动服务贸易扩容提质

全面启动全面深化服务贸易创新发展试点121项任务，其中近80项任务已基本完成，3个试点实践案例在全国推广。推进专利代理开放等试点地区法规调整政策落地落实。徐州市获批中国服务外包示范城市，苏州工业园区入选第二批国家文化出口基地。35家企业、11个项目入选国家文化出口重点企业和重点项目，数量位居全国第二。特色化、专业化培育12个省级基地和79家重点企业。

四 着力提高利用外资质量

（一）积极畅通东亚循环

成功举办东亚企业家太湖论坛，省委省政府主要领导和商务部领导出席论坛并致辞，日韩驻华使领馆、中日韩主要商协会以及在华投资的知名日韩企业630余人参加，现场签约重点领域日资韩资项目55个，总投资78亿美元。积极建设中韩（盐城）产业园、中日（苏州）地方发展合作示范区等国家级平台，认定首批 7 家中日韩（江苏）产业合作示范区，梳理形成 13 条重点日韩资产业链。开展"苏港合作——把握 RCEP 投资新机遇研讨会""抢抓 RCEP 机遇促进双向投资交流会"等"云上参访 投资江苏"系列活动。2021 年，来自日本和韩国的实际使用外资占全省实际使用外资的 7.4%，占全国日韩资的 26.9%。

（二）大力发展外资总部经济

报请省政府办公厅印发 2021 版外资总部经济鼓励政策，进一步降低认定门槛、扩大认定范围、拓展资金使用范围。建立省级外资总部培育库，新认定第十二批共 36 家外资总部和功能性机构，全省外资总部和功能性机构累计达 331 家，其中 51 家为世界 500 强投资。支持外资企业融入江苏省科技创新体系，累计认定符合政策的外资企业研发中心 81 家。

（三）狠抓制造业外资招引

鼓励支持各地发布"招商热力图""产业地图"等，梳理图谱，加强产业链招商。大力支持各地加强高技术制造业项目招引，新引进落实韩国乐金电子、日本 JFE（日本钢铁工程控股公司）、住友、德国菲尼克斯、法国佛吉亚等一批跨国公司投资项目。梳理排出 100 个省级重点外资项目，持续跟踪推进，服务落地建设。

五 着力高标准建设自贸试验区

（一）积极推进集成改革

总体方案 113 项试点任务实施率超过 97%，2021 年以来总结形成 81 项制度创新经验成果，其中 4 项在全国复制推广。自贸试验区"'生态眼'助力长江大保护"入选国务院第四批 18 个最佳实践案例。"证照分离"改革全覆盖试点深入推进，国家层面 523 项和省级层面 12 项涉企经营事项全部落地，受益企业超过 1.1 万家。《中国（江苏）自由贸易试验区条例》2021 年 3 月正式实施。召开省自贸试验区工作领导小组第三次全体会议,制定出台江苏自贸试验区2021年工作要点,印发江苏自贸试验区第二批12项改革试点经验和20个创新实践案例。分类赋予三大片区第2批30项省级管理事项。

(二) 积极推动联动发展

在全省认定57家自贸试验区联动创新发展区,出台《关于支持中国(江苏)自由贸易试验区联动创新发展区建设的若干措施》(苏自贸办〔2021〕3号),提出5个方面、20项工作支持举措,赋予联动创新发展区14项省级管理事项。

(三) 积极推进生物医药全产业链开放创新试点

聚焦自贸试验区三大片区生物医药共性优势产业,围绕生物医药"研发—制造—流通—使用—保障—安全"六大环节,研究编制生物医药全产业链开放创新发展试点工作方案,梳理提出73项重点任务举措。其中,涉及省级层面的22项,已会同17个部门制定出台专项支持政策;涉及国家层面的51项任务举措,完成部委第一轮征求意见。对全省这一全链条集成创新探索举措,李克强总理先后两次做出批示要求国家相关部门研究支持。

六 着力推动各类开发园区转型发展

(一) 深化"区域评估"改革

会同省发展改革委、工信厅等部门印发《关于推行区域能评的工作方案》,将区域评估改革事项扩大到10个。住建部在全国复制推广江苏省区域评估改革简化项目审批举措。截至2021年年底,67%以上的省级开发区完成3个及以上评估事项,区域评估成果应用的企业或项目超过3 300个。

(二) 推动体制机制创新

联合省委编办、省发展改革委印发全省开发区体制机制改革第一批9个实践案例,涉及职能配置优化、机构精简优化、人事薪酬制度等6大类制度创新改革成果,为各地提供菜单式集成改革方案,推动有条件的开发区因地制宜开展管理体制改革。

(三) 提升平台载体能级

江苏无锡惠山经济开发区获批升级为国家级经开区,全省国家级经济技术开发区数量扩容至27家,总数位居全国首位。在全国经开区考核评价中,4家经开区入围全国10强,苏州工业园区连续5年位居第一。商务厅、发展改革委、科技厅、自然资源厅等四部门出台《支持太仓进一步深化对德经贸合作打造中德中小企业合作示范区的意见》,支持中德(太仓)中小企业合作示范区打造全国对德中小企业合作样板。探索设立国际商务创新区试点,在相城高新区设立"苏州相城国际商务创新区",提升对内对外合作层级和水平。

七 着力推进"一带一路"交汇点建设

持续推进"丝路贸易促进"和"重点合作园区提升"两大计划。2021年,江苏省与"一带一路"沿线国家地区出口增长20.8%,占比27.4%,提升0.5个百分点;累计开行中欧班列1 800列,同比增长29%。全省对"一带一路"沿线国家新增投资项目191个,协议投资额15.9亿美元,占比分别为26.3%和23.9%;来自"一带一路"沿线国家实际投资14.7亿美元,同比增长46.1%。2021年,柬埔寨西港特区累计实现进出口额20亿美元,同比增长40%。

八 着力推进制度型开放

对标CPTPP等高标准国际经贸规则,重点聚焦服务贸易、电子商务、竞争、知识产权等领域,积极研究探索制度型开放的路径举措,形成专题研究报告,制定江苏自贸试验区制度型开放4个方面、28项探索任务清单。抢抓

RCEP 生效实施机遇,将 RCEP 贯彻落实工作写入《江苏省国民经济和社会发展第十四个五年规划和二〇三五年远景目标纲要》,提出抓住用好 RCEP 和中欧全面投资协定等机遇,健全更高水平开放型经济新体制。

(省商务厅综合处)

第二部分
各设区市及直管县(市)商务发展情况

江苏商务发展2021
JiangSu Commerce Development Report

南京市

2021年，在市委市政府的坚强领导下，在省商务厅的关心指导下，南京市商务系统认真贯彻落实中央和省、市部署要求，积极应对复杂形势和疫情冲击影响，坚持稳中求进工作总基调，扎实做好"六稳""六保"工作，克难攻坚，砥砺奋进，全市商务经济稳中提质、好于预期，在变局中实现了"十四五"良好开局。

一　主要商务经济指标完成情况

人均消费全国领先，全年社会消费品零售总额克服疫情影响增长9.7%，总量达7 899.4亿元，人均社零8.48万元，位列全国第一。外贸进出口逆势上扬，全年实现外贸进出口6 366.8亿元，增长19.2%，增速高于全省平均水平2.1个百分点，占全省比重提升0.2个百分点。实际使用外资再创新高，全年实现实际使用外资50.1亿美元，增长11.1%，连续11年保持省内第二。对外投资和经济合作省内领先，全年实现对外直接投资总额9.1亿美元，对外承包工程营业额24.1亿美元,总量保持全省第一。

二 商务发展工作情况

(一)国际消费中心城市建设打出特色牌

启动实施创建国际消费中心城市三年行动计划,滚动推进100个重点项目。一是推动新街口商圈提档升级。建立市级协调领导小组,统筹推进新街口商圈功能、业态提升,同步建设仙林、百家湖、元通等新兴商圈。新街口商圈全年销售额超370亿元。二是首创"南京国际消费节"品牌。联合支付宝、抖音等5大平台,会同各区举办450余场消费促进活动,组织企业发放消费券、开展让利活动20亿元。围绕8个重点领域开展"销售竞赛季",实现销售额407.9亿元,带动全市限上销售额实现3 407.3亿元。发展时尚运动消费和特色文旅消费。利用连线冬奥契机,开展"宁好,冬奥"系列活动,积极发展时尚运动消费。通过园博园、中意时尚周、森林音乐节等重大文旅项目及活动,推动商旅文融合发展。大力发展首店经济,全年引进品牌首店、旗舰店170余家。

(二)自贸试验区建设取得新突破

一是落实使命,为推进高水平开放探路。"'生态眼'助力长江大保护"入选全国自贸试验区第四批最佳实践案例。"打造知识产权交易融资服务运营平台"入选国务院全面深化服贸创新试点最佳实践案例。入选住建部工程建设项目审批制度改革经验复制推广清单、长三角自贸试验区十大制度创新案例各1项。二是推动生物医药、集成电路全产业链开放创新。将生物医药全产业链开放创新作为南京片区领先全国的标志性工程,完善试点方案,推进生物医药企业通关便利化,申报首次药品进口口岸。加快华为鲲鹏等重点项目以及集成电路设计服务产业创新中心等重点平台建设,落地QFLP、QDLP试点政策推动资金跨境流动。三是推动自贸试验区与经开区联动创新。南京经开区、江宁经开区等4家园区获批省级自贸联创区。

推进各板块与南京片区开展"一区一件事"重点项目联动合作,各板块形成39项制度创新成果。

(三)内外需市场循环促进卓有成效

一是积极挖掘消费潜力。落实市场主体倍增计划,全市限上批零住餐企业达5 907家。推动商贸企业数字化转型,培育国家级数字商务企业5家、电子商务示范基地2家。举办"2021中国江苏电子商务大会",全年网络零售额增长20%。发展夜间经济,举办夜间经济主题活动200余场。二是外贸业态创新发展。发挥全国电子商务示范城市、国家级跨境电商综试区优势,发力工业品跨境电商新赛道,加快重点工业品跨境电商供应链综合服务平台建设,推进优势企业开展线上B2B业务。设立跨境电商美妆产业示范园,新增省级跨境电商产业园4家、公共海外仓6家。二手车出口业务"破零"。高淳区成功创建国家外贸转型基地。三是深入推进服务贸易创新。形成1项试点案例入选全国首批最佳实践案例,2家园区被评为省级服贸基地。出台《南京市数字贸易发展行动方案(2022—2025年)》,推进外贸转型发展。成功举办全球服务贸易大会、中国国际服务外包合作大会。全年实现服务进出口128亿美元,增长10.1%。服务外包示范城市综合评价位居全国第二。

(四)双向投资水平进一步提升

一是利用外资提质增效。加大招商引资工作力度,成功举办"2021金洽会",赴上海、杭州等地举办市级重点招商活动4场,现场签约项目70余个。提升利用外资质效,制造业实际使用外资增长168.9%,高技术产业实际使用外资增长9.5%,占全市比重分别达21.8%、33.9%。推动外资总部集聚发展,新增省级跨国公司地区总部、功能性机构4家。拓展重点引资区域,韩国在宁投资超3倍增长。二是对外经济合作稳健发展。抢抓"一带一路"、RCEP等战略机遇,组织企业参加东博会、江苏—加州合作交流会等,突出特色"出海"发展。推动对外承包工程高端化发展,8家企业获商务部对外援助成套项目、物资项目总包资格。

（五）国际化发展环境不断优化

一是积极推进城市国际化建设。举办新宁合作委员会第九次会议、宁澳商业配对洽谈会，发布生态科技岛产业发展专项资金，签约新宁合作重点项目。全年打造近 60 个国际合作交流特色空间。2021 年中国城市竞争力排名中南京位居第 8 位。二是推动经开区创新发展。江宁经开区、南京经开区在商务部国家级经开区综合评价中列第 6、第 11 位。南京经开区获评中日韩（江苏）产业合作示范园区。浦口经开区在全省经开区综合考评中升至第 1 位。南京综保区成为省内首家无感通关、自助验核监管新模式同步实施的海关特殊监管区。三是口岸服务效能持续提升。持续推进优流程、减单证、提效率，"跨境贸易"获国家营商环境评价"标杆"。进出口环节涉及 38 种海关监管证件全部实现联网核查。中欧班列新开南京—蒂尔堡、南京—老挝线路，全年开行 235 列，增长 34.3%。

（六）应对疫情展现商务作为

一是打赢突发疫情市场保供战。加强一体化统筹，第一时间成立市级生活物资保障指挥部，加强保供调度。实施信息化集成，创建生活物资保障信息化指挥平台，线上线下提升反应速度和调控精度。开展机制化运作，创新"1小时+6 小时"应急响应机制，健全市、区、街道三级保供网络，落实众彩等 4 个保供平台及 104 家保供企业、96 个应急保供点，联合 15 家电商平台企业，有效保障全市生活物资供应。二是守牢商务领域疫情防控防线。聚焦人、物同防和关口前移，抓好进口货物、商场超市常态化防控。组建国际航班疫情防控专班，推动客、货入境动线全流程信息化管理，助力国际航班有序复航。严格落实境外人员疫情"日报告""零报告"制度，加强境外企业疫情防控，妥善处置境外动荡区域企业风险。

（七）加强民生保障，确保商务领域安全

一是率先开展便民生活圈全国试点。入选全国首批"一刻钟便民生活圈"试点城市，建设科巷新市集、好邻里等一批升级版生活服务载体，完成农贸市

场提档升级13个。持续推进供应链试点、城乡高效配送建设工作，6家企业获批国家供应链创新与应用示范企业。发展绿色流通，2家商场被评为省级绿色商场。举办"诚信兴商宣传月"活动，规范单用途商业预付卡管理。二是狠抓商务领域安全稳定。抓好加油站、经开区、商超等商务重点领域安全生产工作，建立"一会四专班"推进机制，强化安全生产督查检查，推动问题整改和责任落实，全年无重大安全生产事故。

三 商务改革推进情况

（一）以创新举措推动改革质效不断提升

一是科学加强外资总部经济规划。先后向省市研提促进外资总部经济发展相关鼓励政策五大方面、21条意见建议，积极帮助完善外资总部经济规划。突出"遴选培育"，启动"成长陪伴计划"，加强走访服务培育对象，通过专场培训积极宣讲省外资总部经济鼓励政策，4家企业获得江苏省跨国公司地区总部和功能性机构认定，圆满完成省对南京市高质量发展监测考核有关引进外资总部经济的个性指标任务。

二是大力推动国际贸易"单一窗口"功能向国际贸易管理全链条拓展。联合省、市电子口岸依托江苏国际贸易"单一窗口"标准版推进口岸通关各环节收费标准透明化。根据省商务厅要求，联合省、市电子口岸公司组织全市36家重点货代、船代等企业开展"单一窗口"口岸收费及信息发布系统培训，推进南京港口岸码头、货代等企业在"单一窗口"公示收费标准清单目录。支持海关依托江苏国际贸易"单一窗口"标准版推进进出口环节监管证件一口受理、网上申报、网上办理。进出口环节涉及的38种海关监管证件全部依托"单一窗口"实现联网核查，其中33种通过"单一窗口"实现一口受理。

三是积极促进空运口岸发展。先后召集6场保障协调会，积极协调查验单位及东部机场集团做好空港口岸国际航线保障工作，确保航线稳定运行。积极争取国家部委、省政府支持禄口机场客、货运发展政策，稳步推进航线恢复及新航线开辟，2021年新开通东京客运航线、吉隆坡客改货和大阪货运航线。主动走访艾菲航空、中华航空、新加坡航空、金鹏航空等企业,了解航司航线运行和口岸通关服务情况,积极做好服务保障工作。按照疫情防控工作要求,跟踪推进国际货站、T2 航站楼的场地改造和新建入境航班专用航站区建设,扎实做好国际航班"旅客、机组、货物"三条动线闭环管理,认真开展疫情防控流程桌面推演和现场演练,并邀请专家进行评审,积极消除疫情风险点。

四是加快现代流通体系建设。着眼打造特色消费场景,新增龙湖河西天街等 12 座新兴商业综合体。结合城市更新,推进百家湖 1912 等街区改造提升,全新打造银杏里街区等 6 条商业街,引进文和友主题餐厅、笑果文化小剧场、月巷书店等国内外知名品牌首店、旗舰店百余家。聚焦夜间消费,持续打造"夜之金陵"品牌,发布南京夜间消费攻略,集中力量推进 18 个夜间经济集聚区建设,推动文博场馆延长营业时间,举办"秦淮夜肆""遇见夜金陵"等夜间经济主题活动 200 余场。积极推进商贸流通数字化转型,新认定 22 家市级直播电商产业集聚区,6 家入选省 2021—2022 年度电子商务示范基地。全年新建、改造农贸市场 13 个,建改面积 2.8 万平方米,建设改造一刻钟便民生活示范圈 10 个,南京成功入选全国首批"一刻钟便民生活圈"试点城市。

(二) 以国家级试点引领改革探索不断深入

着眼围绕实行高水平对外开放深化改革,深化商品、服务、资金、人才等要素流动型开放,稳步推进制度建设,完善市场准入和监管、产权保护等方面的法律制度,加快营造市场化、法治化、国际化的营商环境,推动建设更高水平开放型经济新体制。

一是高标准建设中国(江苏)自由贸易试验区南京片区。"'生态眼'助力长江大保护"入选全国自贸试验区第四批"最佳实践案例",也是江苏自贸试验区设立以来唯一入选案例;"打造知识产权交易融资服务运营平台"入选国务院全面深化服务贸易创新发展试点"最佳实践案例"。开展 QFLP 试点,出台 QFLP 试点政策,落地全市首批 QFLP 基金。推进跨境人民币业务试点,落地跨境电商收款服务商跨境人民币业务。建成全国首个数字资产登记结算平台,获批全省区域股权市场首批数字化试点,先行先试"极简审批","区域评估简化项目审批"入选住建部工程建设项目审批制度改革经验复制推广清单;出台《南京江北新区生命健康产业链行政审批改革实施意见(试行)》。建设全国首个法治园区,全省首创境内外律所"多元复合式"联营模式,入选"2020—2021年度中国自由贸易试验区制度创新十佳案例"。加快建设联动创新发展区,南京经开区、江宁经开区、南京高新区和中新南京生态科技岛开发区成功申建省级自贸联动创新发展区,省级以上开发区、各高新园区均列入市级联创区。持续举办"走进自贸"系列专题培训活动,积极营造自贸改革联动创新氛围。

二是全面深化服务贸易创新发展。突出政策集成创新,充分发挥自贸试验区引领作用,积极推进生物医药全产业链开放创新试点;知识产权质押融资、知识产权交易、知识产权证券化等科技创新试点位于全省前列。成功举办2021全球服务贸易大会、第十四届中国国际服务外包合作大会,线上线下共达成20余项合作意向,总金额2.8亿美元。商务部国际贸易经济合作研究院和南京市签署新一轮战略合作协议,共同推动服务贸易高质量发展。组织100余家企业参加"苏新服务·智惠全球"数字贸易线上专场对接会。持续优化政策和资金指向,加大对服贸新业态、重点领域和企业的支持力度。进一步扩大服务贸易统保平台支持范围,覆盖企业数从341家扩大到497家,为全市中小服务贸易企业"走出去"提供有力保障。

三是持续推进跨境电商综试区建设。开展跨境电商"十百千万"专项行动,围绕产业聚集、平台发展、主体壮大推进跨境电商综试区建设。积极打造跨境电商公共服务平台,通过整合B2B数据认定系统和"9610""9710""9810"模式数据系统,初步形成"一点接入、信息共享、联合监管、便捷服务"的工作机制,申报流程大幅简化。举办跨境电商系列培训32场,引导传统外贸企业加快上线转型。大力支持综合服务平台建设,培育引进丝路集团、阿里国际站、亚马逊全球开店等一批龙头平台企业。大力推进跨境电商海外仓建设,推动传统外贸转型升级,新认定4家省级跨境电商产业园、4家省级公共海外仓,目前全市共有省级公共海外仓试点7个、市级公共海外仓试点13个。

(南京市商务局)

无锡市

2021年,无锡市商务局全面落实中央和省、市决策部署,坚持服务大局,积极主动作为,狠抓重点工作和重点指标的推进落实,主要经济指标和重点工作均取得较好成效。

一 主要商务经济指标完成情况

2021年,全市外贸进出口总额达1 057亿美元,同比增长20.4%,规模首破千亿美元,实现历史性跨越;实际使用外资38.07亿美元,增长5.1%;社会消费品零售总额3 306.09亿元,同比增长10.4%;完成对外直接投资额13.9亿美元,总额位列全省第二。

二 商务发展工作情况

(一)对外贸易稳中提质

出台《无锡市外贸高质量发展三年行动方案(2021—

2023年)》,制定稳外贸专项政策,全面提升外贸发展质量水平。一是积极争取改革试点。成功获批国家外贸转型升级基地(生物医药),探索打造国际供应链(集成电路)创新示范区,海力士等四家集成电路关联企业获批开展全产业链保税模式10项管理措施和2项探索业务试点。启动"长三角电子元器件国际分拨中心"建设,促成集成电路及电子元器件产业相关要素在全市集聚。建立全市外贸服务专员制度,专班保障了SK海力士关键原材料的进口,全力稳定产业链供应链。二是创新发展服务贸易。加快服务贸易创新发展试点联动创新区建设,2家基地获评2021年江苏省服务贸易基地,3家企业获认定工业设计服务类重点企业。帮助企业开拓市场,组织全市660家企业参加第129、第130届广交会,精心组织参展第四届进博会,无锡交易团成交额首列全省第一。

(二) 利用外资提质增效

一是全面开启招商热潮。市委市政府主要领导亲自出席跨国公司总部深度合作视频推进会、东亚新一代信息技术产业合作对接交流会、无锡—粤港澳大湾区投资合作大会等重点活动,无锡获评"2020十佳外商投资最满意城市"。二是创新利用外资方式。制定出台《关于鼓励创新方式提高利用外资水平的政策措施》,SK海力士已登记外债转增注册资本方式出资1.75亿美元,是无锡市历史上最大,也是2021年以来全省最大的一笔债转股到资。无锡高新技术产业开发区被认定为江苏省首批7家中日韩(江苏)产业合作示范园区之一,成为无锡市与日本、韩国产业合作的新平台。三是大力发展总部经济。加快实施《全市总部型外资企业培育三年行动计划》,4家企业被评为省级跨国公司地区总部和功能性机构。

(三) 商贸流通提升发展

一是积极开展消费促进活动。起草《无锡市培育创建国际消费中心城市三年行动计划(2021—2023年)》,培育创建国际消费中心城市。出台2021年全市消费促进活动工作方案,举办首届无锡太湖购物节系列促销活动,带动全市举办各类促销活动1 300余场。举办"人间梁溪·老字号嘉年华"活动,全省34家老字号企业参加。二是加快商贸供给侧改革。大力推进市区农贸市场集中运营管理改革，进一步提升农贸市场建设与管理水平。成功入选全国首批商品市场优化升级专项行动试点城市。加快建设全国城乡高效配送试点城市，《仓储管理中的RFID应用技术规范》被确立为省级地方标准，《快消品城市配送服务规范》被列入江苏省地方标准项目计划。苏宁广场和百乐广场成功获评省级绿色商场。三是加快发展电子商务。7家单位获评省级电子商务示范基地，3家社区获批省级数字商务社区试点，5家单位获评省级数字商务企业，2家单位入围国家数字商务企业评比。成立直播电商产业联盟，举办"无锡首届直播电商达人赛"，营造电商发展良好环境。

（四）开放平台不断完善

一是高水平推进中国（无锡）跨境电商综试区建设。打造"七大"跨境电商公共服务平台，已为全市280余家企业提供服务。设立跨境电商综合服务中心，建设首批11个跨境电商产业园。4家单位获评省级跨境电子商务产业园，3家海外仓新获评省级公共海外仓，总数达8家，数量全省第一。二是推动开发区高质量发展。建立以《关于推动开发区高质量发展服务打造无锡新发展理念实践示范区的实施意见》为总纲的"1＋6＋X"政策体系。惠山经开区成功升级为国家级经济技术开发区，锡山经开区等5家开放平台成功获批首批中国（江苏）自由贸易试验区联动创新发展区。三是加快西港特区2.0升级版建设。西港特区入驻企业达到170家，实现进出口总额22.34亿美元，同比增长42.8％。四是口岸开放水平不断提升。积极争取在无锡苏南硕放国际机场设立境外旅客离境退税代办点。大力推进国际邮件互换局建设，项目地块供地手续已基本完成。无锡空港药品进口口岸顺利实现首单药品进口。

（无锡市商务局）

徐州市

2021年,徐州市在省商务厅的大力支持帮助下,围绕"建设产业强市、打造区域中心"目标,坚持稳中求进工作总基调,全力以赴推动开放发展,坚持不懈狠抓商务惠民,各项工作取得较好成效。

一 主要商务经济指标完成情况

2021年,全市进出口总额1 254.2亿元,同比增长18.3%,总量居全省第六位。实际使用外资24.2亿美元,同比增长10.1%,总量居全省第六位。服务外包执行额和离岸执行额分别完成61.8亿美元和10.8亿美元,同比分别增长10.8%和14.6%,产业规模居江苏省第五位、淮海经济区首位。全市实际对外投资额9 248万美元,同比增长112%。全市社会消费品零售总额4 038亿元,同比增长22.9%,总量居全省第三位,增幅居全省第一位。

二 商务发展工作情况

（一）着力发展现代流通，消费市场稳定复苏

成功获批国家服务业标准化商贸流通专项试点城市，推动丰县电子商务进农村工作获得国务院真抓实干政策激励，新沂成功获评"国家级电子商务进农村综合示范县"，徐州宣武集团成功入选全国"诚信兴商十大案例"，高标准开展国家流通领域现代供应链体系建设试点，市区"3+7"商品交易市场疏解提升工程加快推进，汽配城、下淀家电市场等老旧市场已完成搬迁。以"品质生活·惠动淮海"为主题，打造"淮海新消费"品牌，相继开展了"云端购物季""大淮海·GO徐州五一购物节""金秋购物节""淮海新消费·冬季购物节"等多场线上线下消费促进活动，中心商圈消费辐射半径大幅提升，节假日外埠消费占比近50%，全市社会消费品零售总额稳居淮海经济区首位。

（二）精准聚焦培优育新，对外贸易稳中有进

出台促进外贸稳中提质实施意见，支持外贸企业创新发展。进一步加大融资、信保工作力度，全年帮助97家外贸企业融资；帮助330家外贸企业承保出口保险。组织400余家企业参加广交会、进博会以及多场线上线下展会，持续开拓国际市场。支持徐工集团创建全省首家国家级国际营销公共服务平台。成功获批中国服务外包示范城市，引领服务贸易创新发展。大力发展跨境电商，徐州跨境电商综试区已入驻企业502家，实现进出口79.2亿元，淮海国际跨境电商产业园等5家园区获评省级跨境电商产业园。已在欧洲、亚洲、中东、非洲等区域布局18家市级海外仓、2家省级海外仓，面积超20万平方米，带动出口超30亿元。

（三）持续加强内外联动，双向投资稳步发展

出台全市外资提质增量工作实施意见，建立重点外资项目服务机制，鼓励在徐外资企业增资扩产，促进签约项目尽快落地。顺利推动10家外资企业纳

入国家重点外资项目库,及时解决项目推进和经营难题。开展外资企业涉外法务座谈会等 8 场政企沟通和 3 场银企对接活动,协调解决了徐州肯纳金属、霍斯利机械等 10 多家外资企业 20 条问题诉求,成功帮助 66 家外资企业融资。对外投资合作实现新突破,徐工集团、上达电子等重点企业对外投资近 1 亿美元。

(四)持续加力攻坚突破,招商引资取得实效

树立大抓产业、重抓制造业鲜明导向,大力实施"765"计划和"招商引资 1 号工程"等系列制度机制,创新实施招商项目全生命周期管理,形成签约、开工、投产闭环管理,切实提高签约注册项目的履约率、开工率和落地率。全年实现"765"产业注册项目 707 个,"招商引资 1 号工程"项目 17 个,百亿元项目实现突破。成立市政府驻北京、上海、深圳招商办事处,市委、市政府主要领导和分管领导带队开展精准招商活动 16 次,洽谈推进重点招商项目 67 个。举办粤港澳大湾区投资推介会、长三角投资推介会、杭州投资推介会和中欧校友企业家投资恳谈会、第 24 届徐州投资洽谈会、中国(徐州)国际服务外包合作大会等一系列重点(专题)招商活动,一大批重点项目落户徐州。

(五)重点突出整合资源,载体平台功能提升

出台全市经济开发区质量提升、开放平台功能提升两个三年行动计划,切实强化载体平台支撑作用。推动徐州经开区、徐州高新区、徐州淮海国际港务区获批江苏自贸试验区联动创新发展区。全市 12 家省级以上经开区有 10 家全省排名实现进位,徐州经开区在全国国家级经开区综合考核排名第 23 位,在全省综合考核排名第五位,实现历史性突破。60 个开放平台功能提升项目按照年度计划有序推进。规划面积全国第四的淮海国际博览中心一期成功运营,顺利举办 2021 徐州国际工程机械交易会。淮海国际陆港重点基建项目加快推进,徐州中欧班列累计开行 411 列,进境肉类指定监管场地通过海关验收。

(徐州市商务局)

常州市

2021年,面对复杂严峻的宏观形势,常州市商务局认真贯彻落实中央、省市各项决策部署,坚持稳中求进工作总基调,克难求进,主动作为,扎实做好"六稳六保"和"两稳一促"工作,推动商务经济稳中有升、稳中提质。

一 主要商务经济指标完成情况

2021年,全市确认到账外资30.7亿美元,同比增长13%;实现进出口总额3 017.8亿元,增长24.9%,增幅列苏南第一,外贸规模再创新高;全市新增境外投资项目47个,中方协议投资额5.42亿美元,同比增长51.4%;完成社会消费品零售总额2 911.4亿元,同比增长20.2%,增速列苏南第一、全省第三。

二 商务发展工作情况

(一) 利用外资稳中有进

一是重大活动有效开展。成功举办科技经贸洽谈会、上海、深圳经贸活动、东亚高端装备和新能源产业合作对接交流会以及"名城名校合作行、创新创业赢未来"等一系列"双招双引"活动。科技经贸洽谈会开幕式签约项目规模创近年新高,并首次开展基金项目签约;创新开展"云联五洲"云出国活动,以"屏对屏"形式推动项目签约、落地;走出去招商活动签约频频,收获颇丰。二是重大项目有序推进。全市新增协议外资超 3 000 万美元项目 93 个,比上年同期多 33 个;新增总投资超亿美元项目 32 个,比上年同期多 11 个。世界500 强德国蒂森克虏伯 6 年来第 6 次投资,牛创新能源新增协议外资 3.5 亿美元,日本太阳诱电、德国威乐水泵、赛得利纤维等一批重大外资项目加快推进。大力发展总部经济,新增 3 家省级地区总部和功能性机构,累计达 26 家;认定市级区域性外资总部 15 家。三是政策服务有力支撑。强化"双招双引",出台《关于加强全市招商队伍建设的若干意见》《项目招引引荐人奖励实施细则》等政策措施,继续评选一批招商能手,不断完善招商机制。积极办理外籍人士来华入境邀请函,开展"我爱常州"境外人士系列品牌活动,市外企协会荣获全国群众体育先进单位,不断优化外资服务。

(二) 对外贸易提质增效

一是开展外贸强基行动。聚焦先进制造业产业集群建设,推动全市外贸转型升级,新增钟楼区农业机械外贸基地,累计创成 6 个国家外贸转型升级基地,列全省第三。进一步健全省、市两级出口品牌培育体系,省级品牌数列全省第三。加快发展服务贸易,3 家企业被认定为国家文化出口重点企业,获评2 家省级服务贸易基地、1 家省级服贸重点企业,成立常州会展行业协会。二是开展外贸创新行动。大力推动跨境电商综试区建设,开展首届跨境电商创新创业大赛,获评 3 家省级跨境电商产业园,"9610"模式下跨境电商出货值居全省第二。大力发展外贸综合服务企业、进口交易中心、海外仓等新业态新模式，鼓励企业设立境外分支机构，构建良好的国际营销服务体系。三是开展外贸护航行动。持续开展"外贸贷"业务，加大出口信保支持力度，实现3 000万美元以下企业信保全覆盖。创新实施外贸专利护航项目，帮助今创集团、天合光能等重点企业规避出口专利纠纷，顺利出海。

（三）社会消费潜能释放

一是积极开展消费促进活动。贯彻落实国家、省市各级消费促进政策，扎实开展"146消费提振行动"，策划实施"品质生活·常享消费"第二届龙城嗨购节，开展近百场系列活动，组织西太湖国际车展、家电以旧换新等活动，大力促进消费，释放潜能。二是加快发展流通新模式。举办网上年货节，开展直播助农，大力培育新型零售、直播电商、农村电商等商贸流通新模式，全年网络零售额突破800亿元。阿里巴巴内容中心、京东全域智能产业合作项目、顺丰智慧物流产业园等一批重点电商项目成功落户；7个园区获评省级电子商务示范基地，获评数居全省第三；3个社区获评省级数字商务社区试点。三是努力提升商贸流通及行业管理水平。加强规划指导，编制"十四五"商贸流通业发展规划、老城厢复兴商业发展规划。持续打造"食美常州"品牌，发行《龙城印记·老字号》图册，组织老字号嘉年华、江苏老字号展销会等活动，持续推进高品位步行街建设，4家商场入选国家级绿色商场，列全省第一。扎实做好民生实事，全年改造提升10家农贸市场，有序推进农批市场数字化转型。

（四）开放水平持续提升

一是提升开发园区能级。出台实施《关于推进全市开发区高质量发展的实施意见》，5家园区被认定为江苏自贸区联动创新发展区，常州高新区被认定为首批中日韩（江苏）产业合作示范园区。开发区综合排名不断提升，常州经开区、金坛经开区在省级经开区中跻身前十强，天宁经开区、武进经开区、溧阳经开区、滨江经开区在省级排名中升至第22位、第23位、第34位和第49位。省级国际合作园区增至5家，总数继续位列全省第一，中以常州创新园被习近平总书记称为"中以创新合作的标志性项目"；省级特色创新产业园区增至 10 家,覆盖率达到 90%。二是推动外经有序发展。引导企业积极参与"一带一路"建设,深入推进国际产能和装备制造合作,全市新增境外投资项目 47 个,中方协议投资额 5.42 亿美元,同比增长 51.4%。恒立液压在墨西哥投资 1.89 亿美元,蜂巢能源在德国投资 9 733 万美元,星宇车灯塞尔维亚项目即将投产,宏发纵横、五洋纺机、华利达等重点企业境外投资项目不断增产扩能。三是优化口岸开放功能。持续加强与上海港、宁波港等区域内其他口岸的合作,开通首趟"常西欧"中欧班列,开通往返菲律宾马尼拉的跨境电商全货机直邮专线,为企业深度融入"一带一路"交汇点建设提供新通道。

三 商务改革推进情况

(一) 制度引领,推动开发区优化布局及机构设置

制定出台《关于推进全市开发区高质量发展的实施意见》,推出 19 条政策措施支持引导开发区高质量发展,推动各开发区实行大部制、扁平化管理,合理设置机构,核定编制总数。鼓励有条件的开发区实施"管委会＋开发运营公司"模式,支持开发运营公司实体化运作。推动各辖市区形成"1 个高新区＋1 个经开区"的园区构架。

(二) 积极探索,推动建立完善高效运营机制

各开发区根据发展实际,持续开展招商机制创新、人事薪酬制度等改革,进一步激发活力,提升效能。常州高新区制定出台《关于进一步完善招商引资工作激励机制的若干意见》,常州经开区制定《2021 年度招商人员工作绩效考核实施办法》,实行"绩效为主、量性兼顾、奖优罚劣、激励先进"的考核原则,金坛经开区和华罗庚高新区积极深化招商体制企业化改革,量化规范动作,强化目标考核。

(三) 先行先试,深化开发园区"放管服"改革

深入开展区域评估,累计开展环境影响、地质灾害等 50 个区域评估事项,

成功运用于766个建设单位或项目,进一步降低企业制度性交易成本。深入开展"证照分离",打造溧阳中关村、常州经开区2个"免证园区";溧阳高新区实施"园区事园区办"改革试点;常州经开区探索"民办职业学校全生命周期政务服务"改革;常州高新区开展集成科技审批"云服务"改革等。

(四)创新模式,推进园区国际合作向纵深拓展

中以、中德、中欧、中瑞园区先后获评江苏省国际合作园区,获评数居全省第一。常州高新区创成全省首批中日韩(江苏)产业合作示范园区。大力推进中以常州创新园建设,在平台建设、人才引育、要素集聚等方面加强体制机制创新,中以产业技术研究院与常州大学获批成为国家全面创新改革揭榜任务承担单位。持续提升中德、中日韩、苏澳等合作园区承载力,推动从技术合作到文化、经贸、社会领域等全方位高密度互动合作。

(常州市商务局)

苏州市

2021年,面对新冠肺炎疫情叠加中美经贸摩擦、国际经济下行等不利影响和负面冲击,苏州商务条线坚持以习近平新时代中国特色社会主义思想为指导,全面贯彻党的十九大和十九届历次全会以及中央经济工作会议精神,认真学习贯彻习近平总书记视察江苏重要讲话指示精神,在市委市政府的坚强领导下,在省商务厅的关心指导下,全力以赴落实稳外贸、稳外资、促消费任务,各项指标运行在合理区间,结构进一步优化升级,在全国全省位次不移、份额稳定、贡献不减。

一 主要商务经济指标完成情况

2021年,苏州市实现社会消费品零售总额9 031.32亿元,同比增长17.3%,分别高于全国、全省4.8、2.2个百分点。社零总额规模在全省位列第一。全市外贸进出口3 921.1亿美元,增长21.7%,其中出口2 302.7亿美元,增长23.3%,进口1 618.5亿美元,增长19.4%。以人民币计价,外贸进出口 25 332 亿元人民币,增长 13.5%,其中出口 14 875.8 亿元,增长 15%,进口 10 456.2 亿元,增长 11.3%。全市进出口额和出口额分别位列全国大中城市第四、第三位。全市实际使用外资 69.92 亿美元,同比增长 26.2%,占全省的 21.2%,总量规模创近年新高;新设外资项目 1 462 个,新增注册外资 191.5 亿美元,同比分别增长 16.4%、1.3%。全年新增对外投资项目 349 个,中方境外协议投资额 32.54 亿美元,同比分别上涨 47.88%、98.51%,各占全省总数的 48.07%、48.59%,保持全省第一。对外承包工程新签合同额 10.97 亿美元,完成营业额 4.20 亿美元。

二 商务发展工作情况

(一) 商贸流通稳步发展

消费市场稳步向好。2021 年,全市深入推进疫情防控常态化,全面贯彻促进消费稳定增长的决策部署,创新开展各类促消费活动,进一步营造消费氛围,提振消费信心。"五五购物节""夜 ZUI 苏州""双 12 苏州购物节"等持续发力,深入激发消费潜力,提升消费市场供给。苏州消费市场呈现稳步向好的态势,占全省比重达 21.15%,对全省社零额增长的贡献率达 23.78%,在全国大中城市排名第 7 位。商贸流通体系不断完善,促进老字号传承创新发展。组织老字号参加"中华老字号博览会""进博会""进博馆非遗展"等知名展会,扩大老字号知名度。在"双 12 苏州购物节""五五购物节"集中推介,在上海 BFC 等地举办老字号特色市集,联合抖音开展直播带货。鼓励老字号入驻邻里中心、高速服务区等载体,得月楼和罗森便利店"跨圈"合作,在长三角地区的近 2 000 家罗森门店同步上架苏式梅干菜饭卷等四种便当。在美团开设全国首个地方特色馆·寻味苏州,提高老字号线上运营能力。鼓励稻香村、沙洲优黄等开设海外门店,提高老字号企业标准化、连锁化、规模化水平。持续推进观前街、大渔湾省级高品位步行街示范创建工作。

（二）对外贸易量质齐升

出口品牌企业加快培育。全市累计有 5 家企业获商务部"重点支持和发展的名牌出口商品"称号，64 家企业获 2020—2022 年度江苏省重点培育和发展的国际知名品牌企业称号，31 家企业的品牌新获得 2021—2022 年度"苏州市出口名牌"称号。外贸载体平台功能增强。全市累计建设国家级外贸转型升级基地 8 家、省级 6 家，基地数量居全省前列。外贸综合服务企业服务功能增强，全年进出口额达 8.7 亿美元，为中小企业提供良好的外贸发展环境。加快推进离岸贸易创新发展。召开离岸贸易推进大会，出台《关于支持开展新型离岸国际贸易若干措施》，上线运行新型国际贸易服务平台，总体解决贸易真实性审核难题。全年离岸贸易收付汇额达 20.8 亿美元，相当于上年的 3.6 倍。常熟服装城市场采购贸易试点加快发展。面向全省推广应用常熟"市采通"平台，完成省内联动出口 1.84 亿美元。实现市场采购贸易货物（1039）与跨境电商 B2B 出口货物（9710）融合转关申报，推动市场采购与跨境电商新业态的融合发展，实现业务模式的有效创新。全年通过市场采购贸易方式出口额达 15.3 亿美元，同比增长 50.6%。服务贸易结构优化，服务贸易较快发展。全年实现服务进出口总额 240.04 亿美元（以企业直报数据为基础，不含个人旅游，下同），同比增长 13.15%。贸易摩擦案件应对积极有效。2021 年组织企业应对国外新发起贸易救济调查案 40 起，预警企业 131 家。通过案件预警和备案指导，全市企业年内应诉结案 38 件，案件结案数同比增长 40%。充分发挥"四体联动"应对机制作用，加强案件全过程跟踪指导服务，全市取得无措施结案、零税率等完胜案件和全国最低税率等较好结果案件 12 件，占比超三成。

（三）利用外资提质增效

精准产业招商取得新成效。承办首届东亚企业家太湖论坛，宣传推介苏州最佳投资环境和最强比较优势，突出对日韩产业合作和畅通产业循环。成功举办第六届苏州与跨国公司交流活动，向超过 350 位跨国企业、机构代表宣介政策新平台、投资新机遇、营商新环境。组织开展赴澳门经贸投资交流活动，抢抓疫后境外招商先手棋。首次制定出台市级外资总部政策。组织承办外资总部培训，优化对省级外资总部政策的贯彻执行，扎实推进申报认定、重点培育纳库、奖励申报兑现等工作。制定地方配套政策措施，出台全市第一部外资总部经济发展专项政策，推出8项资金及荣誉激励措施，提供48项惠企便利化服务。施行"十个一推进工程"，创新推动苏州外资总部新政切实落地。新获省认定外资总部机构20家，创近年新高。数字赋能招商取得新进展。组织开展2轮4场苏州与跨国公司全球总部视频连线活动，市主要领导挂帅与知名跨国公司和行业头部企业高层"云招商"对接，示范引导全市线上线下招商。建设好、宣传好、使用好"苏州开放创新合作热力图"及微信公众号，叠加建设推出"日韩客商导览图"。优服务营商环境再上新台阶。制定施行《苏州市优化营商环境创新行动2021》，出台《苏州市优化营商环境条例》，将每年7月21日定为"苏州企业家日"，大力度推动营商环境进一步优化。开展本年度外资企业表扬工作，增强了投资者及外企在苏深耕发展信心。建立健全外资企业"大走访"工作长效机制，持续深入走访调研、收集服务诉求，积极协调解决问题。

（四）对外投资和经济合作稳定有序

境外投资地域不断延伸。2021年，全市在全球各大洲49个国家和地区均有投资，历史累计境外投资项目遍布全球100多个国家和地区。民营企业加快转型升级。从新增境外投资项目的主体类型来看，民营企业赴境外投资有275家，中方协议投资额28.54亿美元，占总额的87.71%。"一带一路"建设高质量发展。2021年，全市企业积极融入参与"一带一路"建设，在沿线的20个国家和地区投资了86个项目，中方协议投资额6.66亿美元，各占比24.64%、20.48%。境外经贸合作区稳步推进。埃塞俄比亚东方工业园建设良性滚动发展。截至2021年年底，埃塞俄比亚东方工业园完成基础设施投资2.67亿美元，吸引入园企业124家（其中，中资控股企业114家），园区累计实际投资金额达9.02亿美元，实现总产值17.37亿美元，带动国内货物出口额7.13亿美元，上缴埃塞政府各项税收1.54亿美元，创造就业岗位16 764个。对外工程承包结构不断优化。2021年，全市对外工程承包新签合同额10.97亿美元。全市对外工程承包完成了由土木工程分包转向各种类型总承包的战略性结构调整,总承包工程、非土木工程的新业态工程占比均超过90%。永鼎股份、苏州中材等对外工程承包企业深入开拓"一带一路"沿线市场,带动中国品牌和标准"走出去",提升国际竞争力。

(五) 服务外包健康发展

业态结构持续向产业高端攀升。全市服务外包产业已形成软件研发、信息技术服务、工业设计、生物医药研发等四大服务外包优势业态。离岸市场呈现多元化发展趋势。苏州服务外包企业参与国际化程度较高,外包业务以离岸为主导。2021年全市离岸执行额占合同执行总额的60.97%,高于全省12.01个百分点。服务外包载体建设水平全省领先。江苏省商务厅每年开展省级服务外包示范区综合评价,形成了服务外包产业园区动态考评机制。苏州市依据省级示范区评估考核体系,推动服务外包产业园区不断创新发展,充分发挥引领示范作用。苏州市有8家省级服务外包示范区,数量位居全省首位。企业技术服务水平向高层次提升。2021年全市新认定苏州诺华医药科技研发有限公司、飞利浦企业服务(苏州)有限公司、梅思安(苏州)安全设备研发有限公司等46家技术先进型服务企业,近三年累计认定60家,数量位居全省第一。

(六) 开发区能效彰显

经济支撑作用突出。2021年,全市开发区实现地区生产总值1.85万亿元,同比增长10.89%,全市占比81.52%;一般公共预算收入1 993.07亿元,同比增长11.1%,全市占比77.14%;固定资产投资4 400.51亿元,同比增长7.91%,全市占比77.74%;进出口总额3 684.27亿美元,同比增长20.92%,全市占比93.96%;实际使用外资63.29亿美元,同比增长33.81%,全市占比90.52%。改革效能有力彰显。复制推广苏州工业园区改革发展经验。吴中区学习借鉴工业园区经济发展,社会治理模式"两条线、两手抓、两促进"管理架构,调整"三区三片"功能区管理范围,调整后区域内三个开发区强化经济发展主责,各镇(街道)压实社会管理职能,进一步明确开发区与镇(街道)的权责关系,推动落实主责主业,促进经济高质量发展。深化开发区区域评估工作。

全市开发区围绕9项区域评估工作，进一步健全工作机制，加大推进力度，截至目前，全市开发区顺利完成3项及以上区域评估，其中吴江经济技术开发区已经完成6项区域评估；苏州工业园区、常熟高新区和吴江汾湖高新区等3家开发区完成5项区域评估。

（七）自贸片区建设创新推进

2021年，市商务局认真履行苏州自贸片区工作领导小组办公室职责，紧紧围绕"一区四高地"的功能定位，加快推进全市自贸片区体制机制建设和改革创新举措落实，积极做好自贸区联动创新区建设工作，系统谋划、强势推进，致力把自贸试验区的"含金量"转变为发展的高质量。截至2021年年底，苏州自贸片区累计已形成全国全省首创及领先的制度创新成果100余项，其中5项制度创新经验案例在全国复制推广（国务院服务贸易创新发展试点"最佳实践案例"4项、国务院第七次大督查典型经验做法1项），25项在全省示范推广。片区新设立企业超2.2万家，新增内资企业注册资本1 528.5亿元，进出口总额达1.23万亿元，实际使用外资27.49亿美元，新增备案境外投资机构284家、中方协议投资额24.84亿美元、中方实际投资额7.54亿美元。

（苏州市商务局）

南通市

2021年,面对百年变局和世纪疫情交织叠加,南通市商务系统坚持稳中求进工作总基调,紧紧围绕构建新发展格局,积极促流通扩消费,全力稳住外贸外资基本盘,构建更高水平开放型经济新体制,全市商务整体运行稳中有进、稳中向好,主要指标在省内位居前列,特别是一批牵动全局的重特大项目、开放平台取得突破,为南通勇当全省"两争一前列"排头兵增添了发展潜力与后劲。

一 主要商务经济指标完成情况

2021年,全市实现社会消费品零售总额3 935.48亿元,实现了16.77%的同比增幅。全市外贸进出口总值3 405.8亿元人民币,同比增长29.7%。其中,出口2 263.4亿元,增长26.3%;进口1 142.4亿元,增长37%。与全国全省相比,全市进出口增幅高于全省12.6个百分点、高于全国8.3个百分点。实际使用外资31.21亿美元,同比增长15.06%,实际使用外资总量全省第四,列苏州、南京、无锡之后，占全省比重为9.5%，增幅居全省第八位。全市新增境外投资项目43个，中方协议投资额18 517万美元；新签对外承包工程合同额113 362万美元，完成对外承包工程营业额182 440万美元，居全省第二位；新派各类劳务人员5 373人，同比增长114.06%，期末在外16 324人，同比增长0.34%。

二 商务发展工作情况

（一）聚焦招商引资，促进外资量质齐升

把外资特别是制造业外资作为主攻方向，举办各类招商活动95场次。建立健全招商引资季度分析会、外资企业大走访、市领导挂钩联系重点外资企业等制度，营造"既大抓项目，又抓大项目"的浓厚氛围。克服疫情影响，创新开展云招商，市主要领导与跨国公司高管视频连线。以"六个一"机制利用张謇企业家学院服务招商引资，向参加培训的省内外企业家推介南通最新发展情况，服务招商引资。组建专班开发南通"万事好通"投资合作热力图。拓展招商网络，常态化对接日本、韩国、德国、新加坡、丹麦、挪威等驻沪总领馆及贸易振兴机构。开展外资企业大走访，实行"8530"分级服务机制，市领导已走访外资企业近50家，既帮助企业解决实际问题，又推动一批企业增资扩股。

（二）突出精准发力，全力稳住外贸基本盘

举办"南通名品海外行"线上活动，组织370多家企业线上线下参加第130届广交会。推动如东安全劳护用品基地认定为国家外贸转型升级基地。狠抓跨境电商发展，新增省级公共海外仓4个，新批省级跨境电商产业园3个，全省首家跨境电商零售进口退货中心仓落户南通综保区。通过"苏贸贷""通贸贷"等融资平台，为621家企业发放贷款；出口信保覆盖企业2 679家，支持外贸出口90.8亿美元。

（三）坚持需求导向，全面激发消费活力

全面开展网上年货节、汽车博览会、汽车家电下乡双百惠民、老字号非遗

嘉年华、"双12南通购物节"等扩消费活动。大力推进省级高品位步行街试点街区（崇川区丁古角）、培育街区（海安中大街）升级改造、业态提升，积极培育市级商业特色街区，发展体验式消费、夜间经济消费。"卡诚通"预付卡诚信平台全省率先试运行。

（四）克服疫情影响，有序恢复外经合作

一是擦亮"建筑铁军"品牌。6家企业入选"2021年度ENR（美国《工程新闻记录》）全球最大250家国际承包商"，占全省60%，数量居全国地级市首位。二是援外工作全国领先。南通作为全国唯一的地级市受邀参加商务部援外项目经验交流会，两个项目获评援外优良工程。三是完善融资信保体系。2021年第三季度推出市级"走出去"统保平台，已承保境外项目13个。帮助企业对接省进出口银行、嫁接自贸区跨境双向人民币资金池政策，为企业争取低息贷款。

（五）深化改革创新，提升开放平台能级

持续深化体制机制优化提升，推动开发园区成为经济发展主战场、招商引资主力军、产业项目主阵地。2021年全市开发园区新开工10亿元项目150个，占全市的91.5%。其中，智能装备类项目48个，占比32%；电子信息类项目44个，占比29.3%；新材料项目12个，占比8%；"一主一新"项目占比超过85%。区域评估改革覆盖全市所有省级以上开发区。通州湾口岸扩大开放获国务院批准，5家码头企业9个泊位开放获省政府批复。海安国际班列列入国家铁路运行图。新增2家进境粮食、肉类指定监管场所。

（南通市商务局）

连云港市

2021年以来,面对世纪疫情和百年变局交织的严峻形势,在省商务厅的有力指导下,连云港市商务系统锚定目标、担当作为,巩固拓展"跑起来"的好势头,全市商务运行稳定恢复、稳中加固、稳中向好,"十四五"发展实现开局首胜。

一 主要商务经济指标完成情况

2021年,全市完成社会消费品零售总额1 203.3亿元,同比增长9%。全市外贸进出口额144.5亿美元,规模创历史新高,同比增长55.9%。全年完成实际使用外资市确认10.09亿美元,同比增长25%;实际使用外资省确认8.24亿美元,同比增长21.86%,增幅列全省第五位。全市新批境外投资项目16个,中方协议投资额21 255万美元,同比增长122%;实际对外投资额9 177万美元,同比增长37.57%。对外承包工程新签合同额554万美元,完成营业额110万美元。

二 商务发展工作情况

(一) 招商引资蓬勃发展

全市围绕境外主攻日韩、巩固港台新、拓展欧美,境内主攻长三角、珠三角、环渤海的招商方向,市领导带队赴重点区域开展专题招商活动,全市上下抓招商氛围愈发浓厚。一是招商项目调度进一步加强。全市重点项目库在库项目616个,总投资4 929亿元,较年初净增加268个。二是重大活动成效进一步提升。成功举办中国·连云港(上海)经贸合作恳谈会、"云上参访、投资江苏"——抢抓RCEP机遇促进双向投资交流会等活动,务实推进一批项目签约落地。精心办好第七届丝路物博会,首次实现满馆展览展示,规模为历年之最,展览展示总面积3.7万平米,共有来自境内外22个国家和地区、境内18个省市的450家企业参展,签约项目36个,协议总投资402亿元。三是产业招商谋划进一步深入。结合国家级石化产业基地、中华药港、跨境电商综试区等载体,梳理研究产业链关键节点和上下游配套项目,推进产业集聚集群发展,策划包装了90个重点对外招商项目,提高项目对接精准性。

(二) 对外贸易再创新高

一是全力夯实外贸基本盘。2021全市外贸进出口额144.5亿美元,规模创历史新高,同比增长55.9%,铁矿石、原油等大宗商品成为全市进口主要支撑。二是加快发展外贸新业态。跨境电商综试区建设全面提速,获批省级跨境电商产业园3家,培育市级跨境电商产业园、孵化基地6家,跨境电商交易规模达25亿元,增长34%,全市跨境电商经营主体超3 000家,邮快件出口总数130万票。三是做大服务贸易总量。2021年全市完成服务贸易总额13.5亿美元,居全省第6位,同比增长54.3%,居全省第1位。在岸服务外包接包合同金额3 515.5万美元,在岸服务外包执行额2 748.0万美元。

（三）消费促进有力有效

2021年,全市重大节假日监测的10家大型生活必需品商超销售额同比增长20%以上,全市消费市场呈现稳步增长态势。一是电子商务增速迅猛。2021年完成网络零售额714亿元,同比增长30%,其中农村电商网络零售额403亿元,同比增长33.3%。牵头举办第二届中国·连云港电商发展大会暨518网络购物节,精心打造港城人民自己的"518全球购"平台,活动举办以来线上线下联动销售超20亿元。直播经济已成为港城最具辨识度的电商品牌,目前全市拥有直播店铺近2000家、直播达人主播300多名,直播场次数和上架商品次数居全省第2位。二是商贸流通体系加快完善。持续巩固提升创文创卫成果,长效推进文明城市建设,高分通过国家复检,顺利通过国家卫生城市复审。陇海步行街创成全国夜间经济示范街,文峰广场建成开业,完成升级改造菜市场5个。创新单用途预付卡信用监管,建设预付卡公共基础信息平台。开展"连云港滋味"系列推荐评选,努力挖掘港城浓厚的餐饮文化。

（四）平台载体能级不断提升

一是自贸试验区加快建设。印发连云港片区产业发展规划,确定"一带三组团九功能区"的功能布局,打造"1+4+4+N"的"全域自贸"体系。承接省级下放赋权192项,4个板块纳入省级联动创新发展区。培育上报综保区"散进整出""政府增信、银行开户"新模式等34项制度创新成果,累计形成制度创新成果总数105项。3项制度创新成果上报商务部,22项改革试点经验、创新实践案例全省推广。海事政务"不见面"办理案例获交通部反向推荐,中欧班列"保税+出口"货物集装箱混拼新模式获海关总署备案。二是口岸开放稳步推进。连云港航空口岸扩大开放获得国务院批复并正式通航。徐圩港区、灌河港区扩大开放纳入国家口岸发展十四五规划。推进码头泊位对外开放工作,徐圩港投公司129#泊位获批临时启用,徐圩港区禾兴码头公司143#～145#泊位正式对外开放获省政府批复并通过验收。三是开发园区改革创新深入推进。科学编制"十四五"开发园区总体发展规划,细化"十四五"开发区高质量发展路径。市开发区、徐圩新区建成国家级生态工业园区,上合物流园获批省级国际合作园区。加快推进开发区区域评估工作,501个建设项目应用了区域评估成果。2021年省级以上开发区完成地区生产总值1 340.5亿元,同比增长18%;制造业增加值1 073.4亿元,同比增长14.6%;完成工业应税销售收入3 235.8亿元,同比增长47.2%;工业应税销售3 235.4亿元,增长32.8%;一般公共预算收入110.5亿元,增长14.7%;实际到账外资8.6亿美元,增长26.1%;实现外贸进出口额144.9亿元,同比增长55.8%。

(连云港市商务局)

淮安市

2021年,面对新冠肺炎疫情影响和复杂多变的宏观经济环境,淮安市商务系统全面贯彻落实市委市政府决策部署和省商务厅工作要求,主动融入"双循环"新发展格局,统筹疫情防控和商务高质量发展,统筹发展和安全,持续开展重特大项目攻坚行动,全力稳住外贸外资基本盘,多措并举促进消费,取得显著工作成效。

一 主要商务经济指标完成情况

2021年,全市社会消费品零售总额1 828.3亿元,增长9.1%,总量位列全省第八;新培育规上批零住餐企业368家。实现外贸进出口总额386.8亿元,增长12.7%,总量创历史新高。全年实际使用外资12.6亿美元,同比增长17%,总量全省第九、苏北第二,创五年来新高;对外直接投资额2 248.8万美元。

二 商务发展工作情况

(一) 历经五载奋斗,成功入选"世界美食之都"

紧紧围绕创意城市网络的宗旨,深入挖掘美食文化内涵,深化国际交流与合作,加快淮扬菜特色化、产业化、国际化发展。11月8日,联合国教科文组织宣布,淮安成功入选"全球创意城市网络——美食之都",这是淮安获得的首个国际殊荣、首张国际名片,也是继成都、澳门、顺德、扬州之后,中国第五个美食之都城市。新华社、中新社、央视新闻、新华日报、澎湃新闻等国家、省主流媒体纷纷予以宣传报道。

(二) 突出招大引强,重特大项目招引取得突破

牢固树立"项目为王、环境是金"工作导向,聚焦提升"精准化、市场化、专业化"招商水平,全力攻坚世界500强、国际百强等重大项目。对接高端资源,精心组织一批名企、名人对接活动,邀请华润、上好佳等高管来淮考察。创新招商方式,加大与高力国际等国际投行合作,拓展招商信息渠道。推进展会招商,借助进博、食博会等平台,广泛捕捉项目信息,承接溢出效应,着力将参展商变为投资商,被中国国际进口博览局、江苏省商务厅作为优秀案例予以推广。强化指导服务,与市委组织部联合举办第五期全市外资招商高级研修班,着力提升全市招商队伍综合素质和业务能力。全市新设总投资3 000万美元以上项目89个,其中1亿美元以上项目15个。市商务局自主招引签约项目8个,新开工项目3个,总投资291.4亿元,成功引进益海嘉里中央厨房、美国空气化工等4个世界500强企业投资项目。荣获2021年度全市重特大项目攻坚优秀单位、优化营商环境工作先进集体。

(三) 创新工作机制,推动利用外资扩量提质

加强外资项目管理和服务,出台利用外资"新十条政策"。加速台资高地

崛起,落实省联席会议 12 项支持政策,新设及增资台资项目 62 个,协议利用、到账台资分别居全省第二和第三。建立外资项目"四张清单"管理服务机制,实行全覆盖动态跟踪服务,加快重点项目落地、建设。指导正大清江制药通过省跨国公司地区总部认定,成为淮安第二家跨国公司地区总部企业,数量居苏北第一。推进企业增资扩股和利润再投,利润再投同比增长 45.8%。旺旺食品入选全省外资企业利润再投典型案例。

(四)精准高效服务,助力外贸外经稳定增长

对全市 166 家进出口超 500 万美元外贸企业实行挂钩服务,联合海关举办 4 场"走进进出口企业 走进重点产业链"业务宣讲会,支持企业参加 70 个线上线下展会,助力企业开拓国际市场。帮助白玫糖业争取一般贸易食糖配额及进口许可 64 198 吨,较上年增加 60 000 吨进口许可。加快发展外贸新业态、新模式,举全市之力推动跨境电商综试区建设,研究出台综试区建设三年行动计划、十条扶持政策,设立专项资金,明确重点产业园区、功能平台建设主体。组织跨境电商新零售专场大会,举办跨境电商培训班,赴义乌等地考察学习先进经验,在第 11 届中国国际电商博览会暨数字贸易博览会进行专题推介。举办境外合作园区推介和惠企政策宣讲会,全面推广"全程相伴"江苏走出去综合服务平台。

(五)聚焦特色引领,消费市场持续回暖升温

落实全省"146 消费提振"行动,不断扩大消费规模、挖掘消费潜力、促进消费升级。创新打造"幸福满淮·安心消费"品牌,启动"幸福满淮·安心消费"冬季购物节。深入开展"乐享消费 醉美淮安"消费促进月、"嗨在淮安"主题消费节等活动,支持县区依托特色文化和旅游资源,打响"一县一特"消费品牌。持续打响淮扬菜品牌,举办"寻味淮扬 弘扬国宴"淮扬菜全国联动推广、中餐(淮扬菜)国际化高端论坛等活动,中央电视台 10 套《味道》栏目,一月内两次播放淮安美食专题片。推动商贸载体建设,御码头美食街一期建成开市,万达金街入选"高品位步行街"培育街区。盱眙苏宁易购、大润发淮阴店等获批国家级绿色商场。涟水县创成国家级电子商务进农村综合示范县,引导国

家电子商务示范基地、电子商务产业园区与快递物流园区融合发展的做法,被商务部、国家邮政局联合发文推广。

(六)强化平台建设,园区口岸功能不断提升

指导服务全市开发园区创新发展,研究出台开发园区改革创新"1+N"系列纲领性文件,组织开展全市开发园区改革创新拉练活动,开发园区体制机制创新纳入全市现代化建设试点项目。通过体制机制改革创新,全面激发开发园区发展活力。淮安台资集聚示范区、淮安经济技术开发区、淮安高新区创成江苏自贸区联创区,金湖开发区、洪泽开发区创成省级智慧园区,金湖开发区低碳能源装备产业园创成省级特色创新产业园区。推动市政府与上港集团、省港集团签署战略合作协议,开启"海河联动 沪淮同城"港口作业模式,将淮安新港成为上海港的延伸。开通省内唯一直飞越南全货机航线,新增"淮安—郑州—布达佩斯"欧洲空运联程国际业务。

(七)坚持系统谋划,第四届食博会成果丰硕

在策划组织主题展览、会议活动、美食博览三大板块的基础上,增设城市推介、项目签约、消费促进等功能环节,淮安食博品牌持续打响。签约了一批重大项目,共签约项目 75 个,协议总投资 807 亿元。促成了系列经贸合作,356 家境内外知名食品企业参展,9.85 万人次现场观展,搭建食材供应链研讨对接会、中国(江苏)食品产业跨境电商研讨暨进口食品对接会等产销对接平台,线上线下累计意向合作金额 47.2 亿元。发布了一项淮安倡议,举办全国首个高层次 RCEP 成员国食品产业合作圆桌会议,提出了关于加强 RCEP 成员国食品产业合作、消除食品产业贸易壁垒、降低关税和贸易成本、提升贸易便利化的淮安倡议。淮安食博会已成为全省扩大对外开放的重大平台、承接进博会溢出效应的重要载体、推动食品产业发展的强大引擎、促进消费转型升级的重要平台。

(八)树牢底线思维,商务领域安全生产形势稳定

坚决扛起疫情防控责任,建立重点商超疫情防控点位包保制度。2020

年新一轮疫情爆发后,局领导班子带队,成立11个专项督查组,深入防控一线开展每日督查,确保疫情防控不留"死角"。扎实做好进口非冷链货物疫情防控工作。从严抓好安全生产工作,实行商务领域安全生产分级分类监督检查。狠抓专项整治,市工业园区安全生产专项整治经验做法被省商务厅推荐报商务部宣传推广。按要求完成餐饮燃气报警装置安装工作,持续保持成品油非法经营高压打击态势。长效推进文明城市建设,有力巩固提升创建成果。

三 商务改革推进情况

(一)纵深推进开发园区体制机制改革

研究出台开发园区改革创新"1+N"系列文件,提出到2025年"一争先、四提升"的奋斗目标。实施去行政化、人事薪酬制度、"放管服"全链赋权改革,开发园区体制机制创新纳入全市现代化建设试点项目。组织开展全市开发园区改革创新拉练活动,推动改革创新走深走实,经验做法被省商务厅在全省推广。涟水县推进开发区转型升级创新发展成效明显,获得省政府表彰激励。

(二)加快推进对外贸易创新发展

以跨境电商综试区建设为抓手,不断增强外贸发展活力。出台综试区建设三年行动计划、十条扶持政策。新培育跨境电商企业超300家,海外仓面积近4万平方米,交易额达20亿元。获批全国跨境电商零售进口试点城市,淮安电子商务现代物流园获批全市首家省级跨境电商产业园。

(三)创新方式释放消费市场潜力

创新打造"幸福满淮·安心消费"品牌,十城联动、万企参与,唱响春夏秋冬消费四季歌。拓展"云消费"空间,启动"年货到家福到家,留在淮安过大年"网友乐购文化节等线上消费促进活动,满足市民线上消费需求。培育新型消费载体,持续推进绿色商场创建,支持引导无接触配送、直播带货、社交电商等新兴业态发展。消费促进相关做法,被《江苏商务发展参考》专篇刊发推广。

(淮安市商务局)

盐城市

2021年，盐城市商务系统全力落实"六稳""六保"任务，保持商务经济运行稳中向好、稳中有进，为全市国民经济持续健康发展作出新贡献，实现"十四五"商务高质量发展良好开局。

一 主要商务经济指标完成情况

2021年，全市实现社会消费品零售总额2 684.3亿元，规模列全省第七位；同比（下同）增长21.1%，高于全省平均5.9个百分点，增幅列全省第二位。实现进出口174.2亿美元，规模再创新高，列全省第八位，增长45.9%，增幅列全省第二位；其中出口108.5亿美元，增长35.3%；进口65.7亿美元，增长67.4%。服务贸易实现进出口7.6亿美元，增长25.9%，增幅列全省第四位。全市新设外商投资项目155个，新增总投资3 000万美元以上项目52个；实际使用外资12.6亿美元，规模列全省第十位；增长24.5%，增幅列全省第三位。全市新批境外投资项目6个，中方实际投资额

3.3亿美元,占全省比重4.5%,规模列全省第四位;增长162.5%,增幅列全省第二位。

二 商务发展工作情况

(一)推动更高水平对外开放

召开全市对外开放大会,激发开放动力。一是利用外资提质增效。举办"5·18"重大经贸活动,全年开展驻京驻沪韩国机构企业联谊会、中日企业合作交流会等20多场投资促进活动。排出56个重点督查外资项目,利用外资提前一个季度完成全年任务。战略性新兴产业实际使用外资占全市比重46.7%,外资结构持续优化。推动市政府与SK中国建立全面战略合作,总投资25.3亿美元的SK新能源项目二期开工,成为"十三五"以来全省最大的韩资项目。市政府召开全市外资企业家座谈会,举办"金融助力双循环"活动,推出外商服务"直通车"。二是对外贸易量质齐升。组织企业参加"江苏优品·畅行全球"、广交会、华交会等重要展会,举办东盟汽配和日本轻工消费品盐城专场活动,开展云对接566次,走上"云端"开拓国际市场。支持企业用足用好中央和省级进口贴息资金,扩大先进设备和关键零部件进口,进口增幅稳居全省首位。推动市政府与中信保深度合作,联合中行办理"苏贸贷",规模居苏北苏中第一。大力支持新业态发展,出台支持跨境电商综试区建设政策,综合服务平台上线运营。三是境外投资扎实推进。支持企业积极开展"一带一路"产能合作、"走出去"整合高端要素资源,新批江苏润阳新能源在泰国罗勇工业园投资1.84亿美元年产4GW电池片项目,成为全省"走出去"最大的新能源项目。

(二)社零消费市场持续恢复

一是促进消费提档升级。策应全省"苏新消费"品牌活动,举办首届"5·15盐城消费节"暨"盐城夜经济节",围绕"春夏秋冬"四季主题,推出"苏新消费·冬暖盐城""餐饮嘉年华"等各类消费促进活动超500场次。评选新弄里等首批"盐城市特色街区"20家。服务业招商强势破题,希尔顿、万豪等国际星级酒店和罗森、喜茶等人气"小店"相继开业。二是畅通城乡流通体系。新建改造提升100个农贸农批市场,其中26个列入省政府"为民办实事"项目,评选星级农贸市场30个。编制新一轮《盐城市区商业网点规划》,启动"一刻钟便民生活圈"建设。出台加强再生资源回收利用规范管理实施意见。推进商务领域信用体系建设,承办"江苏省电商公共服务行",举办电商直播大赛,引导电商蓬勃发展。新获批国家级电子商务进农村示范县3家和国家级电子商务示范企业1家。新培育国家级绿色商场3家。获批省级电子商务示范基地、省级数字商务试点社区、省级数字商务企业各2个。新认定"盐城老字号"企业8家。天工发绣作为苏北唯一老字号企业亮相第四届进博会。

(三) 提升载体平台功能

一是中韩(盐城)产业园影响力不断提升。举办第三届中韩贸易投资博览会暨第二届江苏—韩国企业家交流会,展会获评"中国会展品牌展览会"。中韩(盐城)产业园和盐城高新区被认定为江苏自贸区联创区,中韩(盐城)产业园获批中日韩(江苏)产业合作示范园区。中韩(盐城)产业园发展基金被评为中国最佳政府引导基金。二是开发园区创新提升成效逐步彰显。出台《关于推进全市开发园区创新提升打造改革开放新高地的实施意见》,推动盐城环科城、盐城高新区等完成"一县一区、一区多园"优化整合,形成改革创新典型案例11个,推动完成园区区域评估事项58个,成果运用项目79个。盐城综保区发展绩效评估排名前进32位。2021年度省级以上开发区完成一般公共预算收入、税收收入、规模以上工业开票销售、进出口总额和实际使用外资占全市比重分别为46%、59%、70%、81%和89%,园区四大主导产业开票销售超2 000亿元,增幅超40%。三是口岸开放运行能级持续提升。响水港区和射阳港区对外开放顺利通过省级预验收;大丰港区滚装码头经省政府批复正式对外开放,开通至韩国釜山港国际直达集装箱航线。

(四) 守住商务发展安全底线

严格规范落实生活物资保障、境外企业和进口冷链非食品及高风险地区集装箱货物等防控职责。落实新安全生产法,推进省级以上经开区、餐饮燃气、成品油市场等"三年大灶"专项整治,推行大型商业综合体消防安全标准化管理,商贸领域本质安全水平不断提升。加强美国对华政策动向跟踪,注重中美经贸摩擦对全市企业影响损害评估,积极维护出口市场安全,提升国际风险应对能力。

三 商务改革推进情况

(一) 中韩(盐城)产业园改革发展情况

一是以中韩机制会议推进改革,夯实开放基础。研究支持联动招商、汽车产业高质量发展、参与 RCEP 协定落地、一站式涉外政务服务综合平台等十大事项,推进中韩(盐城)产业园与"一带一路"、长三角区域一体化和江苏沿海发展等战略叠加效应,形成改革试验和协同开放的整体效应。支持加快高水平制度型开放,推动省自贸区联创区、国家外贸转型升级基地、全省首批国际合作园区、全省首批中日韩(江苏)产业合作示范园区、跨境电商零售进口试点城市等改革创新载体获批。二是以先进地区经验促进改革,增强发展活力。抢抓 RCEP 机遇,积极落实中韩 FTA 政策,积极复制推广国家第四批创新实践实例、省第一和第二批自贸区成功经验和先进做法和自贸试验区改革创新经验,扎实推进规则、规制、管理、标准等制度型开放,在投资、服务贸易、知识产权等领域加强改革探索,与自贸试验区协同创新发展。累计复制推广事项153项,复制率76.5%。三是以园区发展需求谋划改革,破解发展难题。围绕园区"十四五"末跻身全国开发区50强目标,全面推进园区体制机制改革创新,推进经开区和亭湖区整合联动、一体发展;深入推进差异化特色化改革实践,中韩(盐城)产业园未来科技城政务服务中心建成投用,构建"全天候"政务服务新模式;深化区域评估改革,以优化提升"办理工程建设项目审批"指标服务便利度为目标,持续深化区域评估改革,推动控制性详规范围内区域评估事项加快落地,为落户企业减负增能。

(二)创新开放型经济体制改革情况

一是科学制定发展规划。科学制定《盐城市"十四五"开放型经济发展规划》,分析全市开放型经济的发展基础和发展环境,提出"十四五"期间盐城开放型经济的发展思路,从聚焦东亚经济圈、着力加快中韩产业园发展,聚焦区域一体化、着力增强开放发展动能,聚焦培育新业态、着力提高对外贸易质量等 8 个重点方面,全面提升开放型经济发展水平。二是着眼对标制度型开放。抢抓《区域全面经济伙伴关系协定》(RCEP)正式签署契机,积极组织全市商务系统进行宣介培训。开展深入调研,撰写《RCEP 对盐城开放型经济的影响与对策研究》调研报告。三是加快释放开放动能。召开全市对外开放大会,出台《关于推进高水平对外开放的若干意见》,推进盐城构建高水平开放体系、搭建高层次开放平台、发展高质量开放经济、建设高能级开放通道、打造高品质开放环境,列出 20 条重点举措,推动盐城开放型经济上台阶。

(三)开发园区体制机制改革情况

一是政策配套支持。盐城市委、市政府出台《关于推进全市开发园区创新提升打造改革开放新高地的实施意见》。各地配套出台关于政务服务、国有公司改革、营商环境、园区整合、"一区多园"、招商引资等方案意见。二是优化职能设置。坚持去行政化改革,明确园区与所在镇区街道的职责定位,避免职能重复。分别实行"区街合一、政企分开"的管理模式,建立全员薪酬绩效考核机制,大力推进区镇合作,探索建立园区与行政区之间的利益补偿机制。三是精简机构设置。按照"编制不变、力量充实、机构整合"的原则,稳妥实行增量改革,推动园区精简整合机构。四是人事制度创新。结合实际推行岗位管理、项目制管理制度,建立完善符合实际的分配激励和考核机制。五是市场化改革。鼓励园区探索建设、运营、招商、管理和园区服务的市场化模式,建立市场化、社会化投融资体制。六是整合优化。积极探索"一县一区""一区多园"模式,以一个国家级开发区或发展水平高的省级开发区管理机构为主体,统筹其他区位相邻、相近的开发区管理机构,统一领导体系,统一发展规划,统一政策保障,统一招商引资。

(盐城市商务局)

扬州市

2021年，在省商务厅和市委、市政府的坚强领导下，扬州市商务部门积极应对严峻复杂的国内外经济形势，特别是突发疫情的影响和冲击，以超常之力抗疫情、保供应，多措并举促消费、促流通，全力以赴稳外贸、稳外资，提档升级园区口岸载体平台，实现了"十四五"商务发展良好开局。

一 主要商务经济指标完成情况

2021年，全年实现货物进出口150亿美元，增长34.4%，总量规模跨越150亿美元大关，创历史新高；服务进出口额12亿美元，增长31.2%。实际利用外资17.3亿美元，创近8年新高，增幅17.7%，连续6年正增长。对外投资总额3.06亿美元。社会消费品零售总额1 480.9亿元，增长7.4%。

二　商务发展工作情况

（一）抗疫保供有力有序

面对突发疫情,迅速启动应急保供预案,组织18家大型批发市场、超市全力保供。开辟物资保供绿色通道,办理保供车辆及人员通行证件2万多份,在常州、南京、镇江等地设立保供专用区或物资中转站,从市外调入生活物资40多万吨。多渠道推广集中配送保供模式,高峰期每日配送量10万份以上,确保封闭防控期内生活必需品不脱销、不断档。强化涉外疫情防控,持续做好经贸人员入境工作,帮助企业申请境外人员邀请函800多人次,水路口岸疫情防控实现"零输入、零感染"。帮助商贸、外贸企业应对疫情,提出2条具体措施并被纳入"扬州十条",为外贸企业办理79份不可抗力证明。

（二）招商引资加速发力

全年组织开展"烟花三月"重大项目签约、沪深珠、汽车产业专题、粤港澳大湾区、上海进博会等多场重点招商活动,其中市委、市政府主要领导带队招商拜访8次,成功招引晶澳太阳能电池组件、领益智能制造、礼邦医药等一批先进制造业重大项目。各地主要负责人主抓招商力度明显增强,全年带队外出招商136批次,拜访企业319家,推进项目324个。推动市委市政府召开3场招商大使座谈会,新选聘一批"招商大使",表彰5名优秀招商大使。逐季开展招商引资"擂台赛",提请市委市政府表彰招商引资工作先进集体40个、先进个人59名,营造"大干快上"的招商氛围。整合深圳招商资源,设立并运行深圳招商办事处。全年新落户世界500强及跨国公司项目6个,新引进重大产业项目367个,其中50亿元以上重特大项目12个。

（三）开放发展稳中提质

一是对外贸易增添新动能。落实"市外贸十条政策意见"。跟踪服务晶澳组件、海信容声等一批重点增量项目,全年新增外贸主体548家,新增进出口亿美元以上企业12家,累计达30家。新创成国家级外贸转型升级基地1个、省级跨境电商产业园1个、省级公平贸易工作站1个。大力发展服务贸易,新创成省级工业设计服务贸易基地1个、省级服务贸易重点企业2个,服务外包执行额、离岸服务外包执行额分别增长31.1%和55.1%,增幅均列全省首位。二是利用外资取得新突破。每月召开利用外资(招商引资)督查会,实施利用外资板块、园区双线考核,定期开展签约项目跟踪督查,全年新批外资项目173个,其中新设及净增资3 000万美元以上项目98个,分别增长19.3%和30.7%。新获批外商投资省级功能性机构1家。三是外经合作迈出新步伐。持续推动汽车零部件、建筑、餐饮等优势产业加快"走出去",开拓"一带一路"等重点市场。全年新增对外投资项目16个,中方协议投资额4 961.4万美元,其中,"一带一路"沿线国家和地区投资项目10个,中方协议投资额4 098.8万美元,同比增长54.4%。搭建"走出去""一站式"专业化服务平台,做好境外疫情常态化防控,推动企业积极稳妥"走出去"。

(四)内贸消费复苏向好

开展消费提振行动,制定实施《2021年全市商务领域促进消费工作要点》,针对疫情对居民消费的抑制,及时提请市政府出台《近期扩内需促消费的工作方案》。举办"全国消费促进月"暨扬州市"品质生活·苏新消费"活动、冬季购物节等主题活动,组织大型商超开展600多场促消费活动。全年新增批零住餐限上企业1 339家,总数达2 456家。成功举办"中华美食荟"暨"江苏味道"活动,举办中国淮扬菜美食节、首届中国(扬州)国际创意美食博览会、第三届中国早茶文化节等品牌活动,组织认定第3批"世界美食之都"示范店(16家)。扬州餐饮"全电厨房"经验模式,获国务院服务贸易发展部际联席会议办公室转发推广。出台《关于促进全市老字号改革创新发展的若干措施》,组织认定第3批扬州老字号(12家)。宝应获批国家级电子商务进农村综合示范县。

（五）载体平台提档升级

一是园区"二次创业"取得新成效。深入落实园区二次创业"1+7"政策体系，制定实施2021年度工作任务清单，全市开发园区盘活存量土地8441亩，完成区域评估事项33项，3项评估实现园区全覆盖。扬州经济技术开发区、扬州高新区入选江苏自贸区联动创新发展区。维扬开发区创成省级特色创新（产业）示范园。"推进经济开发区转型升级创新发展"入选省政府督查激励表彰。各园区全部编制特色产业规划和产业链图谱，多个园区形成"一区四园"管理格局。二是水港空港提升新能级。5个码头（泊位）获批对外开放、3个码头获批临时启用（延期），开放数量创历年新高。启动仪征海事监管权划转回归、扬州引航站设立工作。积极开展机场进境水果指定监管场所申报。协调推进扬泰机场二期改扩建工程，获省政府立项。

（六）抓好商务安全生产

全面落实新安全生产法，印发《领导干部安全生产责任制清单》《商务领域风险隐患及管控措施清单》等商务领域安全生产方案11个，市本级共派出369个检查组，对开发区、加油站、综合体、餐饮燃气等重点行业（领域）开展安全专项检查，排查问题隐患431项。省督导组反馈问题清单的13项商务领域问题隐患全部整改到位。

三 商务改革推进情况

（一）持续推进园区改革

1. 转型升级方面

扬州经开区围绕"二次创业"，积极实施"五区战略"确立了"双千亿过百亿"的目标定位；扬州高新区按照"全国百强进位、全省十强争先"要求，着力打造"三个高地";各省级以上开发区均明确了发展目标和定位,把工作精力聚焦到招商引资、项目建设和企业服务三大主业上来,进一步突出园区经济发展主阵地作用。省政府办公厅《关于对2020年落实有关重大政策措施真抓实干成效明显地方予以督查激励的通报》(苏政办发〔2021〕27号)中,扬州受到全省"推进经济开发区转型升级创新发展成效明显"表彰。

2. 土地盘活方面

全面实施开发园区土地利用专项整治行动,下达各开发区土地盘活3年目标任务,全面盘活全市开发园区闲置用地、低效用地和批而未供用地,并将各地新增年度用地计划指标安排与盘活存量工业用地指标完成情况挂钩。11个省级以上开发园区共有存量土地1.79万亩,根据工作目标计划,拟推进省级以上开发园区2021年盘活6 000亩,2022年和2023年各盘活4 500亩。2021年,全市开发园区盘活存量土地8 441亩,超额完成全年任务。

3. 体制机制方面

推行"一区多园"发展模式,扬州高新区"一区一园"(环保科技产业园)模式已经正式运行,其他园区的"一区多园"管理格局初步形成;优化整合职能机构,与各地各园区充分沟通商议,根据各园区实际情况调整优化职能机构;深化市场化运行模式,基本成立了建设运营公司,充分发挥市场主体作用;持续推动"放管服"改革,确立行政审批类事项清单和行政处罚类事项清单,设立行政审批局和综合执法局;将"建立营商环境投诉举报和查处回应制度"纳入《扬州优化提升营商环境任务清单》,依托12345政务服务热线平台设立营商环境投诉举报专线;出台《扬州市开发园区高质量发展综合评价办法(2021年版)》,引导园区聚焦经济发展、开放水平、创新驱动、生态集约、统筹协调等方面,加大高质量发展考核力度。

(二)不断强化涉企服务

落实市委2号文件,大力开展"保主体促两稳"行动,深入实施局领导挂钩联系100家重点企业服务制度,狠抓重点企业、重点行业、重点项目走访服务、跟踪推进。组织企业参加银企对接、跨境电商、走出去、汇率风险管理、RCEP专题等各类线上线下服务对接、政策宣讲及实务培训10余场，主动上门宣讲政策、指导项目申报。与江泰公司合作搭建"走出去"专业化服务平台，为企业提供"一站式"全方位服务。着力推进口岸提效降费，全面落实口岸进出口环节收费目录清单公示制度，清单外一律不得收费，会同查验单位积极推广"提前申报""先验放后检测"等作业模式，切实提升跨境贸易便利化水平。

（扬州市商务局）

镇江市

2021年,在省商务厅的关心指导下,镇江商务系统统筹发展与安全,奋力跑好产业强市"第一棒",深入推进"两稳一促",坚持服务帮办、马上就办,商务工作保持稳中有进、持续向好,多项指标创历史新高,实现"十四五"良好开局。

一 主要商务经济指标完成情况

2021年,全市实现社会消费品零售总额1 346.83亿元,增长17.9%,高于全省平均2.8个百分点,增幅全省居第五,同比前进2位。全市进出口总额834.4亿元(129.1亿美元),创历史新高;同比增长15.5%,列全省第10位。实到外资8.09亿美元,增长2.8%,创近年来新高。制造业外资占比62.9%,超过全省平均28.6个百分点,居全省第一。

二 商务发展工作情况

(一) 产业招引再创新高

2021年,全市新签约亿元以上产业项目257个,同比增长17.4%;总投资1 432.6亿元,同比增长42.1%;10亿元以上重大项目52个,超前两年之和;列统项目140个,列统率54.5%。签约项目数、总投资、重大项目数、列统率均创近年新高。一是与疫情"赛跑"抓招商。在春节后第一个工作日、南京扬州疫情缓解后第一周,分别举办"云签约"活动。抢抓疫情间隙,在上海、深圳举办综合性招商活动。二是全程帮办有实效。招引项目建支部作为"助力'镇合意'·服务先锋行"专项行动之一,列入市委书记项目。市级层面建成3批47个功能型党支部,帮办解决86个问题。举办6次项目银行对接会,26个签约项目获得融资近40亿元。三是招商基础更扎实。项目招引纳入产业强市"公示栏"加分,创新及时奖励,开展"重大产业项目招引奖""十佳招商能手"评选。市国投中心获得固投亿元以上项目信息30多条,签约固投43亿元,当年到位16亿元,创历史新高。

(二) 消费促进成效明显

一是谱好消费促进"三部曲"。把"党员三项行动·助推特色餐饮业品牌化建设"作为局党委书记项目,举办酱醋文化节暨调味品线上展、镇江味道·招牌菜大赛、"双十二"·金山消费节等活动。二是打好民生实事"组合拳"。完成京口闸、花山湾等5家菜市场升级改造。建立覆盖83家重点商超的生活必需品保供网络,完善41家商超与103家种植户产销对接平台。"肉菜追溯系统"功能不断完善。启动新一轮商业网点规划编制。形成"一刻钟便民生活圈"省级试点建设方案。三是夯实商贸流通发展基础。联动统计部门,开展多场新增规上单位培育、入库业务培训,全年新增规上企业362家,创历年新高。扬中创成国家级电商进农村示范县,镇江成为苏南唯一县级市全覆盖的城市。

（三）对外贸易勇创新高

一是狠抓存量列统、增量培育。苏美达贸易平台公司落地,华润总部同意2021年镇江发电厂煤炭自营进口。各地培育超过10家外贸新增长点,全市共有75家企业当年进出口增量超过5 000万元。二是积极培育新业态。举办12场跨境电商"云展会",600多家企业参加690场次"云对接"。丹阳眼镜跨境电商产业园入选首批省级跨境电商产业园。三是奋力破解难点。联动人行等金融部门,推动9家银行为中林、中储粮等48家外贸企业新增授信。稳外贸专班梳理出48家企业156项困难和诉求,反馈给相关部门推动解决。助力诺贝丽斯铝板两用物项获批,华梓车业临时出口获得许可。四是通关便利水平提升。口岸进、出口整体通关时间分别压缩到74小时、2小时,营商环境"跨境贸易"指标居全省前列。中国贸促会批复成立自贸协定(镇江)服务中心,举办35场线上线下RCEP等自贸协定政策培训。

（四）利用外资攻坚克难

一是强化帮办服务。新宇环保创成省级跨国公司地区总部,海昌隐形眼镜获批省级外资研发中心。外资工作专班推动索尔维、山特维克等50多家外企增资,增资占全市总量近7成。完善外商投资企业投诉市县两级工作网络,帮助解决容泰资本金账户、恒达利外轮进港等难题。二是强化督查推进。建立外资月通报、季会商、半年督查和年终考核四项机制,会同市委督查室、市考核办开展2次外资专项督查,下发市委主要领导督办函1次。

（五）扩大开放全面升级

面对全球疫情和复杂的外部环境,镇江扩大开放的步伐坚实有力。一是积极发展服务贸易。国家级服务外包示范城市综合评价列第14位。北汽蓝谷入围商务部技术服务出口典型案例。深化与微软、华为、阿里等数字经济头部企业战略合作。二是外经"走出去"平稳有序。推动鼎胜、孚能、肯帝亚、鱼跃等优势企业"走出去"。境内境外合力出击,建立外经企业家"沙龙"交流机制,引导国际公司、省交工、中交、电建三公司抱团出海。三是开放载体能级提升。开发区转型升级创新发展获省政府办公厅督查激励。全省首创将经开区和高新区纳入统一考核范围,使用一套考核指标体系。两个国家级开发区成功获批江苏自贸区联动创新发展区。四是全力推进码头开放。句容华电码头储运1号泊位、镇江港四期工程码头14号、15号泊位对外开放获得省级批复。

(六) 安全发展基础夯实

坚决统筹发展与安全,营造稳定、安全、可预期的商务发展环境。一是安全工作抓准抓实。制定出台餐饮燃气安全安装规范和考核办法,餐饮燃气安全"两率"分别提高至100%和97.6%,经验做法在全省推广。完善局领导分片挂钩和节假日安全巡查机制,持续开展经开区、成品油和商业场所三大领域安全整治专项行动。二是疫情防控有力有序。在水路口岸疫情防控工作机制调整前,扎实履行水路口岸疫情防控组长单位职责,全省率先开发"水路口岸疫情防控追溯管理系统",成为全省目前唯一未发生水路口岸输入病例的城市。服务165家外资外贸企业414名外籍高管或客户办理来华邀请函。

(镇江市商务局)

泰州市

2021年,面对百年变局和世纪疫情交织叠加,泰州市商务系统坚持稳中求进工作总基调,紧紧围绕服务构建新发展格局,全面深入贯彻新发展理念,立足"致力民生、聚力转型"两大主题,以高质量发展为主线,以"两稳一促"为主抓手,商务运行克难突破、稳中奋进、再创新高,实现了"十四五"良好开局。

一 主要商务经济指标完成情况

2021年,全市实现社会消费品零售总额1 576.94亿元,增长18.3%,增速列全省第四。外贸进出口189.2亿美元,增长29.1%,高于全省平均3.6个百分点。全市实际利用外资18.28亿美元,增长22.28%,增速列全省第四。全市有3家企业实施海外制造业并购,涉及新能源、医药、电子信息领域,实际交易金额达9 575万美元,超过近5年海外并购总额。全年实现外经营业额4.79亿美元,总量保持全省第三。

二 商务发展工作情况

(一) 突出项目招引,稳外资有力有效

一是积极创新招商方式。围绕推进产业强市和特色发展,聚焦三大先进制造业集群,编制新版《泰州投资指南》《幸福泰州等你来》招商宣传片。立足"三张图"(招商地图、产业链图谱、产业投资地图),建成泰州市招商投资服务平台上线,实现园区导览、招商指引、供地信息、政策法规等九大功能模块,发布各类信息1 600余条,平台访问量超过30万人次,收到并对接客商投资意向23条,逐步迈入"云招商"。二是着力推动招商引资活动。精心组织"走进深圳"系列招商活动,深入大湾区等重点地区,着力招引科技含量高、市场潜力大、带动能力强的大项目、好项目。全年累计新签约总投资5亿元(3 000万美元)以上项目376个,协议投资总额3 270亿元,分别增长22.5%、10.7%。其中总投资3 000万美元以上外资项目79个,协议投资总额75亿美元,分别增长11.3%、24%。三是扎实做好项目跟踪推进。深入落实重点外资企业和重大外资项目联系服务机制,务实开展深圳、北京、上海投资促进活动"回头看"工作,积极协调解决困难问题,推动项目加快到资达效。兴达钢帘线、蓝思精密、合全药业等56个实际外资1 000万美元以上项目合计利用外资16.14亿美元,占全市总量的88.3%,增长28.1%。

(二) 突出主体平台,稳外贸成效显著

一是重点渠道持续拓展。积极组织300多家企业参加广交会、华交会等线上线下重点展会,多元化开拓国际市场。依托医博会、梅兰芳艺术节等品牌活动助力企业宣传展示、对接洽谈。认真组织第四届进博会参展工作,参展单位数、代表数、签订采购协议金额均创历年新高。二是载体平台加快建设。建成泰州市外贸数字平台,实现外贸企业运营数据实时监测,免费为企业提供在线培训、展示、洽谈等综合服务。加快跨境电商平台建设,创成全国跨境电子商务综合试验区,评定5家市级跨境电商载体,姜堰跨境电商创业园获评省级

跨境电子商务产业园。强化外贸转型升级基地建设,新增泰兴市国家外贸转型升级(乐器)基地,全市国家外贸转型升级基地累计达6家,数量列苏中第一、全省第三。三是市场主体培育壮大。举办"外贸学堂"、跨境电商宣讲会等培训宣讲活动18场次,1 200多家次企业参训,有效提升企业开拓国际市场的能力。扬子鑫福造船等4家企业入选第二批省级服务贸易重点企业,凤灵乐器等5家企业入选2021—2022年度"国家文化出口重点企业"。

(三) 突出风险防范,"走出去"稳定有序

一是外经合作扎实推进。支持企业参与"一带一路"建设,推进对外承包工程结构优化,鼓励企业承揽境外总包工程项目。新批境外投资项目17个,中方协议投资额2.05亿美元。二是境外风险防范工作落实落细。建立健全境外风险通报预警制度,及时通报国外重点地区政治形势变化和疫情发展情况,指导并帮助企业做好风险防范工作。严格开展对外劳务合作企业资格年审,组织重点企业参加进出口贸易实务与风险防范线上培训、"海外安全风险防范和应对"主题沙龙、"走出去"企业风险防范培训会等活动,切实强化服务保障。三是境外企业疫情防控工作总体平稳。落实境外企业疫情防控工作机制,进一步摸排全市境外企业疫情防控和外派劳务人员状况,建立境外重点企业名录和境外务工人员台账资料,督促并指导江苏海建公司等企业迅速有效处置境外项目疫情,平稳有序落实"两稳"工作。大力推动落实"春苗行动",有序推动全市境外企业务工人员接种新冠疫苗,全市境外企业中方人员疫苗接种率达100%。

(四) 突出特色创新,载体平台能级提升

一是园区改革创新深入推进。持续深化开发园区改革,推进"两高"融合园区改革,组织开展园区改革"回头看"工作,进一步激发园区活力动力。泰州港经济开发区、泰兴经济开发区在2020年度全省综合考评中保持前十,分别列第五、第六位。围绕优势产业打造特色园区品牌,4家园区获批江苏省特色创新(产业)示范园区,泰兴高新技术产业开发区入选国家生态环境导向的开发(EOD)模式试点,泰兴经济开发区中日(泰兴)新材料产业园创成省国际合作园区。牵头推进省级经济开发区安全生产专项整治行动和区域评估工作，开发园区营商环境进一步提升。二是自贸联创区建设扎实推进。指导帮助泰州医药高新技术产业开发区（泰州综合保税区）、靖江经济技术开发区获批中国（江苏）自由贸易试验区联动创新发展区。积极推动中国（江苏）自由贸易试验区第一、第二批改革试点经验复制推广，组织推进自贸联创区制度创新工作。三是口岸开放水平持续提升。强化开放码头规范化管理，完善泰州开放码头规范化管理核查制度，落实口岸收费目录清单公示制度，不断提升口岸开放码头管理水平。泰州国际集装箱码头获批正式对外开放码头，中航船舶重工码头临时启用延期再获省口岸办批准。泰州港货物吞吐量增长17.2%，跃居全国内河港口吞吐量第2位。

（五）突出消费惠民，促消费扎实有效

一是积极落实消费惠民举措。开展"泰好吃·家乡年——2021泰州网上年货节""强身抗疫·冬养滋补"冬季美食节、中国汤包美食文化节等促消费活动，联合举办"品质生活 泰州味道"地标美食大赛，挖掘打造地标美食，树起行业标杆，提振餐饮消费。深入推动市区农贸市场提档升级，全年新改建市区农贸市场4家。组织老字号企业开展"三进"（进社区、进景区、进展馆）活动，参加"非遗嘉年华"、医博会等活动，持续扩大"泰州老字号"品牌影响力。二是积极推动电子商务发展。创成省级电子商务示范基地4个、省级数字商务试点社区3个、省级数字商务企业1家。靖江市获评国家级电子商务进农村综合示范县，全市实现国家级电子商务进农村综合示范县全覆盖。实现网络零售额453.64亿元，同比增长82%，增速列全省第一。三是不断优化居民消费环境。建立泰州市商业预付卡管理工作联席会议制度，建成肉菜流通追溯系统。推进诚信平台建设，组织200余家重点商贸企业参加"诚信兴商宣传月"活动，营造安心消费环境。

（六）突出督查检查，防疫安全落实到位

一是严格落实疫情防控工作。印发《企业疫情常态化防控指南（试行）》《关于进一步强化商业场所新冠肺炎疫情防控工作的通告》《重点场所新冠疫

情常态化防控责任清单》，开展疫情常态化防控检查。建立重点商贸企业防疫"驻店员"制度，全年共参与近200人次，服务指导重点商贸流通企业疫情防控和市场保供，帮助企业协调解决问题和困难。二是扎实推进危化品使用安全专项治理。组织开展餐饮单位燃气使用安全培训，累计发放餐饮场所安全使用燃气宣传折页和宣传画超1万份。加强燃气使用安全工作督导检查，全年共抽查检查餐饮场所1 526批次，查出安全隐患1 600多处，张贴安全生产信息公示牌户数超1万户，餐饮燃气防泄漏预警装置安装率近100％。三是深入开展成品油市场综合整治工作。牵头制定《泰州市全面加强成品油市场综合整治工作方案》，联合公安、税务等部门严厉查处走私成品油和偷逃税等行为，严厉打击全市非法流动加油行为。全市共摸排发现非法流动加油车251车次，排摸并拆除自建罐61个，查处非法运输车辆129起。推动散装汽油销售规范管理，联合公安部门在全省率先开展散装汽油销售资格培训考试，全市200多名散装汽油销售人员参加培训并取得合格证书。制定印发《泰州市加油站安全管理办法》，加强对加油站（点）的安全管理，全市加油站"江苏加油安全App"安装率达100％。

（泰州市商务局）

宿迁市

2021年,站在"两个一百年"奋斗目标的历史交汇点上,宿迁市商务系统坚持以习近平新时代中国特色社会主义思想为指导,全面贯彻落实市委市政府决策部署和省商务厅工作要求,迎难而上、砥砺前行,统筹做好疫情防控和商务发展各项工作,全力落实"六稳""六保"任务,扎实推进招商引资、消费促进、商贸流通、开放型经济等工作,稳住外贸外资基本盘,拉动消费回暖,商务经济保持良好发展态势。

一 主要商务经济指标完成情况

2021年,全年实现社会消费品零售总额1 460亿元,同比增长16.1%,增速全省第八;贸易额2 935.7亿元,同比增长35.5%,增速位列全省第一;全市进出口69.67亿美元、增长45.7%,增速位列全省第三;全市实际使用外资8.52亿美元,同比增长53.4%,增速位列全省第一;6家企业"走出去"境外投资,全年实现对外直接投资额3 917.06

万美元,同比增长 122.98%,增速位列全省第三;全市新签约亿元以上工业项目 431 个、协议投资 4 208.27 亿元,分别增长 5.12%、32.8%,其中超百亿元大项目 8 个;电商交易额突破 2 000 亿元,网络零售额达 480 亿元、增长 10.3%。

二 商务发展工作情况

(一) 高举改革创新大旗,彰显商务担当

将"商务改革创新"列为 2021 年"商务工作十大行动"头版头条。一是凝聚改革创新思想共识。成立改革创新工作领导小组和工作专班。定期召开"改革创新调度会",出台《2021 年市商务局改革创新工作要点》,推行"一处室一项目"制度,持续营造大改革、大创新浓厚氛围。二是改革项目取得明显成效。大力推动全市重点改革任务"建设跨境电商综试区"落实,跨境电商工作成果多次被市委《调查与研究》、市委改革简报刊发推广。加快区域评估改革,运用评估成果完成案例超 400 例,大大减轻了企业负担。泗洪上塘工业园、沭阳临港工业园等 10 家园区纳入"一区多园"统一管理。三是对上争取实现重大突破。经过多轮争取,省厅专门印发《支持宿迁推进"四化"同步集成改革示范区建设实施意见的通知》,文件共 6 个方面 19 条措施,涵盖商务工作方方面面,为"十四五"期间商务事业高质量发展指明了方向,获市委主要领导高度认可。省贸促会也专门出台文件,支持宿迁贸促事业发展。

(二) 树牢"项目为王"理念,超额完成招商目标

把项目作为经济发展"压舱石",克服疫情影响,创新招商模式和理念,超额完成"个十百千"招商工程任务。一是聚焦招商活动引领。出台《2021 年宿迁市重大招商活动方案》,编排 37 场市级重大招商活动。创新打造"迁宿迁"招商品牌,启动"千名客商看宿迁"、第七轮"百日招商竞赛"等活动。成功举办第三届运河品牌电商大会、绿洽会,在深圳、武汉、杭州、北京、福州、西安、上海等地举办系列招商活动;各地全年累计举办各类集中招商推介活动 112 场,参会嘉宾近 1 万人次。二是聚焦重大项目招引。聚焦央企、世界 500 强、行业

50强及龙头型、基地型、平台型链主企业招大引强。2021年,全市新签约亿元以上工业项目431个、10亿元以上项目154个、50亿元以上项目24个,分别完成年度目标任务的118.08%、154%和240%。其中,福莱特玻璃、观云酒业、凯盛新材料等百亿级重大项目8个,实现历史性突破。泗洪县签约项目83个,在三县两区中最多;宿城区50亿元以上达开工条件项目3个,在三县两区中最多。三是聚焦产业链培育。围绕产业招商、科技合作、人才引进等,开展主题鲜明的招商拜访、项目洽谈和推介活动,实现20条重点产业链全覆盖。2021年新签约项目中,符合20条重点产业定位项目349个,协议投资3 555.2亿元,占比分别达到81%、84.5%,较上年同期分别增长4.7、7.6个百分点。四是聚焦"168"机制优化提升。探索"1+6+8+N"招商新体系("N"为N个补充保障部门,N个产业链培育部门,N类招引领域以及N种招商模式),新选调28名优秀人员完成新一轮驻外招商局组建,实现招商力量"新老交替";探索8个招商服务中心实体化运作新模式,推动"168"招商机制发挥更大优势。沭阳县构建"1+2+18"招商机制,泗阳县构建"1+5+5+5"招商体系,泗洪县构建"365"招商体系,宿豫区构建"1+10+10"招商模式,宿城区构建"1126+N"招商体系。

(三) 稳住外贸外资基本盘,提升开放水平

牵头编制《宿迁市"十四五"开放型经济发展规划》,为今后五年全市开放型经济发展指明方向。一是推动对外贸易创新发展。实施"宿贸迁云"工程,组织170家次外贸企业参加广交会、"江苏优品 畅行全球"等展会,创新出口品牌培育,17家企业获评市外贸优进优出示范企业,助力企业拓展国际市场。组织123家企业参加第四届进口博览会,推动企业"嗨淘全球"。市经开区进出口对全市贡献度最强,进出口总额实现翻番,进出口总量、增幅均位居全市首位。二是持续释放外资潜力。举办宿迁(福州)外资专场招商恳谈会,在上海招商会和绿洽会上进行外资专项签约,完善"按月通报、双月推进、季度调研会办"机制,在微信群"晒"出各地利用外资"成绩单",市委常委会定期听取外资专题汇报,全年利用外资增速始终保持全省领先。宿豫区外资工作力度大、措施实、效果好,促进京东物流等增资15亿元,全年实际使用外资突破3亿美

元,占全市35%,为全市外资突破做出了重大贡献。三是推进对外经济合作。建立对外投资项目库,指导企业用好"全程相伴"江苏省走出去公共服务平台,推动企业海外投资健康发展,推动实现全市企业在中国台湾投资项目零的突破。四是开展贸促服务助企行活动。组织200余家企业参加国家总会、省会举办的"海外安全风险防范和应对"、RCEP政策解读及应用等线上线下专题培训,累计为181家外贸企业办理各类出口证书11 216份。

(四)推动跨境电商综试区建设,"电商名城"品牌声名远播

聚焦电商生态提升,加快推进载体建设,推动电商产业快速发展,电商工作做法被省委《群众》杂志专篇刊发。一是持续优化电商市场环境。出台《关于推动电商人才联网强市的实施方案》,举办第三届运河品牌电商大会,中国国际电子商务中心发布《中国电子商务营商环境指数报告》,宿迁荣获全国地级市电子商务营商环境第20位。在直播电商、社区电商等新业态上求突破,全年直播场次达55万场,同比增长50%,直播网络零售额50亿元。洋河新区打造电商直播基地,设立公共直播间40余个,选品中心面积1 000余平方米。二是电商产业基础更加坚实。与京东京喜签订《战略合作协议》,全市获评"2021—2022年度江苏省电子商务示范基地"4个,入选省级数字商务试点社区3个,获评"淘宝镇"32个、"淘宝村"134个,分别新增1个、20个。沭阳县淘宝直播业态典型案例入选联合国粮食与农业组织发布的《数字农业报告》。湖滨新区与京东集团·京喜农场签订战略合作协议,着力打造京喜农场供应链合作基地。三是电商惠民成效更加凸显。创新打造"网上菜篮子"项目,建设上线"迁万家"消费平台,举办"迁万家"网上年货节活动,在疫情防控常态化时期,满足市民采购年货需求,日均销售超1 000单,日均销售额超过10万元。发布12家生鲜电商平台订购二维码(App),进一步做好市场保供工作。四是推动跨境电商跨越式发展。建成5家跨境电商产业园,其中沭阳县、宿豫区、宿城区3个跨境电商产业园获批省级跨境电商产业园。引进跨境电商综合服务企业,认定6家"跨境电商人才孵化中心",举办跨境电商论坛、孵化班、亚马逊峰会、教师培训班等各类跨境电商培训30余场,培训跨境电商人才2 000余人次。1 200平方米的线下展厅及选品中心投入使用,全面系统展示跨境电商规范流程和宿迁跨境电商发展现状,为跨境电商卖家提供了快速便捷的选品通道。

(五)擦亮"嗨在宿迁"牌子,消费活力持续迸发

落实全省"146消费提振"行动,深入开展"嗨在宿迁"系列活动,推动城市消费繁荣活跃。一是持续打造"嗨在宿迁"消费促进品牌。组织开展"嗨在宿迁·惠购两天半""啤酒美食节""国庆消费季""寻找宿迁味道""集字享美食""冬季购物节""瓦块鱼美食烹饪大赛"等大型消费促进活动,市县区、政企协共举办400余场次主题促销活动,有力地促进了商贸流通繁荣,带动消费赋能升级。二是发放多轮消费红包。组织开展宿迁市政府"五星"消费红包发放活动,消费回补作用充分显现,消费市场加快回暖,带动商气人气提升。三是创新打造"酒都不打烊"夜经济品牌。打造"一水一城一都多节点"的夜间经济带,先后举办2021"酒都不打烊"暨啤酒美食节、开放项王故里夜市、"酒都不打烊·悦读会"等活动,推动中心城区夜间经济繁荣活跃。四是推动商贸流通创新转型。加强对苏州风情街改造建设、业态布局、品牌招商、运营管理等方面的指导服务。指导各县区进一步挖掘工商业领域老字号资源,新认定15家"宿迁老字号",持续做好单用途商业预付卡管理。五是持续优化便民商业环境。组织开展2021年"诚信兴商宣传月"活动,指导金鹰购物中心、中央商场创成国家级绿色商场,加强对信用评价结果运用,对失信企业按有关规定加强分类监管。

(六)狠抓载体建设,促进园区转型升级和口岸功能完善

树立问题导向,补齐平台短板,不断夯实商务事业高质量发展的基础。一方面,开发区转型升级实现新突破。在2021年全省119家经济开发区评比中,沭阳经开区、泗阳开发区、泗洪开发区、宿迁经开区等4家开发区进入全省前50位。泗阳开发区在全省92家省级开发区评比中,位列第九位,首次进入省级开发区"前十强"。宿迁经开区、沭阳经开区、宿迁高新区获批江苏省自贸试验区联动创新发展区,苏宿园区获批江苏省自贸试验区苏州片区联动创新区。泗阳县获全省经济开发区转型升级创新发展成效明显的地方相关激励。

沭阳经开区被国家发改委等五部门批准为"十四五"重点支持的县城产业转型升级示范园区。宿迁经开区洋河酿造产业园、宿城开发区激光产业园成功获批江苏省特色创新产业园。另一方面，口岸建设取得历史性突破。口岸功能完善取得重要进展，宿迁港中心港区首条外贸集装箱近洋航线正式开通，可直抵日韩和东南亚国家；远洋航线已成功试航，能够连接欧美。全市外贸企业历史性实现在"家门口"报关放行，极大地降低了货物周转和运输成本。

（七）统筹安全和发展，坚实商务惠民质效

认真学习习近平总书记关于依法治国的重要论述，大力抓好领导干部学法用法，不断提高依法决策、科学决策能力。常态长效抓好文明城市创建、挂村包户、疫情防控、安全生产和双拥等常规工作。一是积极推进依法行政。按照全市2021年法治政府建设工作计划，认真总结"十三五"以来商务系统法治政府建设情况，出台《关于坚持以人民为中心建设人民更加满意的法治政府的实施方案》。经法定程序续聘法律顾问，为局机关涉法重大决策提供咨询服务。二是常态长效推进文明城市建设。梳理大型商超全国文明城市常态长效建设任务清单，建立"定点专保、片区联保、问题包保"3项机制，组织开展专项检查30余次、交办问题200余个，有力巩固提升创建成果，顺利通过国家和省年度复查，市商务局被市委市政府表彰为文明城市建设工作先进单位。三是持续抓好挂村包户工作。组织商务干部多次走进挂钩村，查找村居发展薄弱环节、到结对低收入农户家再了解生产生活情况。开展"党员当先锋 为民办实事"主题党日活动，为挂钩村协调高效农田等项目4个，为村集体增收6万元。四是坚决扛起疫情防控责任。发布《全市商场、超市疫情防控"十要"措施》，指导各地建立重点商超疫情防控点位包保制度，做到人员到位、措施到位、督导到位。定期对各地和重点企业疫情防控工作进行督导检查，严格落实测量体温、佩戴口罩、查验"苏康码"、设置"一米线"等防控措施。全市商务系统累计开展各类检查100余次，对发现的问题当场交办整改。五是抓好安全生产工作。制定安全生产年度工作要点和《安全生产专项整治三年行动实施方案》，举办安全生产专题宣讲会，开展元旦、春节、"五一"、国庆等节假日安全生产现场督导。深化加油站"一对一结对帮扶"机制，落实安全生产"一对一诊断辅导"机制。把推动安装燃气泄漏安全保护装置,作为提升餐饮场所使用燃气安全水平的关键,抓紧抓牢,全市共摸排使用燃气餐饮商户9 691家,安装燃气保护装置商户100%。持续做好商业场所安全生产,重点推动消防安全隐患整改和达标创建,督促商场、超市、商业综合体和再生资源回收等商贸服务行业落实好安全生产责任。沭阳县、宿城区、宿豫区初步建立燃气泄漏报警装置信息平台,有力提升本质安全水平。

(宿迁市商务局)

昆山市

2021年,百年变局和世纪疫情交织叠加,在省商务厅的关心支持下,在昆山市委市政府的坚强领导下,昆山市商务局围绕服务构建新发展格局,坚决稳住外资外贸基本盘,全面促进消费扩容提质,扩大高水平对外开放,商务工作呈现良好发展态势,实现了"十四五"良好开局。

一 主要商务经济指标完成情况

2021年,实现社会消费品零售总额1 625.68亿元,增长16.3%,总量蝉联苏州第一。全年进出口总额连跨两个百亿级台阶,实现1 066.1亿美元,增长22.8%,历史性突破千亿美元大关;按人民币计,实现6 885.7亿元,增长14.7%。昆山外贸占全国、全省、苏州全市的比重分别为1.8%、13.2%、27.1%,稳居全国县市级第一。新设外资项目336个,新增注册外资28.8亿美元。完成实际使用外资12.2亿美元,增长16.9%,总量位列苏州第二,创七年来新高。全年批准境外投资项目37个,完成境外协议投资额

1.4亿美元,增长7.7%。完成服务贸易进出口额38.4亿美元,增长9.8%,总量位列苏州第二;服务外包接包合同额21.8亿美元,离岸接包合同额5.2亿美元,在岸接包执行额9.1亿美元。

二 商务发展工作情况

(一) 提升利用外资水平,汇聚开放发展新动能

一是大力集聚重大产业项目。引进注册外资超1 000万美元、超3 000万美元外资项目分别为51个、28个,注册资本超1亿元、超3亿元内资项目分别为89个、30个。二是积极开展投资促进活动。举办昆山市新兴产业发展大会,推动总投资980.6亿元的98个新兴产业项目签约落地。举办2021昆山·中日产业投资说明会,总投资67亿元的羽亿咖啡、丰田工业等20个日资项目签约,牧田和旭日塑料、恩斯克和BK申克等19个日企供需对接项目签约。三是全面加强招商要素保障。制定《昆山市立足新发展阶段强化招商引资工作的实施意见》《昆山市深化对日招商三年行动实施方案(2021—2023年)》。召开全市重大招商项目汇报会,全力推动预计总产出2 697.4亿元的104个重点项目顺利落地。深化与超100家专业招商中介机构合作,充分链接招商资源。探索"1+3+N"招商机制改革,着力构建市场化引资新路径。发挥考核"指挥棒"作用,组织评选2021年度"招商护商奖"。

(二) 加快平台载体建设,抢抓国家战略新机遇

一是扎实推进示范区建设。制定国家进口贸易促进创新示范区工作方案和实施方案,成立工作领导小组。高效运作长三角首个对接东盟货物贸易跨境平台,全年新增进出口超30亿美元,涉及货物71 440票、6 120车次。二是全面融入国家战略。全力服务对接第四届进口博览会,组建昆山市交易分团,下设12个交易子团,共注册企业1 064家、专业观众4 947人,达成意向交易额超3亿美元。三是对上争取成效显著。推动全市获批国家外贸转型升级基地(装备制造)。推动昆山开发区、昆山高新区获授"中国(江苏)自由贸易试验

区联动创新发展区"。新增6家省级跨国公司地区总部和功能性机构。

(三)强化现代商贸流通,焕发美好生活新活力

一是做优做强消费品牌。成功举行沪苏同城"五五购物节""双12苏州购物节"昆山狂欢购启幕仪式,举办美食节、好物节等243场消费促进活动,相继发放"稳岗促产"留昆过年消费券和数字人民币消费券。二是大力繁荣夜间经济。打造"宝岛又一村"慧聚夜市,推选161家企业加入苏州夜间经济千企联盟。制定夜间经济年度活动计划,发布夜间经济消费指南和"电子地图"。三是日常管理有序运行。完善肉菜流通追溯体系长效运行机制,全年产生追溯数据259万条。完成肉菜追溯体系数据云迁移工作。处理单用途商业预付卡等各类投诉1 367件,回复及时率和回访满意率均为100%。

(四)深化企业服务成效,呈现营商环境新气象

一是高效提升护商服务水平。深化领导挂钩驻点服务机制,扎实开展"招商护商服务月"活动,落实75项服务计划,走访企业8 175家次,协调解决问题2 319个,解决率超90%。二是全面健全政策保障体系。认真做好《关于推动开放型经济高质量发展若干政策措施的意见(试行)》修编工作,鼓励引导存量企业通过未分配利润再投资、增资扩股等形式,持续加大在昆投资力度。三是大力营造亲商安商氛围。举行2021昆山·跨国公司视频连线活动,实现疫情期间招商不停步。举办全市重点外资企业服务座谈会、"'铸'力惠企'境'致服务"外企沙龙等多场活动。精心组织第27批昆山之友"并蒂莲奖",做好苏州2020年度贡献突出外企推选工作。

(五)压实疫情防控举措,筑牢安全稳定新屏障

一是织密进口货物防线。排查全市涉及进口货物企业2 456家,完成消杀110 024批次、核酸检测79 582件,其中集装箱7 316个。做好重点人群监测,排查涉及高风险岗位从业人员2 959人,疫苗接种率99.7%,历次核酸检测结果均为阴性。二是落实商贸领域防控。实行局领导挂钩带队集中检查,累计带队95批次,检查各类商业场所、加油站2 230家次,整改问题3 045个。

加强冷链食品行业防控，做好进口冷链食品集中监管仓运行管理。组织冷链物流企业、大型商超接触冷链食品的 2 100 余人定期开展核酸检测，确保应检尽检。三是细化涉外企业防护。建立境外投资企业外派人员疫情防控日报制，对重点企业实行动态跟踪，实现全市境外投资企业及对外承包工程企业境外中方人员零感染。加强境外来昆返昆人员摸排工作，严格实施"14＋14"入境人员健康管理，受理审核 751 名外籍人士的短期商业贸易邀请函申请。

三 商务改革推进情况

（一）加快平台建设，提升创新发展能级

一是获评国家外贸转型升级新平台。围绕全市高端装备制造产业优势，推动江苏省昆山市国家外贸转型升级基地（装备制造）成功获评 2021 年国家级出口基地，为全市再添"国字头"名片。二是在进口示范区建设上登上新台阶。统筹协调、全面推进示范区建设。加强与上海虹桥交流合作，借鉴虹桥在争创国家级进口示范区方面的先进经验和做法。三是在省级平台上争取新突破。推动富翔精密工业（昆山）有限公司等 6 家企业获评江苏省第十二批跨国公司地区总部和功能性机构。推动花桥经济开发区获评第二批江苏省服务贸易基地。推动昆山花桥跨境电子商务产业园获评江苏省 2021—2022 年度电子商务示范基地。四是在服贸创新上迈出新步伐。研究制定《昆山全面深化服务贸易创新发展试点实施方案》《昆山市全面深化服务贸易创新发展试点任务具体落实计划》，深入推进综保区"五大中心"建设，一般纳税人资格试点企业扩展到 29 家，保税研发机构 6 家，开展保税维修业务企业 9 家。

（二）抢抓最新机遇，全面融入国家战略

一是抢抓 RCEP 战略机遇窗口。牢牢把握 RCEP 生效实施机遇，针对关税减免、原产地累积规则、服务贸易扩大开放、投资领域市场准入负面清单化等规则变化，举办高水平解读宣介活动，助力企业共享政策红利。深度参与虹桥枢纽北向拓展带建设。二是持续深化昆台融合发展。积极落实历次部省际

联席会议政策成果,落实落细昆山试验区获批以来商务部 16 项政策措施,其中,14 项已落实,2 项正有序推进。研究提出 3 条拟列入昆山深化两岸产业合作试验区第九次部省际联席会议协商解决有关事项,对《昆山深化两岸产业合作试验区部省际联席会议第九次会议纪要》进行研究和修改完善。三是深度融入长三角一体化发展。与日本贸易振兴机构、银行、商务机构等驻沪专业机构开展深层次合作交流,深度参与虹桥国际开放枢纽北向拓展带建设。推动"虹桥品汇"与昆山分中心签订意向采购协议,打造昆山南部锦淀周进博商品"一站式"销售基地,有力承接进博会外溢效应。

(昆山市商务局)

泰兴市

2021年,泰兴市商务系统紧紧围绕服务构建新发展格局,全面深入贯彻新发展理念,统筹疫情防控和商务工作发展。

一 主要商务经济指标完成情况

2021年,全市完成社会消费品零售总额323.8亿元,同比增长17.9%,位居泰州第四。全市完成外贸进出口60.4亿美元,同比增长39.3%,总量位居泰州第一,创历史新高。其中,出口36.9亿美元,进口23.5亿美元。全市完成实际到账外资4.27亿美元,同比增长13.6%,总量位居泰州第一。全市实现外经营业额1.9亿美元,总量及占比位居泰州第一。全市累计新招引内资亿元、外资1 000万美元以上项目227个;其中内资5亿元以上项目56个、外资3 000万美元以上项目26个、10亿元(含外资1亿美元)以上项目31个。

二 商务发展工作情况

（一）坚持特色引领，持续推进项目突破

一是科学谋划招商活动。紧扣产业质态提升行动和产业强市特色发展123工程，制定泰兴市2021年招商活动计划，重点组织和举办"6＋2＋1＋N"系列招商活动。全年成功举办9次产业专题招商活动。二是深入实施精准招商。坚持以特色产业抓招商，以招商引资促发展，引导园区围绕特色产业招商单元，累计开展小分队招商360余次，签约产业关联项目175个。总投资30.58亿元的惠尔信风电智能成套装备研发制造项目、30亿美元的金鹰集团健康产业基地项目等一批重大特色产业项目成功签约。三是统筹推进节能环保产业专班。按照产业强市特色发展123工程分工要求，强化与泰兴高新区协同合作，建立全市节能环保产业库和重大项目库，推进产业高质量发展。2021年全年，节能环保产业实现开票销售96亿元，新招引亿元以上项目12个，新开工亿元以上项目9个，新竣工亿元以上项目7个。

（二）深化改革创新，全面激发园区发展活力

一是持续深化园区体制机制改革。年初完成了开发园区体制机制改革工作，并将园区改革纳入2021年度考核指标，督促各园区持续遵循各项改革任务要求，不断释放改革发展活力，持续深化改革成果。二是修改完善园区考核办法。牵头制定泰兴市《2021年度开发园区推进高质量发展考核实施方案》与《考核细则》，对考核体系做"减法"，将共性指标数量由原来的40个精简至29个，加分项指标由原来的7类44条精简至10条，并积极开展省高质量考核月度监测，确保实现既定目标。三是积极争创国家级开发区。根据市委市政府的部署要求，牵头推动泰兴经济开发区积极争创国家级经济技术开发区。成立工作领导小组，制定创建工作任务清单，重点推动相关部门编制完成园区管理体制调整建议方案、一体化产业发展规划与空间布局规划，并会同开发区多次与省商务厅进行上争对接。园区发展水平进一步提升，泰兴经济开发区

中日(泰兴)新材料产业园入选第三批江苏省国际合作园区;泰兴高新区入选国家生态环境导向开发(EOD)模式试点;农产品加工园区创成第四批国家现代农业产业园、全国农村创业园区(基地);城区工业园区创成省级军民融合创新示范区。

(三)强化多管齐下,全面促进外资稳中提质

一是拓增量。围绕重点产业链、供应链,持续加大外资招引力度,扩大制造业尤其是先进制造业利用外资。总投资10.6亿美元的顶峰油脂项目(金鹰项目一期),当年实现到账6 200万美元。二是扩存量。将有增资意向和潜力的企业作为外资工作突破口,积极鼓励和引导企业增资扩股。2021年全市增资扩股项目完成合同利用外资2.3亿美元,同比增长72.4%。三是优结构。在巩固全市制造业利用外资优势的基础上,积极拓展利用外资领域,在研发设计等生产性服务业,医疗养老、文体旅游等生活型服务业利用外资上力求突破,完成房地产服务业利用外资2 000万美元。2021年5月12日,泰兴市因"积极利用外资且提质增效成效明显"获省政府表彰。

(四)注重主体培育,加快对外贸易转型升级

一是积极开拓国际市场。大力组织企业参会参展,收集、发布展会信息80余条,先后组织200余家企业参加各类线上展会,以及服贸会、广交会、进博会等线下展会,为全市企业建立起稳定的国际市场开拓渠道。二是促进外贸新业态发展。组织全市70余家企业参加"外贸学堂"、跨境电商、RCEP等专题培训,提升企业外贸业务水平能力;引进"市采通"平台,积极推进市场采购贸易新业态;帮助凤灵乐器等3家企业申报国家文化出口重点企业,帮助扬子鑫福、华骋科技获批省重点服贸企业,帮助黄桥开发区获批泰州跨境电子商务产业园。三是充分落实惠企政策。完成"抗疫情、稳外贸"专项资金拨付;推出"泰贸贷"金融项目;帮助90余家企业申报商务发展专项资金。2021年,泰州市成功获批"国家外贸转型升级基地(乐器)",成为泰州市唯一一个拥有两家外贸转型升级基地的市区。

(五) 实施精准服务,全力推动"走出去"稳健发展

一是跟踪服务重点企业。加大对重点外经企业的跟踪服务力度,重点做好河海集团印尼新签围海造陆项目、扬子鑫福船厂出口船舶项目、润泰新材料有限公司阿联酋投资项目的项目备案、资金申报等配套服务工作,推动全市外经工作实现更大突破。二是强化政策支撑。针对全球疫情蔓延,主动联系中国进出口信用保险公司,为海外重大项目进行投保,化解金融风险。三是保障外派劳务人员权益。为全市163名外派劳务人员投保海外疫情防控险。全力做好外派劳务人员的维稳工作,累计受理外派劳务人员上访投诉达数十起,先后退还200多名出国劳务人员中介服务费用。

(六) 提振消费市场,着力激发商贸流通活力

一是开展消费促进活动。指导督促重点商贸流通企业拓展消费业务,扩大线上消费,激活线下消费。"十一"黄金周期间,全市7家重点商超实现商品销售7 767万元,同比增长20%。二是挖掘消费潜力。围绕贸易额指标的落实提升,深入调查研究,强化考核激励,出台《关于推进制造业企业"工贸分离"和批零住餐行业"小进限"工作意见》,进一步挖掘消费潜力,提高贸易发展水平。三是推动电子商务发展。高新区电商集聚区、虹桥电子商务产业园、黄桥电商产业园及济川街道电商集聚区等四大电商产业园入驻电商企业近300家,开展直播带货150场次。

(七) 狠抓关键举措,确保商贸领域安全生产形势稳中向好

一是打造安全生产长效机制。制定下发《泰兴市商贸服务行业危险化学品使用安全专项治理工作制度》《关于加强再生资源回收利用行业安全生产管理的通知》等规范性文件,进一步规范重点商贸领域安全管理。二是着力形成齐抓共管工作合力。按照"管行业必须管安全"的要求,牵头制定商贸领域安全生产"一图一册一清单";压实属地安全监管责任,完成三轮对全市乡镇(街道)、园区安全生产开展情况的督查工作;强化企业主体责任,先后组织企业负责人、安全生产负责人培训4次,发放安全生产手册和告知书约2 500份。三

是确保重要节点和重点领域安全生产。扎实推进"迎华诞、保安全"专项行动，组织对商务领域安全生产进行全覆盖检查，共检查企业 2 939 家次，排查问题隐患 3 278 个，已全部整改到位。开展废品回收行业安全生产专项治理和人员密集场所周边餐饮经营单位燃气安全专项治理等行动，切实防范重大事故。

（泰兴市商务局）

沭阳县

2021年,沭阳县商务局坚持以习近平新时代中国特色社会主义思想为指导,坚持"以一流的标准服务好企业,以规范的行为管理好市场"的工作基调,紧紧围绕年初工作目标任务,坚持不懈狠抓利用外资,多措并举力促外贸增长,全面激发电商发展活力,规范商贸流通市场秩序,扎实推进安全生产整治行动,为县域经济社会发展做出积极贡献。

一 主要商务经济指标完成情况

2021年,全县实际使用外资11 934万美元,同比增长8.4%;其中战略性新兴产业实际使用外资占比95.15%;新设外资项目12个,其中超3 000万美元项目3个。全年完成外贸进出口总额136 296万美元,同比增长11.91%。其中出口130 865万美元,同比增长11.55%。服务贸易总额完成1 186.23万美元;全县新增入库限上贸易企业85个,限额以上贸易额总量为601.29亿元,占全市比重为29.6%,增速46.5%。

二 商务发展工作情况

(一) 外资提质增效效果显著

2021年全县实际使用外资11 934万美元,同比增长8.4%;其中战略性新兴产业实际使用外资占比95.15%;新设外资项目12个,其中超3 000万美元项目3个。2021年全县实际使用外资考核得2.165分(总分3.5分),排名全市第三。全县实际使用外资完成进度快,外资质态也好于往年。

(二) 外贸稳中提质持续增长

全县全年完成外贸进出口总额136 296万美元,同比增长11.91%。其中出口130 865万美元,同比增长11.55%。一是全县外贸企业积极响应国家号召,全力开拓"一带一路"沿线国家市场。截至2021年年底,全县有100多家外贸企业与"一带一路"沿线39个国家有出口贸易往来,占全县有进出口实绩248家外贸企业的47.62%,占"一带一路"沿线64个国家的60.94%。全县外贸企业在"一带一路"沿线国家贸易往来运行情况良好,发展势头强劲。二是全县跨境电商的发展取得了喜人的成绩。沭阳县跨境电子商务产业园立足全县纺织、木材加工等特色产业和良好电商发展基础,在园区载体建设、项目招引培育和业务培训等方面加大工作推进力度,全力打造优质特色的跨境电商产业园区,该园于2021年10月被省商务厅认定为"省级跨境电子商务产业园"。

(三) 商贸服务流通持续繁荣

切实做好商贸企业安全生产监管工作和疫情常态化防控工作,所管辖商贸企业未发生安全生产事故和疫情,为全县现代商贸服务业平稳发展提供基本保障。本年度,全县新增1家省级数字商务企业、1家省级数字商务社区,新增淘宝村20个,目前有104个淘宝村、16个淘宝镇。

(四) 扎实开展商务系统安全生产工作

一是加强成品油零售经营企业管理。对全县 112 座加油站(点)加强管理,做好 2020 年度成品油零售经营企业年检、到期换证、改扩建、新建站报批、法人变更等一系列审批事项的初审报批工作。同时,围绕全县加油站(点)管理开展一系列的培训、检查活动,以一流的标准管理服务好企业。二是联合相关部门开展成品油市场专项整治工作。根据省、市成品油专项整治工作相关文件要求,主动开展成品油市场专项整治,联合公安、市监、交通、应急等部门,开展联合执法。2021 年,联合相关部门联合执法,出动人员 300 余次,共清理黑加油点 37 处,查扣流动加油车 24 辆,有力地打击了非法经营成品油行为的嚣张气焰,维护了全县成品油市场经营秩序。

(沭阳县商务局)

第三部分
工作经验交流

江苏高质量开展RCEP生效实施准备工作

《区域全面经济伙伴关系协定》(RCEP)是我国对外开放的里程碑,是新时期我国扩大对外开放的重要平台。RCEP签署以来,江苏主动抢抓发展机遇,通过"三个融合"高质量开展RCEP生效实施准备工作,奋力提升开放质量、着力抓好关键变量、努力形成最大增量,积极塑造新时代改革开放新优势,服务全国构建新发展格局。

一 与既定目标任务相融合,奋力提升开放质量

江苏高度重视RCEP对全省开放型经济的影响,将RCEP实施工作写入《江苏省国民经济和社会发展第十四个五年规划和二〇三五年远景目标纲要》,以及《江苏省"十四五"商务高质量发展规划》《江苏省"十四五"高质量推进"一带一路"交汇点建设规划》等专项规划。加强RCEP实施工作与全省"十四五"既定发展目标和重点专项工作的融合,形成推动江苏高水平对外开放的叠加效应。

一是依托江苏自贸试验区打造改革开放新高地。依托

江苏自贸试验区这一省内最高开放载体,积极把握RCEP在促进贸易投资自由化便利化、加强知识产权保护、助推营商环境优化等方面带来的机遇,健全更高水平开放型经济新体制。一方面,深入开展制度创新,积极构建与高标准全球经贸规则相衔接的规则和制度体系,先后总结形成151项制度创新成果,并对标CPTPP等高标准国际经贸规则,形成江苏自贸试验区推动制度型开放的28项建议探索清单。另一方面,着力优化营商环境,推动"证照分离"改革全覆盖试点全面落地,受益企业超过1.1万家;完善商事纠纷多元化解机制,设立南京片区自由贸易区法院、国际商事调解中心和苏州片区国际商事法庭,苏州片区、南京片区营商环境模拟排名分别位居全球第25位、第26位。

二是依托重点专项工作拓展对外开放新空间。结合"推进对外贸易创新发展"重点工作,利用"江苏优品·畅行全球"线上国际展会平台,面向RCEP成员国举办"江苏—RCEP消费品贸易数字展览会",组织46场专题线上对接会,积极推动机电、电力及新能源、医药、纺织服装、轻工、日用消费品等江苏优势行业深耕成员国市场。把握RCEP对跨境电商发展带来的机遇,加快推进"江苏优品·数贸全球"跨境电商专项行动,认定34家2021年度江苏省跨境电子商务产业园。结合"推进服务贸易扩量提质"重点工作,利用"苏新服务·智惠全球"线上展会平台,面向RCEP成员国开展22场线上对接会。结合"推进走出去稳中有序"重点工作,积极推动优势产业、优质企业投资RCEP成员国,开通"全程相伴"江苏走出去综合服务平台,为企业投资RCEP成员国等境外市场提供更加全面、细致、贴心的服务;加快推进柬埔寨西哈努克港经济特区建设,已引入来自世界各地的企业170家,为当地创造就业岗位近3万个。

二 与既有先发优势相融合,着力抓好关键变量

一是发挥与日韩合作先发优势,率先探索畅通东亚经济循环的地方路径。积极把握RCEP促成中日韩形成自贸关系的重大机遇,深入开展日资韩资产业链研究,通过发布"招商热力图""产业地图"等加强产业链招商,引进韩国乐

金电子和日本 JFE、住友等世界知名跨国公司投资项目。加快推进国家级合作平台建设,将中韩(盐城)产业园确定为江苏自贸试验区联动创新发展区,复制推广自贸试验区 127 项改革试点经验,打造对接亚太自贸区建设的先行区;加快中日(苏州)地方发展合作示范区建设,搭建 20 多个交流合作载体,引进住友商事、日产等一大批中日合作项目,投资金额达到 45 亿美元。认定首批 7 家中日韩(江苏)产业合作示范区,探索深化与日韩产业链供应链合作的新路径新模式。积极搭建一批重大合作交流平台,与韩国建立江苏—韩国经贸合作联席会议机制;举办东亚企业家太湖论坛,现场签约重点领域日资韩资项目 55 个,总投资 78 亿美元;举办"江苏—日本新能源产业合作交流会""SK 集团与华能集团合作交流会"等重点活动,加强与日韩在新能源开发领域的战略合作。

二是发挥苏新合作先发优势,全方位深化苏新对接合作。把握 RCEP 加速区域产业链供应链价值链深度融合的机遇,积极用好苏新合作理事会这一重要平台,与新方签署《关于设立中国长三角(江苏)—新加坡产业创新合作计划的谅解备忘录》,发布中新合作城市更新创新示范项目等 9 个重点项目。组织开展"云上参访 投资江苏"系列活动,通过举办"抢抓 RCEP 机遇促进双向投资交流会""新加坡—江苏半导体产业合作交流会"等经贸活动,促进江苏与新加坡深化双向投资合作。依托苏州工业园区和新加坡·南京生态科技岛等重点项目,深化苏新在生物医药、绿色经济、科技创新、服务贸易等各领域的对接合作。苏州工业园区内的苏州自贸片区积极探索开展生物医药全产业链开放创新,设立国家生物药技术创新中心,集聚生物医药企业 1 800 余家,生物医药产业竞争力连续 3 年位居全国首位。新加坡·南京生态科技岛被认定为江苏省国际合作园区和江苏自贸试验区联动创新发展区,与新方联合设立 3 亿元规模的生态科技岛产业发展专项资金,积极打造国际化高品质的"零碳未来城"。

三 与既有宣传品牌相融合,努力形成最大增量

一是利用"FTA 惠苏企"宣传品牌,广泛开展 RCEP 宣传推广。江苏率

先在全国建立了覆盖商务、海关、贸促系统的"FTA惠苏企"联合工作机制，多年来，通过媒体行、宣传月、专题培训、主题论坛等多种形式，积极开展FTA宣传推广工作，"FTA惠苏企"宣传品牌影响力持续扩大，全省企业对FTA的认知度和利用率大幅提升，江苏与我国自贸伙伴的经贸合作日益紧密。为使RCEP更快更好地惠及全省企业，为全省开放型经济高质量发展创造广阔、稳定、良好的外部环境，江苏继续发挥"FTA惠苏企"联合工作机制作用，将2021年定为RCEP主题宣传年，充分利用商务、海关、贸促系统资源，通过线上线下相结合的方式，大力开展RCEP宣传辅导，累计培训数千家企业近万人次。一方面，积极组织参加商务部2期RCEP线上专题培训，共设置96个分会场，覆盖相关省级单位、13个地级市、3个自贸片区、26个国家级开发区、部分省级开发区、商协会、重点企业等，合计2 400多人次参训。另一方面，精心组织"FTA惠苏企"RCEP专题培训。面向苏州昆山市、淮安市开展2期"FTA惠苏企"RCEP专题培训，线上线下参训人数超过2 000人次。利用海关、贸促资源开展105场专题培训，惠及5 500家企业。

二是完善"FTA惠苏企"工作机制，切实提高企业利用RCEP的能力。一方面，推动"FTA惠苏企"联合工作机制向基层延伸，建立"FTA惠苏企"省市协同工作网络，印发《关于深入开展RCEP专题培训的通知》，要求全省各地加快推进本地区RCEP宣传培训工作。各地积极响应，通过举办论坛、培训、讲座等活动，有效地提高了当地企业对RCEP的认知程度和利用能力。淮安市举办首届RCEP成员国食品产业合作圆桌会议，深入探讨构建食品产业高水平开放新体制。无锡市大力开展RCEP政策解读、汇率风险等专题培训，线上线下参训人数超过2万人次。另一方面，建立"FTA惠苏企"跟踪问效机制，通过调查问卷、电话回访、实地调研等方式，深入了解全省企业利用RCEP的意愿及能力，针对企业反映的建议诉求，及时改进工作内容和工作方法，指导帮助企业用好用足RCEP相关优惠条款。鼓励全省各地加大RCEP对当地产业和企业的影响调研，各地纷纷成立RCEP工作专班，加大对RCEP条款内容及影响应对的研究，积极谋划针对性工作举措。苏州市建立RCEP重点企业库，总结形成RCEP应用七大场景和推动RCEP规则应用工作思路，为进一步做好 RCEP 实施工作打下坚实基础。

2022 年是 RCEP 生效元年,江苏将在前期工作及成效基础上,继续深入贯彻落实国家关于 RCEP 实施工作各项部署要求,进一步强化江苏优势与 RCEP 实施工作的有机融合,深入挖掘 RCEP 潜力,为江苏打造具有世界聚合力的双向开放枢纽、服务全国构建新发展格局赋能添彩。

江苏践行新理念推动特色服务出口基地建设走在前列

近年来,江苏省商务系统认真贯彻落实习近平总书记在中国国际服务贸易交易会全球服务贸易峰会上的重要讲话精神,按照中央和省委省政府部署要求,立足新发展阶段,贯彻新发展理念,服务构建新发展格局,抢抓机遇,积极作为,大力推进文化、中医药、数字等特色服务出口基地建设。无锡市入选首批国家文化出口基地,江苏省中医院、南京中医药大学入选首批国家中医药服务出口基地,中国(南京)软件谷入选首批国家数字服务出口基地,江苏成为国家特色服务出口基地最多的省市之一。中宣部文化体制改革和发展工作简报、商务部服务贸易工作简报分别刊发江苏省推进无锡国家文化出口基地建设经验做法,江苏省在商务部2021年召开的全国服务贸易和商贸服务业工作电视电话会议上就特色服务出口基地建设工作作经验交流。

一、强化顶层设计,构筑完善特色服务贸易政策体系

一是聚焦数字化发展。联合7个省级部门出台江苏省

推动服务外包加快转型升级的实施意见,以数字化转型为主攻方向,提出7个方面20条主要任务。2021年年初,推动省级相关部门按照时序进度和任务分工,推进10项服务外包转型升级重点工作。正在研究起草江苏省加快服务贸易高质量发展政策文件,重点支持以数字技术、数字内容、数字应用和数字平台为主要形式的数字服务贸易发展。二是突出文化和中医药服务发展。省委、省政府出台《关于推动开放型经济高质量发展若干政策措施的意见》,明确提出"大力发展文化贸易,建设无锡国家文化出口基地"。同时,将培育文化服务、中医药服务等特色服务贸易基地列入全省年度商务工作重点内容,持续加大推进力度。三是加强政策资金扶持。省商务厅与中信保江苏分公司签署服务贸易专项合作备忘录,加强对动漫游戏等特色服务出口的风险保障。无锡市出台关于推动文化产业高质量发展的若干政策,在促进文化出口等方面推出18条扶持举措。

二 强化全面联动,建立健全工作推进机制

一是部省合作推进。近年来,在商务部与江苏省部省合作机制框架协议中,把文化、中医药、数字等特色服务出口基地作为部省合作的一项重要内容,部省合力推动江苏省特色服务出口基地加快发展。二是部门联动推进。牵头建立由省委宣传部、省委网信办、省工信厅、省文旅厅、省中医药局等部门组成省服务贸易工作专班,多次召开专班工作会议,把重点工作项目化、项目清单化,研究制定推进服务贸易发展重要政策措施,协调解决服务贸易发展重点难点问题,部门联动形成更大工作合力,统筹推进以特色服务出口基地建设为主要内容的服务贸易发展。三是省市重点推进。省商务厅与特色服务出口基地所在市商务局建立专项工作推进机制,定期开展工作对接,省市联合指导推进。建立省—市—县三级服务贸易重点企业联系制度,"一企一策"服务企业。四是区域协作推进。中国(南京)软件谷与上海、杭州、合肥国家数字服务出口基地签订《长三角四基地共建数字服务高质量一体化发展战略合作协议》,积极发挥带动示范作用,努力形成优势互补、各具特色、共建共享的协同发展格局。

三　强化主体培育,夯实特色服务贸易发展基础

一是大力培育国家级重点企业。全省有32家企业、10个项目入选2019—2020年度国家文化出口重点企业和重点项目目录,数量位居全国前列,涌现出南京艾迪亚、无锡九久动画等骨干文化出口企业。南京润和软件成为国家服务贸易基金设立以来直接战略入股的第一家A股上市企业和第一家大型软件企业,浩鲸云科技入选2020中国十大数字服务领军企业,江苏省通信服务、无锡药明康德等入选2020中国十大服务外包领军企业。二是推进国家特色服务出口基地建设。2021年3月,联合香港贸发局、省电影局等在无锡举办苏港影视合作交流会,大力发展以影视动漫为主要特色的文化贸易。无锡国家文化出口基地在商务部、中宣部等部委组织的基地综合评价中总分位居前列,受到通报表扬。三是梯度培育省级服务贸易基地和重点企业。2021年以来,研究起草省服务贸易基地和重点企业管理办法,启动新一批省级服务贸易基地和重点企业培育,发挥示范引领作用,推动服务贸易特色化、专业化发展。指导省服务外包协会等举办全省数字应用及转型优秀案例征集活动,将优秀案例汇编成册在全省推广,提升全省服务贸易整体发展水平。

四　强化贸易促进,助力企业开拓国际市场

一是搭建云上服务贸易展会平台。2020年,在疫情常态化防控形势下,积极落实商务部创新展会服务模式要求,举办"云聚江苏·服务全球"云上交流大会,共组织数字服务、文化贸易等6场专题推介会、近200场线上项目对接,达成合作意向项目金额近4亿美元。央视、新华网、香港商报及新浪、腾讯新闻等20余家新闻媒体进行了报道,网络新闻、大会直播和回看点击量超40万次。2021年上半年,组织开展40场服务贸易线上对接会,目前已为73家江苏企业、95家境外客商成功对接洽谈。二是完善贸易促进计划。在全球疫情持续情况下,首次采用"线上下结合、分类制定、分批发布"的思路谋划2021年全省贸易促进计划,不断加大数字、文化、中医药等重点领域展会所占比重,

积极探索多途径推动全省企业开拓国际市场。三是借力国家重大展会平台。积极组团参加中国国际服务贸易交易会,在 2019 年、2020 年分别举办无锡文化贸易专题推介会、中国(南京)软件谷数字服务出口基地专题推介会。在第 17 届中国—东盟博览会上,增设服务贸易形象展区,优选数字、文化、中医药服务企业现场互动展示江苏传统与现代特色服务,支持企业开拓东盟国家市场。2021 年组织参加第八届中国(上海)国际技术进出口交易会,大力宣传推介江苏特色服务出口基地。

五 强化创新发展,培育特色服务贸易发展新动能

一是打造协同创新平台。借助江苏自贸片区等重大开放平台政策集成,帮助江苏省中医院拓展中医药服务贸易业务。发挥驻外经贸代表网络优势,推动中国(南京)软件谷国家数字服务出口基地与驻外经贸代表建立工作对接机制,与境外国际机构加强合作,设立美国硅谷工作站、中欧创新中心等平台载体,带动上下游企业集聚,构建数字服务产业孵化链。二是开展中医药线上诊疗线上教育。江苏省中医院开通在线中医药健康商城,与英国、澳大利亚等多个国家地区开展中医药远程医疗服务。南京中医药大学依托海外中医药中心、中医孔子学院开展线上中医药国际教育。三是推进业态模式融合创新发展。南京大经中医信息技术公司通过"数字+中医药"方式,开展中医信息化、智能化业务,挖掘中医案例数据,开发名老中医数字诊疗系统、中医临床辅助决策系统。浩鲸云科技将国内业务经验和多样化业务模式融合运用于国际业务,为欧盟部分国家提供了"全业务支撑系统+运营支撑系统+云服务"端到端数字化解决方案。

南京市多措并举推进现代供应链体系建设

近年来,南京市认真贯彻落实中央和省委省政府决策部署,紧紧围绕服务构建新发展格局,聚焦畅通国内大循环,以全国流通领域现代供应链体系建设和全国供应链创新与应用"双试点"城市为契机,充分发挥区域商贸中心城市优势,以供应链与互联网、物联网深度融合为路径,按照标准化、智能化、协同化、绿色化和统一标准体系、统一物流服务、统一采购管理、统一信息采集、统一系统平台的目标要求,积极打造南京特色智慧供应链体系,为构建南京现代流通体系提供有力支撑。通过试点,南京市试点企业供应链管理水平明显提升,供应链数据对接畅通率提升至80%以上,单元化物流占供应链物流比例平均提高21.5%,供应链综合成本平均降低20%。

一 坚持政府统筹引导,高质量推进试点工作

一是建立推进工作机制。南京市将供应链试点纳入市委市政府重点工作加以推进,召开"供应链体系建设"专题

会,统筹部署供应链试点工作,明确目标任务和重点举措。建立供应链体系建设联席会议制度,组建项目专家组,形成部门协同、上下联动、有效衔接的长效工作机制。成立南京市供应链集聚区,完善供应链小镇建设。二是强化政策支持引导。制定《南京市流通领域现代供应链实施方案》,出台《市政府办公厅关于推进供应链体系创新与应用的实施意见》《市政府办公厅关于进一步推进物流降本增效促进实体经济发展的实施意见》,对供应链体系建设在宏观上给与指导和政策安排。三是全面开展业务培训和督导。对企业在政策解读、GS1编码的编写应用、信息系统升级改造、信息采集对接、会计专账编写等方面进行及时指导、释疑解难。举办专业讲座7场,500多人次参加培训。项目专家组对试点项目进行动态管理,形成项目培育、筛选、监督、退出制度,及时调整试点进度慢、质量低的项目和企业,确保高质量供应链链条参加试点。四是营造供应链体系建设氛围。在南京日报和南京商务公众号、南京头条、紫金山等媒体,大力宣传流通领域现代供应链体系建设试点工作,营造供应链体系建设良好的社会氛围。组织高校专家、骨干企业高管召开"流通领域供应链"研讨会,多渠道多形式对《供应链管理挑战和对策》《关于如何理解产业供应链》《流通领域现代供应链体系建设如何推进》等专题进行研讨,着力提高企业对现代供应链体系在加快企业发展中的重要作用的认知。

二 强化资源整合和智力支撑,制定完善供应链标准体系

一是建立供应链体系建设专家库。建立由大学教授、物流专业研究人员、信息领域专家、编码和标准制定专家组成的专家库,及时为供应链试点提供智力支持。由南京大学、南京现代服务业联合会和相关企业共同成立"南京大学供应链创新与应用研究院",试点企业作为研究基地和实习基地,开展供应链创新理论研究,努力培养储备一批现代供应链创新应用专业人才。二是发挥供应链中介机构作用。成立南京供应链发展促进会,通过举办"新科技 新金融 新生态"中国化工产业供应链金融创新高峰论坛、"智慧供应链 产业互联网"创新与应用高峰会议等形式,吸取借鉴各种有益经验,不断加强企业间的交流与合作,努力提升南京供应链企业整体创新与应用能力。三是制定完善

供应链标准体系。7个试点项目梳理7个标准体系，每个项目梳理30多条上下游共同使用的标准。选定230个标准，作为南京市流通供应链标准体系的基础。邀请中标院和江苏省标院专家，对7个项目标准体系进行把关指导，针对存在的不足，指导企业补充制订各类标准。制订国家标准6项，其中三项国家标准《对供应链安全管理体系审核认证机构的要求（GB/T 38701—2020）》《实施供应链安全、评估和计划的最佳实践要求和指南（GB/T 38702—2020）》以及《公共安全业务连续性管理体系供应链连续性指南（GB/T 38299—2019）》，分别于2020年3月和6月发布，《绿色物流包装类型和包装材料类型分类代码》《农产品供应链营销服务提供与等级评价》《供应链的安全管理系统规范》3个标准，经过申报、立项、研制、评审，已进入审查阶段。供应链标准体系框架基本搭建完毕。

三 升级供应链软件系统，实现上下游信息互联互通

一是统一规范产品编码信息。通过落实全球统一编码标志的商品条码体系GS1，对产品进行编码赋码，使产品信息从源头绑定。邀请中国物品编码中心江苏分中心专家，就"GS1编码规范及物流行业应用"进行讲解培训。应企业要求，对链主和供货企业进行上门指导，帮助企业编印商品码和SSCC码。供应链上游企业全部完成产品GS1编码赋码和箱码编码赋码，经中国编码中心江苏分中心检验检测，全部合规。链条企业安装使用条码采集器，完成相关设施设备和软件系统升级改造，并与系统平台联通，为统一信息采集打下坚实的基础。二是搭建上下游企业信息协同平台。7个项目完成协同平台搭建，链主企业与上游供货、下游销售企业实现基于GS1信息互通，在采购计划、销售预测、库存同步、生产计划等方面实现系统间数据即时传输，完成统一采购订单系统对接，平台及时掌握自动补货信息。三是实现与物流企业信息系统无缝对接。将上下游用户的生产、采购、仓储、运输、销售等管理系统相对接，平台与平台之间相对接，实现相关方单元化信息数据正向可追踪、逆向可溯源、横向可对比，完成搭建具有协同效应的供应链平台，达到提质降本增效的目标。

四 加强供应链基础建设，企业降本增效成效明显

一是推进供应链设施设备改造升级。试点中，始终围绕"标准化、智能化、协同化、绿色化"目标，不断加强基础设施建设。按照绿色仓储的要求对仓储设施设备进行升级改造，鼓励企业参加中仓协标准化"绿色仓库"评审认证，完成仓储配送中心标准化、绿色化升级改造20余万平方米。新增标准托盘7万片、周转箱10万个、标准货车50辆、货架8万个标准位，租赁流转标准托盘26万片，托盘周转箱等物流单元标准化率达80%以上。二是强化智能绿色配送体系建设。推广使用新能源物流车、绿色智能包装新材料，全市相关物流企业新增新能源车3 300多辆、充电桩24 000多根。建设自动化分拣线6条。南京医药、孩子王等企业投入近百台机器人等智能化设备。加快城市绿色配送建设，积极推进绿色物流，苏宁物流全面推行"流通料箱标准化——共享快递盒"。三是企业降本增效成效明显。试点企业装卸货工时效率提高2倍，重点供应商产品质量合格率达92%以上，平均库存周转率同比提高10%以上，同口径对比的情况下，企业包装耗材同比减少10%以上。供应链重点用户系统数据对接畅通率达80%以上，单元化物流占供应链物流比例平均提高21.5%，供应链综合成本（采购、库存、物流、交易成本）平均降低20%以上，订单服务满意度（及时交付率、客户测评满意率等）达80%以上。标准托盘在适用行业领域占比40%以上，供应链管理整体水平明显提升。

五 加强供应链模式创新，形成可复制可推广经验

通过供应链试点探索和创新实践，形成了"上下互通、供需互联、内外互促"的城市供应链基本模式和四类企业供应链模式。一是形成城市供应链基本模式。上下互通，鼓励供应链企业通过落实基于全球统一编码标志的商品条码体系GS1，对产品进行编码赋码，将产品信息从源头绑定，通过升级改造信息系统，统一上下游企业信息接口，实现各类信息上下互通。供需互联，将上下游用户的生产、采购、仓储、运输、销售等管理系统相对接，平台与平台相

对接，实现相关方单元化信息数据正向可追踪、逆向可溯源、横向可对比，实时掌握供需信息，提升供应链自动补货能力。内外互促，以南京都市圈产业联盟为抓手，鼓励南京企业与外省市企业加强合作，参与"一带一路"国际合作，相互促进，共同推进现代供应链体系建设。二是形成四类企业供应链模式。农产品"以销定产"供应链。高淳世界村智慧农贸公司通过采集 52 家农贸市场 3 000 余家商户销售信息，将数据实时上传供应链平台，反向指导基地农产品种植和上游采购，打造农产品产销一体化供应链体系。综合服务供应链。江苏辉源供应链管理有限公司通过搭建第四方供应链平台，全面覆盖上下游企业原材料、生产、销售、售后服务四个端，提供全程化、集成化供应链综合服务解决方案，提升供应链核心企业竞争力和可持续发展能力。集采集配柔性供应链。孩子王儿童用品公司打造云仓、云配、云分销组成的云供应链体系，将品牌、渠道、仓、配连接在一起，保障订单及商品实时在线管理，全面提供个性化服务。数字化医药流通供应链。南京医药股份公司通过供应链数字化协同服务平台，打通医药流通环节信息孤岛，联合上下游企业建立医药全产业供应链高效协同生态圈。

常州市积极打造中德产业创新合作示范区

近年来,常州市认真贯彻中央和省委省政府决策部署,紧紧围绕服务构建新发展格局,积极抢抓国家"一带一路"、长江经济带和长三角一体化等重大发展战略机遇,不断深化对德国际创新产业合作交流,突出"科技＋制造",聚焦产业创新深度融合,推动拓展双向开放门户中德(常州)创新产业园建设,全市开放型经济高质量发展取得积极成效。2018年7月,中德(常州)创新产业园(简称SGIP)被江苏省与德国巴符州经济合作混合工作委员会命名为"德国工业4.0(金坛)制造基地",2020年1月被省商务厅认定为全省首批"江苏省国际合作园区"。2021年6月获批首批"中国(江苏)自由贸易试验区联动创新发展区"。

一、坚持德国理念与常州科学规划融合,构建合作发展新格局

学习借鉴德国工业区的先进发展规划设计理念,围绕建成"全省德资企业创新创业活力区、长三角宜居宜业国际社区、全国一流国际合作示范区"的目标科学编制园区整体

规划。一是高起点布局总体规划。在长三角一体化发展布局中明确中德（常州）创新产业园定位，融入常州市"两湖"创新区规划，按照"一轴一廊，产业集群，双核互动，绿色渗透"的规划布局，编制中德（常州）创新产业园"十四五"发展规划，全方位打造常州对德合作新门户。目前，中德（常州）创新产业园总面积27.5平方千米，其中核心面积10.1平方千米，已成为江苏金坛经济开发区打造"长三角知名的国家级经济开发区、长三角国际产业合作示范区、中德生态绿色创新区"的核心载体与中坚力量。二是高标准完善基础配套设施。成立中德（常州）创新产业园管理办公室，健全体制机制，全力服务保障园区各项规划建设。重点加快功能板块、道路景观、雨污、电力、水系防洪等重点基础设施建设，实现园区详细规划全覆盖，核心区域目前已基本建成，具备承载重大产业类项目和创新创业类项目的能力。三是高品质打造国际化城市环境。按照"生产＋生活＋生态"的理念，精细化编制河头小镇国际社区和中德云湖科创谷城市设计。依托良好的区位交通、生态优势与产业基础，以生活服务为核心，融入德国文化、低碳节能技术，构建集居住生活、休闲娱乐、公共服务等功能为一体的高品质国际花园社区，全面打造产研中心集聚、两业深度融合、双创氛围浓厚、生态品质优良、服务配套齐全的中德产城示范门户。

二 坚持德国技术与常州制造融合，打造合作发展新优势

常州工业基础扎实、实体经济强大、注重弘扬工匠精神，拥有大批行业"单项冠军""隐形冠军"，全市已引进以蒂森克虏伯、博世为代表的200多家德企来常投资。中德（常州）创新产业园作为常州对德合作的新样板、新窗口，坚持以德语区项目招商为引领，加速特色产业集聚，推动产业链条延伸，促进产业转型升级，形成了以德语区项目为核心，欧美、日韩等隐形冠军项目多点支撑的产业生态。一是持之以恒深耕对德招商。自2010年始，园区就结合自身产业基础，针对德国开展合作交流，深耕对德招商十多年不间断。疫情发生后，园区创新招商方式方法，转"危"为"机"，着力推行"云招商"，转"线下"沟通为"线上"交流，成功举办2019、2020中德经济合作论坛暨中德（常州）创新产业园对德推介会，举办2021新能源汽车产业发展峰会等多场专题产业招商会，

上线"中德（常州）创新产业园云展馆"，确保招商热度不降温、沟通服务不掉线。加强招商队伍及招商网络建设，通过开展"招商骨干青训营""Tips 分享会"等活动，培养一支有活力、有潜力、有竞争力的招商人才梯队。紧紧围绕"四大特色"产业布局，在上海、深圳、德国等国内外重点城市设立经贸联络处，选派精兵强将组成小分队，开展精准招商。二是聚焦特色加速培育产业。近年来，园区聚焦新能源汽车、高端装备制造、新一代信息技术及光伏新能源"四大特色"产业，全方位拓展与德资企业合作通道。按照"德国技术＋中国市场＋常州企业"模式，快速集聚了德国埃马克、费斯托（Festool）、艾斯杰贝（SGB）、莱克勒（LECHLER）、迈恩德（MD Elektronik）、胜伟策（SCHWEIZER）、齐康原（EZAG）等一批德语区企业。其中，德语区企业 40 家，总投资超过 9 亿欧元，实现工业开票销售收入 40.9 亿元。三是以用户思维打造高标准创新载体。园区坚持用户思维，根据企业和产业发展需求建设载体，现已建成并运行标准厂房 50 万平方米，入驻德资企业 20 余家。此外，新启动"SGIP 孵化中心/海外创业创新中心"建设，总建筑面积 3.68 万平方米，按照高端化定制厂房推进建设，由德国团队管理与运营，专门招引德国中小企业研发、孵化、配套服务等业态入驻，为初入中国市场的外企提供全过程服务。

二 坚持德国元素与品牌建设融合，提升合作发展新能级

园区充分利用常州市对德合作优势与资源，深化双向创新合作，与德语区各级各类机构及企业共建创新研发、中德人才培养交流、对德金融创新与知识产权保护等发展平台，加大国际学校、医院等配套设施建设，努力打造以对德经贸合作为特色的自贸联创区，擦亮对德合作"金招牌"。一是努力打造优质高效服务。园区以"优化服务、赋能发展"为目标，以"绿色生态、节能高效"为底色，持续做优营商环境。2021 年 9 月，园区成功入选工信部中德智能制造合作方向 12 个试点示范，中德城镇节能示范项目已对接德国能源署，正式开展建筑节能设计线上培训工作。以获批自贸联创区为契机，全力承接省级管理事项，同时结合德企实际需求，与各部门探索创新高效服务机制。二是积极

推进双向交流合作。积极争取省、市有关部门的支持,搭建平台,推进园区企业走出去,在德国及欧洲其他地区投资,拓展国内、国际市场,推动构建"双循环"格局。三是全力加速人才合作培养计划。与江苏理工学院、德国奥芬堡应用技术大学就共建中德人才培养学院达成合作意向。启动园区与德国手工业行会的全面合作,计划共建 HWK 江苏中德高技能人才培训、交流中心,打造区域高技能培训与人才交流的综合服务平台,更好地服务于德企及周边企业。四是全方位营造合作氛围。依托江苏省与德国巴符州经济合作混合工作委员会、北威州合作联委会工作机制,全力筹备 10 月 21 日德国慕尼黑推介会、11 月 3 日江苏—德国合作交流大会,扩大对德交流成果。积极参与欧盟企业与江苏省政府部门政策交流会暨欧洲日庆祝活动、中国法商会经验等交流活动,不断深化对德经贸文化交流。成功举办"德企开放日""德国啤酒节""常州首届国际圣诞狂欢夜"等活动,吸引周边德籍企业与人士欢聚一堂,确保互动交流"不断档"。上线"SGIP Today"英文公众号,进一步扩大园区知名度和品牌力,擦亮对德合作品牌。

苏州市多措并举推动新型离岸国际贸易发展

近年来,苏州市认真贯彻落实中央和省委省政府关于加快发展外贸新业态新模式部署要求,依托雄厚的制造业基础,充分发挥经济国际化水平高、开放载体优、产业基础好、企业主体强、国际渠道宽、开拓创新经验丰富等优势,精心谋划组织,强化政策支持,积极主动探索,推进新型离岸国际贸易发展,培育对外开放新亮点新优势,并取得积极成效。2021年1—7月,全市共有200余家企业开展新型离岸国际贸易,收付汇总额已达约11亿美元,相当于2020年全年的2倍。

一 加强统筹协调,建立部门联动推进机制

苏州市将发展新型离岸国际贸易列入2021年中共苏州市委全会工作报告、苏州市政府工作报告和《苏州市"十四五"发展规划》《苏州开放型经济发展规划》等进行重点部署,精心组织谋划,统筹协调推进。一是高度重视离岸贸易发展。苏州市委、市政府主要领导亲自部署,市分管领导直

接推动，各地各相关部门通力合作，打造发展新型离岸国际贸易的良好生态。市委市政府主要领导多次作出批示，强调要把发展新型离岸国际贸易作为推动苏州贸易高质量发展、培育参与国际经济合作和竞争新优势的重要抓手，为服务构建新发展格局提供有力支撑。分管副市长多次召开工作推进会议，落实市委市政府主要领导指示要求，扎实推进各项工作落实。二是建立离岸贸易工作协调推进机制。组建了由商务、外管、海关、财政、科技、银行等共同参与的工作专班，研究制定支持全市新型离岸国际贸易发展的重要政策和重点举措，协调解决新型离岸国际贸易发展中的重点、难点问题，形成各地、各相关部门齐抓共管、共同推进的工作格局。三是加强制度创新和政策支持。2021年7月，苏州市政府办印发了《关于支持开展离岸贸易的若干措施》，进一步明确了发展新型离岸国际贸易的指导思想、主要意义、具体举措、组织制度保障，以及各地、各相关部门工作职责，提出了搭建公共服务平台、支持金融机构外汇结算便利创新、支持监管措施创新、扩大信保支持力度、支持各板块积极探索等5项政策措施。苏州工业园区等地也分别出台了支持离岸贸易发展的专项政策举措。经积极争取，国家外汇管理局江苏省分局于2021年3月印发《关于支持苏州工业园区离岸贸易发展的通知》（苏汇发〔2021〕13号），明确了银行支持苏州工业园区发展离岸贸易的意见，提出系列支持离岸贸易发展的便利化举措。

二 运用大数据和区块链技术，构建新型离岸国际贸易服务体系

苏州市认真落实《国务院办公厅关于加快发展外贸新业态新模式的意见》（国办发〔2021〕24号）部署要求，积极加强新型离岸国际贸易服务体系建设，为加快离岸贸易发展提供有力支撑。一是搭建离岸贸易综合服务平台。在全国率先建设运行新型国际贸易综合服务平台，运用大数据和区块链等技术对离岸贸易实施全流程、穿透式审核，实现政府、企业、银行间信息共享；建设以数字贸易生态链为基础的新型监测机构和苏州新型离岸国际贸易服务生态体系，积极探索在全国可复制、可推广的新型离岸国际贸易实践经验。商务部外贸司指出，苏州市离岸贸易综合服务平台的搭建使全国形成了"'双15'优惠

税收的海南特色、'白名单'制度的上海特色，以及地方政府搭建技术性平台的苏州特色"三足鼎立格局。二是建立有效解决贸易真实性问题审核机制。苏州市商务局、苏州市外汇管理局在调研听取100多家企业和银行诉求的基础上，通过新型国际贸易综合服务平台，有效整合关务、提单、物流等境内外各类数据，以及企业主体信息、信用评价等各类信息，建立数据模型及新型国际贸易规则库，通过大数据、区块链技术总体解决了贸易真实性审核难题，为推动开展新型离岸国际贸易提供了重要支撑。三是推进新型离岸国际贸易发展取得阶段性成效。随着政策集聚效应的不断释放，苏州市新型离岸国际贸易发展已取得阶段性成效。自2021年7月综合服务平台开发上线以来，通过平台登记的离岸贸易涉及离岸转手买卖、全球采购—离岸转卖境内交货、全球采购—离岸转卖跨境交货、委托境外加工—离岸加工等四种离岸贸易新业态模式。苏州新型离岸国际贸易涉及新加坡、巴西、澳大利亚和孟加拉国等国家和地区，区域性新型离岸国际贸易网络正在逐步形成，在吸引、集聚和配置全球资源中发挥了积极作用，为把苏州市打造成为我国参与全球贸易资源分配的重要战略支点提供了有力支持。

二 加强新型离岸国际贸易业务形式创新，服务推动产业转型发展

苏州市将离岸贸易发展重点聚焦在支持实体经济创新发展和制造业转型升级，以及提升产业链供应链完整性等方面。支持具备条件并有较强竞争力和管理能力的企业发展离岸贸易，为开展具有真实贸易背景的离岸转手买卖业务提供跨境金融服务，以离岸贸易为抓手做实跨国公司地区总部的全球资源配置功能。一是支持跨国公司开展内部交易。鼓励跨国公司通过设立苏州子公司处理亚太区各子公司、母子公司以及关联企业间的贸易。例如，雅马哈发动机智能机器（苏州）有限公司接受来自雅马哈香港公司的订单，再向雅马哈日本公司购买产品，由雅马哈日本公司直接将产品发往香港终端客户。此类离岸贸易的供应商一般为苏州企业的关联公司。二是支持贸易型企业为跨国公司提供原料供应。支持纯贸易型企业，通过离岸贸易为跨国集团提供产品原材料供应。例如，张家港林豪纸业作为金光纸业（中国）投资有限公司的

战略合作供应商,从印尼采购木浆(木片、纸制品)发货到金光集团位于香港的离岸贸易公司,再由金光集团香港公司统筹调度到金光集团全球工厂。三是支持"走出去"企业拓展贸易总部功能。鼓励企业在对外投资方面,对境外子公司采购、生产、销售等境外贸易环节进行统一管理。例如,江苏国泰华盛实业在缅甸、柬埔寨、孟加拉国等都有自建或合作工厂,公司除了出料加工以外,还将部分订单直接发给东南亚工厂生产,再由东南亚工厂将成品运送至终端客户。四是推动核心技术企业供应链整合。推动企业与境外客户签订整套设备的设计、销售、安装合同,其中部分配套设备或相关配件由境外供应商直接发货至终端客户。例如,苏州制氧机股份有限公司与销售终端客户签订气体分离及液化设备的成套设计、供货以及现场安装的销售合同,部分设备和材料从国外供应商直接发运到项目现场,公司负责整个设备的现场安装以及试压检漏工作。再如 SIG 康美包(苏州)有限公司是一家研发生产销售一体化饮料/乳品用无菌纸包装和相关设备的亚太总部企业,其核心设备 SIG 无菌灌装机在苏州生产,该公司主要向世界各国出售成套康美包无菌罐装生产线,其后道配套设备由德国供应商提供,需要以离岸贸易方式从德国采购后道配套设备直接运往第三国,再与苏州生产的无菌灌装机配套组装成一体化的康美包无菌罐装生产线。

四 加强政银企协同合作,形成支持新型离岸国际贸易发展合力

2020 年以来,苏州市进一步加大了政银企合作推动新型离岸国际贸易发展力度,签署了一系列合作协议。苏州市商务局与苏州跨境电子商务有限公司签署服务平台战略协议;苏州跨境电子商务有限公司与中国银行苏州分行、中国农业银行苏州分行等签署服务平台合作协议;中国银行苏州分行、中国农业银行苏州分行分别与相关企业签订新型离岸国际贸易业务合作协议。一是为新型离岸国际贸易服务平台提供综合数据支持。通过政银企三方协同,共同建设苏州新型国际贸易服务平台,更好地运用大数据和区块链等技术,整合关务数据、提单数据、运输数据等境内外各类贸易数据及企业信用、评价情况等,并对数据进行分层分类,对离岸贸易实施全流程、穿透式审核,解决贸易真

实性审核的堵点问题，为企业开展真实合规的离岸贸易业务提供优质的金融服务，提升贸易结算便利化水平。二是建立新型离岸国际贸易监管机制。通过三方协同，充分发挥各自优势，整合各自资源，探索和推进金融服务创新、企业服务创新，优化完善平台功能，探索建设以数字贸易生态链为基础的新型离岸国际贸易监管机制，构建苏州离岸贸易服务生态体系。三是提升贸易便利化水平。通过三方协同，银行不再需要通过境外各类付费网站平台，可以直接使用服务平台各类数据，对企业提交的数据进行印证，从而审核企业提供单证的有效性，也即"企业自证，第三方佐证"。同时可对已查询到并使用的电子数据进行签注，签注信息实现银行间共享可见，解决同一张单证跨行多用的问题。

南通市打造对外经贸交流合作新高地

近年来,南通作为全省唯一滨江临海的城市,认真贯彻中央和省委省政府决策部署,紧紧围绕服务构建新发展格局,积极抢抓国家"一带一路"、长江经济带、长三角一体化等重大发展战略叠加机遇,充分发挥江海联动战略区位优势,全面拓展和推进双向开放门户建设,扎实开展对外经贸交流合作和招商引资工作,以更强决心、更大力度、更实举措推进开放型经济高质量发展。

一、聚焦战略区位优势,提升开放合作能级

以建设通州湾"新出海口"、北沿江高铁和上海第三机场等立体交通枢纽为契机,积极推进与上海大都市圈及江苏沿江地区一体化联动发展和世界级城市群建设,进一步深化对外经贸交流,吸引集聚国际高端要素。一是强化对上桥接联动。进一步加强与国家有关部委、央企和机构的沟通衔接,提升对外开放能级。2021年6月,商务部欧洲司调研中奥苏通生态园、中意海安生态园,对南通着力打造

生态环境友好、高端产业集聚、双边经贸合作和可持续发展的中欧合作示范园区的做法给予充分肯定。2021年7月,中国侨联联络部组织"侨连五洲·相约江苏"海外侨领研修班在通开展现场教学,南通各板块及省级以上开发区负责人与来自美、英、法等29个国家的35名海外侨领开展经贸合作对接交流,有效拓展了境外项目信息渠道和客商资源。二是深化沪通互联合作。强化"全方位无缝对接上海",推动产业协同融合发展。常态化对接德国、日本、芬兰、丹麦、新加坡等国家驻沪领事馆,深入推动与跨国企业的经贸往来。加强与上海相关行业协会合作,签订战略合作协议,针对重点行业、重点企业开展投资促进活动。主动对接服务进博会,有效承接进博会溢出效应。2021年5月,成功举办2021通州湾新出海口(上海)投资合作恳谈会,签约高端智能装备、新能源、新材料等领域20个重大项目,总投资额约580亿元。三是加强对外交流互动。登门拜访日本贸易振兴机构、大韩贸易投资振兴公社、普华永道、凯联资本、上海高级金融学院等机构、院所,深挖合作潜力,凝聚合作共识。与荷兰北布拉邦省经贸代表团、埃塞俄比亚总领事访问团、香港驻沪经贸办事处、芬兰、瑞士经贸代表团、北京大学、京东集团、南光集团等各类政商机构代表在通开展对接交流,拓展海外经贸合作网络。

二 聚焦特色产业定位,强化招商引资实效

南通主动搭建高能级、国际化经贸对接平台,建立优质、广泛、高效的交流合作网络,聚焦特色产业定位,立足"抓大项目、大抓项目"创新作为,持续推动全市招商引资工作开创新局面。一是围绕"强链补链",推动重点产业转型升级。根据省委、省政府要求,南通在现有产业集群基础上梳理出16条优势产业链,建立市领导挂钩联系工作机制。2021年4月以"融通发展、共赢未来"为主题,针对船舶海工产业举办了"南通—芬兰经贸合作对接交流会",由22家芬兰船舶配套企业、41名成员组成的改革开放以来芬兰访通最大规模的代表团与23家南通船舶海工企业的49位代表对接洽谈。2021年6月组织召开5G产业发展促进会,为全市5G产业联盟的50多家会员企业及产业链上下游企业搭建合作平台。同年7月组织全市近百名汽车及零部件、5G通信产

业企业负责人在张謇企业家学院开展培训,促进产业链企业交流对接。二是围绕金融服务实体经济,促进产融合作对接。近年来,南通独具特色的对外开放格局和大量外资企业落户,吸引了众多外资银行来通发展。为积极推动外资银行发挥全球网络优势,深入参与南通开放型经济发展,2021年4月29日,以"银企携手、合作共赢"为主题组织开展"江苏外资银行南通行"经贸合作对接会,30家在苏外资银行、11家外资银行大客户企业以及40多家南通外向型企业负责人参加对接交流,充分挖掘外资银行的资源优势,进一步推动金融机构服务实体经济发展。三是围绕"专精特新",开展产业链精准招商。结合南通优势产业、企业的分布特征,瞄准船舶海工、功能材料、高端纺织、电子信息、智能装备、汽车零部件、生物医药、航空航天8个产业链的高端环节定点突破。成功举办2021中国南通高端纺织博览会,集中签约项目38个,总投资863亿元。先后赴西安、深圳、成都、重庆、上海、苏州等地区开展精准招商活动,并赴浙北等地组织投资促进周活动。2021年上半年,全市20亿元以上(含1亿美元)在手在谈重大产业类项目合计241个,签约项目51个,注册项目55个;50亿元以上(含百亿元)在手在谈重大产业类项目合计81个,签约项目15个,注册项目19个;百亿元在手在谈重大产业类项目37个,签约项目8个,注册项目9个。

三 聚焦服务项目落地,持续优化营商环境

南通商务部门加强与有关部门协作,持续释放政策合力,以创新高效服务和优质营商环境招引项目,为"到2035年在经济规模上再造一个新南通"目标做出更加积极的贡献。一是用好用足政策,倾力支持企业发展。积极组织重点园区、重点企业参与省商务厅举办的"海外代表进园区"、境外经贸代表机构参访等各类经贸合作交流活动。指导帮助启东市药明康德等多家公司入围省级技术先进型服务企业,享受企业所得税减免15%等优惠政策。全市已被认定省级技术先进型服务企业13家,数量居全省第4位。全市13家企业和园区(地区)入围首批江苏省服务贸易重点企业与基地名单。为企业圆满解决《外商投资鼓励类项目确认书》申办中的难点问题,快速高效办理进口设备减

免税审批手续,使企业充分享受减免税优惠政策。二是全力服务保障涉外重大项目。疫情发生以来,与省商务厅、我驻外使领馆等密切沟通,省市县(区)三级联动帮助企业解决外籍必要经贸人员入境有关问题,为重大项目建设、企业复工复产和技术改造等提供保障。三是加强部门协同,多措并举服务项目落地。加强与市外办、工商联、侨联等部门的密切合作及与致公党等民主党派的沟通联系,与相关部门共同出台《引导在外南通商会服务全市招商引资工作方案》,深度服务项目落地。协调安排市委、市政府主要领导拜访项目主体,有效推动重大高端制造业项目加快落户。

淮安市不断增强开发区发展活力

近年来,淮安市深入贯彻落实省委省政府决策部署,紧紧围绕"推动有条件的开发区开展去行政化改革,进行整体性、系统性职能重构",大力推动开发区改革创新提升,用好改革关键一招,增强开发区发展活力。2021年,由淮安市商务局牵头,淮安市委组织部、编办,市发展改革委、人社局、行政审批局等相关部门紧密配合,制定了全市开发区高质量发展"1+7"①文件,聚焦去行政化改革、"放管服"全链赋权、自贸联创区建设和安全专项整治等重点领域,全力推动开发区改革创新、提质增效。

---

① "1"指《淮安市委市政府关于推进全市开发园区创新提升打造改革开放新高地的实施意见》;"7"指《关于规范开发园区管理机构促进开发园区创新发展的工作意见》《淮安市开发园区人事薪酬制度改革指导方案》《淮安市省级以上开发园区赋权工作方案》《淮安市高质量建设中国(江苏)自由贸易试验区联动创新发展区工作要点》《淮安市经济开发区安全专项整治2021年工作方案》《淮安市开发园区考核评价办法(2021年版)》《淮安市深化开发区体制机制改革2021年工作方案》。

一　树立改革导向，坚持高位推动

一是坚持高位推动。成立由市委市政府主要领导担任双组长的淮安市开发区高质量发展领导小组，强化统筹推进。市委深改委会议、市政府常务会专题研究部署，指出方向、明确路径。强化推进机制，2021年10月市委市政府召开改革动员部署会，凝聚改革共识。2021年11月，开展全市开发区改革创新拉练，以练促改、比学赶超，推动改革创新走深走实。二是理清改革思路。按照国家和省关于开发区改革创新提升的部署，组织全市开发区管委会和各相关部门赴苏州、南通、泰州和山东济南、日照等地深入开展学习调研活动，认真研究省内外推动开发区转型升级、创新发展的先进做法，找准全市开发区高质量发展的短板弱项，明确"对标找差、补短强特"的方向路径。三是强化政策引导。经过细致研究谋划，市委市政府出台《推进全市开发园区创新提升打造改革开放新高地的实施意见》，提出全市开发区到2025年"一争先、四提升"[①]的奋斗目标，明确大方向、优化大格局、强化大举措。市各有关部门分别制定了去行政化改革、人事薪酬制度改革和全链赋权改革等指导文件，形成全面指导推动开发区高质量发展的"1+7"文件体系。

二　坚持务实创新，成效初步显现

一是加快推进去行政化改革。因地制宜推进去行政化改革，推行"党工委（管委会）+集团公司"模式，根据开发区功能定位、形态特征、发展阶段，聚焦经济发展、项目建设主责主业，不断调整完善开发区管理机构主要职责任务。淮安工业园区完善党工委、管委会统筹全局，集团公司具体实施的工作架构，构建"企业化管理、市场化运行、专业化服务"模式；洪泽经济开发区打造投资运营、产业发展、招商引资三大集团公司；清河经济开发区全面剥离6项公共

[①] "一争先"指全市开发区国家、省考核排名进位争先；"四提升"指产业实力壮大提升、对外开放水平提升、科技创新能级提升、经济效益贡献提升。

管理事务,构建园区管委会和招商服务、企业服务、项目建设服务"三大中心"的"1+3"①管理服务模式。二是优化提升规划布局。全面推行"开发区＋功能园区""一区多园"管理模式,以省级以上开发区为主体,优化整合相关功能园区。涟水经济开发区高水平规划"一区三园"产业和空间布局;淮安经济开发区整合现代教育装备产业园、国信淮安工业园、绿色建造产业园,实行领导体系、发展规划、政策保障、招商引资、运营管理、考核评价"六统一"融合发展。三是充分激发发展活力。优化开发区干部人事管理,实行全员聘用、竞争上岗,实现人员能进能出、能上能下。淮安高新区出台《去行政化改革全员竞聘工作方案》,实行身份档案制、岗位聘用制"双轨运行";盱眙经济开发区实行"双向选岗、竞争上岗",实现能者上、庸者下、劣者退。四是纵深推进全链赋权。推进"放管服"集成改革,深化区域评估改革,结合实际分类施策,确保权力"放得下,接得住,管得好"。淮安经济技术开发区推出企业开办"全链通"、行业综合许可"一业一证"。清河经济开发区创新做好赋权事项承接工作,开展"四减一优"升级工程,积极探索"柔性执法"和"免罚清单"制度。

三 系统谋篇布局,加快改革步伐

一是加强统筹协调。淮安在推进开发区体制机制改革中,坚持系统性思维,加强组织统筹,健全工作机制,稳妥有序推进改革。市委市政府主要领导亲自部署,有关领导靠前指挥,各县区均成立由区委区政府主要领导任组长的改革领导小组,形成市县两级党政主要领导挂帅,各地各部门全员参与、群策群力的有力格局,确保改革扎实有效、稳妥有序。二是坚持问题导向。淮安在推进开发区体制机制改革中,不求面面俱到、不搞整齐划一,坚持问题导向,从开发区发展中面临的"难点痛点"入手,准确把握改革核心逻辑、重点任务,努力破解结构性矛盾、体制性弊端,从体制机制上有效解决开发区管理运营的"效率问题"、干事创业的"动力问题"和招商引资、企业服务的"合力问题",确

---

① 开发园区管委会设置"一办五局"负责统揽园区发展,同时设立产业招商服务中心、项目建设服务中心、企业服务中心,具体负责经济发展职能,形成"管委会＋三大中心"的"1+3"管理服务模式。

保改革目标明确、富有成效。三是注重精准发力。淮安在推进开发区体制机制改革中，不是简单"一个模子套到底"，而是注重"一区一策"精准发力，确保改革激发活力、增强动力。市级层面注重"定框架、出政策、给口径"，各开发区结合自身发展实际，制定个性化操作方案，注重"既要大刀阔斧，又要有'绣花针'功夫"，细处入手，人性化设计。例如，人事制度改革，淮安提出，既突显岗位价值，也充分考虑历史沿革和规则公平，通过员额制、档案身份和岗位身份双轨制、全员竞聘等一揽子改革措施，实现了改革的稳妥实施、纵深推进。

无锡市梁溪区激发市场活力和消费潜力释放

面对新冠疫情冲击,无锡市梁溪区认真贯彻落实中央和省委省政府及市委市政府关于全面促进消费的决策部署,按照全省"苏新消费·品质生活"、无锡市"品味无锡、惠享四季"和"爱无锡 生活季"消费促进活动部署要求,精心打造"人间梁溪"消费促进活动主题,举办全方位、多层次、可持续的促消费系列活动,有效激发市场活力、释放消费潜力、加速市场回暖,为促进形成强大国内市场、服务构建新发展格局、更好满足人民美好生活需要提供了有力支撑。全区消费市场稳步回暖,2020年完成社会消费品零售总额695.6亿元,2021年一季度完成社会消费品零售总额192.85亿元,同比增长33.9%。其中,限额以上消费品零售额85.9亿元,同比增长38.2%,总量持续位居全市第一。

一 主动应变、化危为机,加速消费模式数字化转型

化疫情之"危"为发展之"机",加速推动传统零售企业"云转型",全力打造"烟火梁溪"——"云上的金商圈",经验

做法入选省商务厅《全省新模式新业态典型案例》。一是内外联动育新机。支持外贸企业参与国内国际双循环,用好国内市场。组织外贸企业通过走入商场综合体、开展线上直播、加强供销对接等方式扩大企业销售,金桥国际食品城在第三届进博会达成3 800万美元订单。打造"梁溪跨境电商园""梁溪云蝠跨境贸易园""红豆跨境贸易共享空间"和"金茂全球数字贸易基地",推动新型电商集聚发展。无锡市首批5家退税商店落户梁溪区,进一步拉动境外旅客在全市购物消费,提升消费国际化水平。内外联动之下,实现消费和进出口相互促进、同步增长,2020年梁溪区外贸进出口额增幅高居全市第一。二是"云"端助力送优惠。紧跟"直播带货"新趋势,搭建梁溪"云直播"平台,主打"锡惠有你"和"人间梁溪"消费促进品牌,引导企业积极参与线上促销,以"云带货"形式将实惠送给锡城消费者,形成"云上""云下"协同促销叠加效应,"云直播"平台上线启动当日直播总人气达创纪录的188万,无锡市"锡惠有你"活动全市成交额前50强中,梁溪区企业占36%,占比位列全市第一。2021年春节前后特别策划"人间梁溪·精彩NEW年"年夜饭直播活动、"人间梁溪·精品NEW货节"直播带货活动,通过"云平台"将实惠和温暖传递给留锡过年人群。三是推陈出新领风尚。商贸流通企业主动求新求变,朝阳到家、天鹏直供和穆桂英等传统品牌,开发上线各类小程序,疫情期间保障了全市的食材供应。大东方、八佰伴和恒隆等大型商场与国际知名品牌共同打造超级品牌日,国际大牌消费迎来新风口,恒隆广场各品牌全年零售数据增长超七成。总部经济示范效应有效放大,八佰伴商业管理全国总部落户梁溪。清名桥、崇安寺和小娄巷等商业街区与美团点评、支付宝、京东云游等流量大户深度合作,联合打造2条美食"必吃街"(全国50条),举办"蟹王争霸赛""爱食崇安寺"等活动,推广宣传本地美食,再掀消费者打卡热潮。

二 统筹谋划、创新引领,推动消费服务品牌化升级

立足"老城厢"特质,创新打造"烟花梁溪",高位谋划发展夜间经济,拓展夜间消费新蓝海,相关工作得到央视《朝闻天下》《新闻直播间》等栏目多次关注报道。一是统筹谋划消费促进政策。先后出台《加快推动夜间经济高质量发展的

实施意见》《夜间经济集聚区申报指南》等政策措施，制定消费品牌升级路径规划，创新"城市烟火夜市""创意烟花美集""惠享华灯云街"三种夜经济形态，打造与高质量发展、高品质生活、高水平治理相匹配的夜间消费新体系，打造夜间经济发展标杆示范区。二是突出载体功能模式创新。鼓励重点街区和楼宇综合体延长晚间营业时间，突出消费特质和主题，规范设置外展外摆，重点打造清名桥历史文化街区、八佰伴、大东方等13个夜间经济集聚区，优化场景、完善功能、丰富业态，建立四季常态化运营模式。夜间消费有力提升街区和综合体市场活跃度，拉动销售，清名桥历史文化街区获评省级夜间文旅消费集聚区、长三角夜间文化和消费样板街区，八佰伴商贸中心荣获2020年"全省消费竞赛季"（6—8月）优胜单位二等奖。三是注重培育夜间消费品牌。围绕"夜购、夜食、夜游、夜娱、夜秀、夜读"等主题，推出时尚多元的夜市活动，培育形成"今夜'梁'宵""西水夜巷""心悦烟火夜市"等16个夜间经济品牌，广受市民关注和好评。

三 整合要素、盘活资源，促进消费能级结构化提升

集聚要素资源，将商文旅融合作为促进消费的重要抓手，让市场"有新意"，市民"愿消费"，多产业联动打造"烟雨梁溪"。一是注重消费品质提升。围绕"运河名城·品质梁溪"建设，整合文旅资源、优化空间布局，带动消费提质扩容。重点打造清名桥历史文化街区和崇安寺生活步行街区两条省级高品位步行街，鼓励支持片区内的商业场所、餐饮商户、景区等延长营业时间、丰富服务内容，吸引和招募有品质的网红、文创商户入驻，浓厚文化气息、丰富商业业态，全面提升市民和游客的消费体验，南长街、南下塘、小娄巷已日益成为市民游客喜爱的反复打卡地。二是点亮假日经济热点。顺应市民假日出游消费新需求，节假日期间组织重点商圈举办各类促消费活动千余场次，营造浓厚的节日消费氛围，各商圈客流量和销售额均快速恢复。2021年春节期间，全区21家重点监测零售企业完成销售额3.26亿元，同比增长83.25%，总量为梁溪建区5年来最高值。三是释放老字号品牌活力。加强对本地"老字号"商品及服务的保护，引进江苏老字号产业投资基金落户梁溪，举办"家乡好物节""人间梁溪·老字号嘉年华"等多场"老字号"主题促销活动，支持王兴记、三凤桥、

穆桂英等"老字号"品牌通过创新营销模式、拓展连锁门店和线上平台不断转型升级，以地方特色餐饮文化的传承来增添商文旅融合内涵，将更多本地优秀品牌、优质服务推送给消费者。

四 搭建平台、优化服务，加快市场体系智慧化发展

锚定民生幸福，加强线上、线下联动，完善商贸流通一条龙服务，全力打造便民生活"云商圈"。一是提高农产品流通水平。将农贸市场改造提升列入区政府为民办实事工程项目，制定《农贸市场标准化改造实施方案》，全区现有的33家农贸市场中有20家已完成新建或升级改造。研发肉菜溯源、移动支付、诚信计量、数据整合的四合一智能电子秤，形成集智慧云溯源、智慧支付、智慧食安、智慧节能、智慧安保等多功能为一体的"智慧市场"。建成批发市场"一卡通"全电子交易结算模式，构建现代信息网络，信息数据高度整合并实现共享。朝阳、穆桂英、天鹏等企业疫情期间化危为机，朝阳集团整合"电商＋物联网＋区块链＋大数据智能分析"的综合优势，打造朝阳绿色农产品智慧供应链产供销一体化平台——朝阳到家App，成为国内首批试点肉菜溯源体系建设单位。天鹏和穆桂英顺应趋势，拓宽线上市场，让消费者足不出户就可以选购优质商品。二是完善城市高效配送体系。整合天鹏、朝阳、金桥副食品市场等大型批发市场资源，借助华商物流、金南物流打造城市共同配送综合体的成功经验和现代化设施，解决物流配送"最后一公里"问题。苏宁易购等企业推广智能柜应用，邮政EMS共同配送发展项目，设立为商贸企业、社区门店和社区服务站等共同配送的社区智能自助提货柜，增强城市末端配送的服务功能。将江苏华商城市配送打造成一个覆盖江苏全省的城市配送网络，实现物流企业配送模式创新。三是开启社区商业便捷模式。以社区为核心，整合周边连锁商业零售企业、商超、实体店铺、餐饮等产品资源和线上线下供给渠道，全面赋能和整合供应链，构建社区"一刻钟"生活圈，并积极鼓励企业建设社区电子商务平台和移动客户端，打造"便利消费进社区、便民服务进家庭"的社区商业新模式。与百世快递、顺丰速运等多家快递公司进行合作，实现物品"最后一公里"收发配送服务，打造社区便利快捷的网络消费"微环境"，基本实现了"智慧社区"全覆盖。

第四部分
调查研究报告

江苏商务发展2021
JiangSu Commerce Development Report

促进江苏省流通降本增效的对策研究

一 江苏省流通业发展现状及降本增效实践情况

（一）流通业规模、效率稳步提升，但网络零售、连锁经营、人员效率等方面存在不足

2020年，全省实现社会消费品零售总额37 086.1亿元，总量居全国第二。全省社会物流总费用14 175.22亿元，与GDP的比率近13.8%，较"十二五"末下降了1个百分点，低于全国0.9个百分点。全省网络零售额10 678.2亿元，占全国9.1%，同比增长10.2%，网络零售额排名全国第五位，领军型电商平台较少。零售连锁店的数量及销售额波动较大，经营水平有待提升。限额以上零售企业人均销售额低于典型地区平均水平9.57万元，限额以上餐饮企业人均营业额低于典型地区平均水平3.17万元，人员效率仍有较大提升空间。

(二) 流通成本逐年上涨，各业态呈现不同特点

67.65%的调研企业认为总体经营成本呈上涨趋势。其中，14.71%的企业认为经营成本年均上涨超过20%，26.47%的企业认为经营成本年均增幅处于5%~20%的区间。百货店、商业综合体等业态在人工、用能、营销推广上投入较大。餐饮企业在房租费用上支出较多，小微型餐饮企业的房租费用占总成本的比例超过20%。仓储物流及快递企业除仓储物流费用占比较高外，人工成本、合规成本等支出相对较多。电商企业成本主要集中在人工、营销及仓储物流方面，房租费用支出较少。

(三) 降本增效政策聚焦不足，市场主体获得感不强

全省针对流通领域降本增效出台的政策比较分散，尚未形成体系，对流通企业重点关切的人工成本、房租费用、物流用地价格等方面关注较少，绿色商场、鲜活农产品运输绿色通道、物流车辆通行管理等政策存在持续性不足、更新不及时、跨部门难协调等问题。部分企业表示"不了解降本增效相关的政策信息"及"政策支持力度不足"，企业对政策的感知度、获得感还不强。

(四) 电商冲击叠加疫情影响，流通降本增效任重道远

近年来实体商业受电商冲击加剧，线下人流量被线上分流，客单价、客单量明显下降，同时受新冠疫情的持续影响，居民消费增长乏力，在这样的背景下商贸流通企业纷纷展开自救，各类企业的降本增效措施各有侧重。无锡大东方百货、徐州万达广场等百货商场、商业综合体主要采取缩减用工数量、节能降耗、加强管理等措施，孩子王、徐州库派同程等垂直品类流通企业、快递物流企业主要采取技术升级、提升标准化等方式降本增效。但"缺少专业人才，对新型模式和技术的应用能力不足""降本增效思路不清晰，缺少可参考的成熟经验""不了解降本增效相关的政策信息"等因素也制约了企业降本增效实践效果。

二 国内先进地区和典型企业的经验及启示

(一) 国内先进地区的经验及启示

从广东、浙江和上海商贸流通发展实践可见,加快产业融合和推动流通企业创新升级是降本增效的重要渠道。随着产业分工深化,产业边界越来越模糊,产业围绕价值点融合发展形成诸多新模式、新业态,如"物流+制造"的生产流通一体化、"信息技术+物流"的智慧流通等。江苏省是制造业大省,人口密度大,因此,亟待引导流通业通过大数据平台、互联网、区块链等新一代信息技术改进流通业分散式、小规模的服务模式,逐步培育形成标准化、信息化、一体化的现代流通体系,支持企业优化整合和创新发展,在实现流通业降本增效的同时高质量服务制造业和提高居民生活品质。

(二) 典型商贸企业的实践及启示

从苏宁、便利蜂、汇通达三家商贸流通服务龙头企业采取的降本增效举措可见,利用互联网、大数据、人工智能技术,打造线上线下一体化服务平台是企业降本增效的重要抓手。平台化服务有利于高效整合流通资源要素,降本增效的同时提高服务质量。因此,未来亟待打造三类平台:一是引导和培育行业龙头企业构建全链条一体化智慧供应链服务平台;二是推动政府、企业和第三方机构共建监测和预警公共服务平台;三是依托大型商贸服务基地打造完整高效的现代公共服务平台。

三 江苏省流通降本增效存在的主要问题

通过对全省商贸流通产业发展现状及降本增效实践举措的分析,对比国内先进地区和典型企业的发展经验,发现全省流通降本增效中主要存在以下问题。

（一）行业集中度偏低，采购成本控制能力不足

商贸企业的利润通常来自物资调度、互通有无赚取的差价，采购成本的高低直接影响着企业的生产经营。调查显示，52.9%的企业认为采购价格处于逐年上升趋势。究其原因，一是制造业产品价格持续上涨，不断推动采购源头成本；二是江苏具有自营采购、自主渠道、自有品牌、自有平台、供应基地的现代商贸流通企业偏少，行业集中度较低，中间流转环节偏多。

（二）招工难、用工贵并存，就业吸纳能力亟待提高

"招工难、招工贵"问题在商贸流通业相互叠加，在较大程度上推高了企业人工成本，究其原因：一是商贸流通业待遇总体偏低，在跨行业的人才竞争中被迫不断提高工资；二是商贸流通业的就业岗位往往具有劳动强度大、劳动环境差等特点，不受年轻人青睐；三是商贸流通企业存在管理不完善、运营效率偏低等不足，间接推高了人工成本。

（三）线上冲击叠加疫情影响，实体商业成本压力加剧

受电商冲击、同质化竞争及疫情等因素影响，房租费用等固定成本在商贸流通企业总成本中占比不断加大。调查显示，53.9%的样本企业认为房租连年上涨，12.8%的企业表示房租每年涨幅超过20%。究其原因：一是实体商业在电商平台及其线上线下融合布局的冲击下，间接推高了商铺租赁价格；二是企业实力偏弱，品牌知名度不足，难以转嫁房租成本；三是受到电商、疫情等因素冲击导致营收能力下降，进一步增加成本压力。

（四）物流发展质量不够高，降本政策获得感还不够强

仓储物流是商贸流通企业日常运营和业务运转的重要环节，对流通效率起着至关重要的作用。调查显示，近六成的样本企业认为仓储物流成本呈现上涨趋势。究其原因：一是规划引领有待加强，部分地区仓储物流设施用地预留不足、布局不够合理；二是行业治理有待加强，部分违规企业低价扰乱市场；三是物流标准化水平有待提高；四是部分政策的适应性需要提升。在企业层面,一是车辆使用效率低、返程订单少,车辆空载率偏高;二是运输包装成本高;三是库存大、周转慢。

四 促进江苏省流通降本增效的对策建议

(一)加强规划引领,优化城乡商业网点布局

针对当前存在的商业设施结构性过剩、同质化竞争问题,结合城市规模和经济发展水平统筹布局,既立足现有基础,又着眼长远发展,做到"点面结合",因地制宜。在面上,以城市商业体系和县域商业体系建设为引领,进一步对标对表,查找不足,统筹推进商业网点布局和设施改造,持续优化营商环境和消费环境,全面提升城乡商业发展水平。在点上,以满足不同层次消费需求为导向,构建分层分类的城乡商业布局。一是打造一刻钟城市便民生活服务圈,推动商业资源下沉社区;二是完善乡镇商贸网点,引导大型商贸流通企业延伸渠道,补齐城乡、区域流通设施短板,改善农村消费环境;三是积极开展大型商业设施监测预警,定期发布预警信息和负面清单,引导市场健康有序发展。

(二)推动企业转型,扩大优质商品和服务供给

加快数据赋能,推进商贸流通数字化、智能化、平台化、集约化、个性化发展,通过创新引领新业态新模式,深入推进线上线下贯通融合,促进传统业态转型升级。一是推进数字化转型。支持大型百货商场和商业综合体打造自营电商平台官方店,鼓励中小微零售企业借助第三方电商平台打通线上渠道。开展智慧商店示范创建,开展省级数字商务企业认定,遴选首批和第二批省级电子商务直播示范基地。二是推进多业态融合。引导传统大型百货商场和商业综合体加快转型,提高自营商品比重,增加餐饮、娱乐、休闲、文化等业态比重。引导餐饮住宿业精细化、品质化发展,发展健康养生、亲子酒店以及社区餐饮、老年餐饮等新业态新模式。三是推进品牌化发展。支持商贸企业结合历史文化、地域民俗打造商业 IP。推动老字号企业技术创新、产品创新、管理创新和文化创新,不断提升市场竞争力和品牌影响力。鼓励零售领域扩大开

放,吸引国际一线品牌、国内知名品牌进入江苏市场,建立全球商品进口网络和资源渠道。

(三) 立足内部挖潜,加强商贸流通企业成本控制

引导流通企业牢固树立"降成本就是增效益"的发展理念,从企业内部挖潜入手,降低经营成本。一是推动业务提档升级。鼓励商贸流通企业主动适应市场变化,结合自身实际和产业特点,有针对性地发展战略咨询、流程优化、精准营销、解决方案、平台服务等综合业务,向"微笑曲线"两端升级,实现更高层次的提质增效。二是优化运营决策效率。加快互联网等信息技术在商贸流通企业经营管理中融合和应用,建立贯穿服务全生命周期的信息集成平台,实现全方位实时精准控制和智能化感知、预测、分析、决策,有效降低成本、提质增效。三是加强自身成本控制。引导企业加大对自身费用项目的管控力度,逐项梳理成本费用要素,结合企业现状制定核算标准,确保成本费用要素管理流程明确,提高资金使用效率和效益。

(四) 聚焦企业关切,切实减轻企业经营负担

建立商贸流通重点联系企业制度,定期开展全省流通企业走访与企业负担及营商环境情况调查,重点聚焦企业负担诉求,切实帮助企业纾困解难。在用工成本方面,支持开展商贸流通行业专项招聘会、高校毕业生岗位对接洽谈、专业技术人员职业培训等活动。对因疫情等因素面临暂时性经营困难的商贸流通企业,研究给予一定比例的用工补贴。将具有周期性用工特征的行业纳入鼓励灵活用工政策范围。在用地及租金成本方面,支持对重点商贸流通企业、项目,根据其税收、社会效益等情况优先供地;对租金负担较重的商贸流通企业,鼓励商务楼宇、商场、市场运营方、商业房产主为租户适度减免租金,并采取适当方式给予补贴。在合规成本方面,进一步清理规范行业收费行为,试点开展打捆环评等服务措施,切实减轻企业在相关领域的负担。在货车限行政策方面,进一步贯彻落实《关于优化和改进城市配送货车通行管理工作的指导意见》(公交管〔2020〕383号)等政策,合理保障货车在城市道路的基本通行需求。

（五）完善流通网络，提升商贸流通运行效率

推动商贸流通企业向供应链服务企业转型，强化集中采购、统仓共配、邮政快递、保税通关、支付结汇等物流服务功能，提升整体流通效率。一是促进商贸物流标准化水平提升。推广南京、无锡、徐州、苏州等城市物流标准化试点经验做法，加快货运装备标准化发展，推动与标准托盘相配套的设施设备更新和改造，提高物流配送与包装标准化水平。开展商贸物流领域标准体系研究，组织制定一批体现全省技术优势的地方标准，支持商贸物流企业主导和参与国家标准制定，推动有关行业协会、商贸物流企业制定实施有影响力的团体标准、企业标准。二是支持新技术在商贸流通领域的推广应用。加快5G、人工智能、物联网、区块链等新技术在认证、交易、支付、物流等商贸流通环节的应用推广。提升物流大数据在车货匹配、运输线路优化、库存预测、供应链协同管理等场景的应用价值。引导和培育行业龙头企业构建全链条一体化智慧供应链服务平台，为中小微企业提供基础技术应用服务，提升流通企业对外服务和对内管理的数据化和智能化水平。三是促进商贸流通绿色化发展。持续推进绿色商场创建活动，推动商贸物流枢纽、示范园区等采用能源合同管理等节能管理模式。推广挂车共享、长途接驳甩挂、集装单元、连盘（带板）运输等新模式。推广应用绿色节能物流技术装备，提升智能化和信息化作业能力。调整优化运输结构，提升铁路、水路货运能力和比例，提高综合运输效率。

（六）加强组织领导，保障降本增效工作落地见效

加强全省流通降本增效工作的组织领导，从省级层面系统谋划、统筹推进，针对现有痛点和问题，进一步优化、细化政策措施，切实保障工作落到实处。一是加强统筹协调。在省级层面，建立由商务、发改、工信、交通、财政、税务、市监、统计等部门参加的流通降本增效工作联系机制，加强政策研究，做好综合协调。在市、县（区）层面，强化政策落实，推进跨部门协作。二是开展试点示范。在全省选取一批辐射带动能力强、技术水平先进、创新能力突出的商贸流通企业开展降本增效试点示范，及时总结试点经验和试点成果，适时召开现场推进会，推广先进经验做法。三是完善统计监测体系。用好部门和协会

的统计数据及移动应用、小程序等新型数据采集平台,研究推行适应新消费模式、新消费业态的统计方法,探索构建商贸流通统计监测大数据平台,加强数据关联度分析和深度挖掘,强化预测预警,为政策出台提供支撑,为行业发展提供引导。

（省商务厅流通业发展处）

电商新模式促进新型消费的对策研究

近年来,我国消费市场深刻变革、加速升级,以数字化智能化为重要特征的新型消费发展势头迅猛。电商是新型消费的重要载体,是促进新型消费的有效途径。新型消费的崛起,内在要求传统电商加速模式创新,更好满足新消费主体、新消费形态、新消费方式、新消费场景的丰富需求。

一 电商新模式促进新型消费的现状分析

(一)电商新模式促进新型消费的典型路径

一是突破传统电商"流量"困境,电商新模式满足更富个性、精准匹配的新型消费需求。例如,社群电商打破了传统电商"中心化"的流量分配机制,有效改善用户体验,形成有别于传统电商生态的新商业景象。二是实现全营销链路闭环,电商新模式显著提升新型消费从营销到转化的效率。例如,直播电商中用户通过主播讲解对产品有所了解,其后引致购买,最后体验产品后进行评论、分享、产生复购,从而形成完整的营销闭环,提高营销到转化的效率。三是彰显品质品牌价值,电商新模式助推精准高效供满足新型消费需求。通过互联网将消费者同生产线连接在一起,相应生产符合用户自身需要的定制化产品,满足用户个性化、高品质的消费需求。

(二) 江苏电商新模式促进新型消费实践进展

一是电商渗透率高,带动网络零售高速成长。江苏省电商总数14.42万家,位列全国第五。2020年江苏网络零售额占全国份额高达9.1%,位居全国第五位,农村网络零售额居全国第二位。二是聚焦新零售,电商企业积极推进模式创新。电商平台和实体零售经济在商业维度持续升级,涌现出汇通达、焦点科技、孩子王、好活科技等服务新型消费的创新型电商企业。三是产业基础发达,直播电商彰显强大的"带货"能力。直播电商与业已具备较好基础的产业产品深入嵌合,成为江苏电商新模式的突出亮点。四是云制造推动产业电商模式创新,有效满足新型产品类消费需求。基于电子商务开展个性化定制、发展服务型制造、促进垂直行业创业创新,推动企业生产方式、组织方式和管理体系变革。

(三) 江苏电商新模式促进新型消费问题挑战

一是缺乏领先优势。当前,数字经济进入新一轮格局重塑期,江苏面临平台型龙头企业缺乏和后发劣势相互强化的结构锁定风险。二是传统路径依赖惯性较大。与广东、浙江等省相比,江苏电商及新型消费领域"新物种"涌现力度偏弱,整体产业结构偏"旧",同时由于专业性人才、资金投入、平台技术、网销能力等互联网基因缺乏,传统企业电商交易使用率较低。三是专业服务支撑不足。特别是新型电商模式对物流、金融、保险、信用等专业化服务要求更高,但相关供给严重不足。四是制度环境尚不健全。浙江致力于培育形成新型消费领域全球最大的独角兽企业、电商平台和最优的数字消费生态体系,比较而言,江苏电商和数字生态体系建设相对滞后。

二 电商新模式促进新型消费的态势研判

(一)"专精特新"风口为江苏电商模式创新创造历史性契机

数据显示,专精特新"小巨人"企业取得的利润,对全省中小企业增长贡献率超过60%。江苏拥有全国领先的制造业规模和深耕实体经济的实干精神和品质文化,是滋养"专精特新"企业的沃土和热土,在"专精特新"被赋予更大使命的当下,江苏需要推动"专精特新"企业再突破、再攀高。除了传统的制造业领域,建立在实体经济发展基础之上的电商,是江苏"专精特新"企业成长的重点突破方向,相比较打造头部平台,更具有江苏比较优势,拥有巨大的发展空间。

(二)加强反垄断,为江苏电商抢抓新型消费风口提供公平条件

一段时期内,互联网平台巨头大量并购业务关联性企业,虽然丰富了其平台生态,但也抑制了市场竞争。中央提出要完善平台企业垄断认定、数据收集使用管理、消费者权益保护等方面的法律规范,强化反垄断和防止资本无序扩张。在新的政策环境下,江苏谋求电商与新型消费发展,没有必要重复过去商业互联网的平台逻辑,应该将宝贵的政策资源引导到打造新型平台、培育"专精特新"新型电商主体上,这有利于在"专精特新"赛道上放大江苏的比较优势、激活江苏的潜在优势、增强江苏的竞争优势。

(三)区域比较优势显著,为江苏电商模式差异化创新提供条件

江苏经济总量、数字经济规模均位居全国第二,实体经济发达、专精特新企业多、消费力强、应用场景丰富、营商环境较好(见表1),为电商经济和新型消费的发展提供了基础条件。但江苏头部电商平台发展相对滞后,电商创新能力与拓展新型消费的能力相对薄弱。如何积极推进电商模式创新,增强开拓市场特别是促进新型消费的能力,根本破解之道,是要强化比较优势、提高

特色优势,形成具有江苏特色的差异化竞争优势,锻造人无我有的核心竞争力。

表1　苏粤浙鲁2020年电商经济与新型消费相关数据比较

	江苏	广东	浙江	山东
数字经济增加值规模	4.6万亿元	5.2万亿元	3.1万亿元	大于3万亿元
区域数字经济竞争力	81.83（排名第4）	85.56（排名第1）	78.40（排名第5）	76.46（排名第6）
全省网络零售额	10 678.2亿元	约3万亿元	22 608.1亿元	4 613亿元
发展电商与新型消费的特色优势	实体经济发达、专精特新企业多、消费力强、应用场景丰富、营商环境优	深莞佛穗创新、消费、生产高效分工,头部城市与企业高度集聚,资本高效能	电商头部企业优势显著,全省数字生态完善,电商与新消费引领性强	数字经济核心产业稳步提升,特色产业有亮点,电商与新型消费潜力大

资料来源:根据各省统计数据整理。区域数字经济竞争力为2019年数据,来源于《中国区域与城市数字发展报告(2020年)》。

三　新形势下电商新模式促进新型消费的对策建议

(一) 聚焦"专精特新",培育新型电商企业矩阵

一是做强平台型旗舰企业,打造电商模式创新标杆。系统梳理省内具有领先优势和发展潜力的电商企业,推动龙头企业以技术、资金、资源、数据等要素为纽带,成为创新协同、产能共享、供应链互通的链主型、平台型、生态型企业,聚焦新型消费需求,大力开展电商模式探索,成为电商新模式的创新源头和行业领军者。二是对标"专精特新"要求,引导中小微电商企业集群式涌现。鼓励聚焦新型消费细分领域,精准满足特色化、垂直型需求的专业电商,推动企业沿"专精特新中小企业—隐形冠军—小巨人—单项冠军"逐步发展壮大,培育一批业态模式鲜明、占据独特市场地位、具有可持续发展能力的新型电商

企业集群。三是强化新型电商示范,打造一批高成长性行业标杆。进一步对全省各类电商示范企业在模式创新、满足新型消费需求等领域的经验做法进行梳理与提炼,带动区域与行业深度应用。

(二)广拓电商新模式,促进新型消费应用场景

一是重点促进新型生活类消费的电商新模式。重点发展面向社区生活的线上线下融合服务、面向休闲娱乐的数字创意内容和服务、面向便捷出行的交通旅游服务。创新推广无接触、少接触型消费模式,探索发展智慧超市、智慧商店、智慧餐厅等新零售业态。二是有序推进促进新型公共服务类消费的电商新模式。鼓励传统公共服务向在线教育、远程医疗、智慧康养、智慧家政、数字文旅等新兴领域拓展转型。结合服务业供给侧改革,加快释放文化、旅游、体育、养老、托幼、家政、教育培训等生活消费潜力。三是积极拓展促进新型产品类消费的电商新模式。鼓励发展工厂直播,支持集群企业开展数字化营销,协同头部直播平台企业打造直播基地和建设直播频道,鼓励通过直播或短视频方式,在线展示生产工艺流程,促进产品品牌形象塑造和在线引流销售。电商新模式促进新型消费典型应用场景如表2所示。

表2 电商新模式促进新型消费典型应用场景

电商新模式	应用场景内涵
数字商圈建设	以支持南京等城市争创国际消费中心城市为引领,推进商圈智慧商务、智慧设施、智慧服务、智慧营销、智慧环境、智慧管理等智慧化场景升级改造,构建智慧供应链生态圈,打造一批全国具有示范引领作用的数字商圈商街。支持电商平台与重点商圈商街在流量和数据方面开展合作,形成示范
智能消费网络节点改造	根据消费区域特点和需求差异有序布局跨界零售、无人零售、绿色零售等智慧零售网点。建设特色街区,全面提升街区品质化、数字化管理服务水平。加强智慧化社区提升改造,整合物业管理、家政等社区服务企业信息资源,结合消费场景不断丰富电商新模式新业态内涵

续 表

电商新模式	应用场景内涵
智慧化农村消费网络建设	探索推广"特色产业村+新零售"模式,开展"村播计划",集聚一批触网销售的农业经营主体,推动电商与乡村旅游、休闲农业等多产业深度融合。鼓励发展直播带货、农村电商等,支持订单农业发展
数智电商建设	支持各大商圈内综合体、商业街等加强基础设施智能化改造和业态提升。抓住体育、健康、休闲、教育、文旅等风口,深度培育一批数智新业态,鼓励互联网企业将原行业私域流量转化为电商新业态流量
头部直播电商招引培育	加大头部直播电商MCN机构培育招引,集聚一批直播平台公司、直播孵化公司、直播经纪公司、供应链公司和主播达人。促进"直播+店铺""直播+市场""直播+品牌"等模式发展。建设一批直播电商地标,发展一批直播电商示范城市
产业电商赋能新型消费	针对常熟服装、南通家纺等产业电商发展水平较高的产业电商集群,加强数字化营销新方式方法的培训授课,提升集群商家的数字营销能力。推进工业互联网与产业电商协同发展,强化省内"灯塔工厂"示范性,打造一批产业电商赋能新型消费的行业标杆
跨境电商数字赋能	支持各地培育引进辐射带动能力强、行业影响较大的国内外知名跨境电商企业,构建智能化、可视化、易操控的数据资源安全管理体系和跨境电商运营体系

(三) 厚植电商新模式,促进新型消费要素支撑

一是加强电商人才培养引进力度。加大企业与教育机构的合作力度,实现多渠道、多层次电商人才共生模式。联合高校等机构建立电商人才终生教育培养机构,同步解决高端人才引进,中端人才培养问题。培育新生代"电商工匠",培养一大批电子商务经纪人。加强电商干部队伍轮训。二是夯实电商赋能消费基座。鼓励有实力企业创建垂直领域B2B线上产业平台,推进相关产业流通和供应链管理电子化、高效化。深入实施"上云用数赋智"伙伴行动,鼓励平台企业开发更适合中小微企业需求的数字化转型工具、产品、服务,形成联动效应。三是完善电商产业金融配套。引导金融机构创新信贷产品,探索设立电商产业投资基金,联动金融资本和社会资本,

通过股权投资方式支持江苏电商发展重点投资数字供应链、跨境电商、直播电商、物流仓储、产业互联网、云服务，支持江苏电商企业推进模式创新，推动新型消费发展。

（四）打造电商新模式，促进新型消费制度高地

一是强化政策保障支撑。鼓励政策创新，进一步完善支持电商新模式的扶持政策，强化政策的科学性、有效性和针对性。加大统筹协调、包容审慎监管、强化公共服务、推动新型人才从业评价等，为电商新业态新模式发展提供保障措施。二是强化网络风险控制。聚焦行业合规平衡发展。规范数据使用方的行为，探索电商新业态下的个人数据与机构数据的保护规则。引导平台企业自觉接受监管、增强规则意识、守牢法律底线。推动主管部门大力推进监管手段和方式的创新，不断健全公平竞争制度规则，助力电商经济创新发展、有序发展、健康发展。三是推动电子商务政策规范。加快电子商务规范更新进程。加强对电子商务新业态理论内涵、发展趋势等问题的研究。对电子商务行业新内容，深化包容审慎和协同监管，完善相关政策规范。加快探索研究"共享员工"的基础社会保障政策，保障用人单位合法合规。

（五）优化电商新模式，促进新型消费综合生态

一是建立第三方公共服务体系。以政府采购服务方式，委托具备产业运营能力的第三方机构开展研究咨询、运营管理、统计监测、招商引资、品牌推广、双创孵化、交流培训、资源对接等服务，提升电子商务公共服务覆盖范围和服务深度。着力推进软环境建设，搭建电子商务公共服务平台，实现信息发布、政策申报、活动报名、意见反馈等功能，实时服务企业需求。二是构建电商法普法服务体系。针对电商税收、知识产权保护等关键措施，结合全省电子商务企业发展和规范的实际需求，构建全省电子商务法普法培训体系。积极举办电子商务法交流会，商讨研究企业合规管理面临的现状和问题。推进商协会及有关部门建立法律援助工作站。加强海外商标维权法律援助力度。三是营造电子商务发展氛围。支持电商企业开展产品创新、私域流量、内容营销、

IP合作等主题活动。结合电子商务示范企业创建工作,树立电子商务品牌标杆,释放品牌企业示范效应。开展商务诚信体系建设试点,建设一批覆盖线上线下企业的示范型信用信息平台。鼓励商会协会建立会员企业信用档案,推动建立产业上下游企业信用信息共享机制。

(省商务厅电子商务和信息化处)

江苏加快内外贸一体化进程的对策建议

一 江苏推进内外贸一体化发展存在的"短板"

(一) 内外贸分割管理问题未根本解决,内外贸产品标准认证还存在差异

内外贸一体化本质是企业充分利用国内国外两个市场两种资源,自由开展对内对外贸易。但总体看,江苏企业在内外贸转换中还存在体制机制和标准认证方面的阻碍。一是内外贸分割的管理体制依然存在。目前在部分政策条款与执法环节还存在外贸地位优于内贸的情况,内外资在市场准入、项目申报、要素获取、资质许可等方面待遇不平等现象依然存在,涵盖内外贸市场监管、产品认证、检验检测、知识产权保护等在内的协调统一的法律法规体系仍未全面形成。二是内外贸监管职能部门间统一协调程度不够。内外贸管理涉及的商务、海关、发改、工商等部门之间还存在制度不协调、规定不统一、要求不一致问题,如调研中有企

业反映在办理出口相关业务时不同部门对同类业务在提交材料的标准、内容、格式等方面要求不一致,有时出现企业按照某个部门要求准备的资料到了另一个部门就被告知不符合规范,企业为此不得不在多个部门间来回协调。三是内外贸认证标准体系不一致。目前我国对内对外贸易中在技术标准、质量标准、检验检疫、认证认可等方面还存在不一致的问题,就江苏情况看,同线同标同质适用范围和产品规模还有待拓展,在内外贸产品和服务的质量监管中执行标准、管理模式与评价体系还存在不统一的情况,造成外贸产品转内销时必须按照国内标准要求进行重新生产调整,带来成本的上升和效率下降。

(二) 流通体系存在诸多短板,市场通路渠道不畅

一是平台经济发展滞后,内外贸市场融通协同存在阻碍。与浙江、广东等省份相比,江苏互联网平台经济规模偏小,大多互联网交易平台属于细分行业的垂直型平台,缺自主创新的引领能力;同时,江苏缺乏具有国际影响力的展销博览会和涵盖内外贸的产业链供应链平台,制造企业尤其是中小加工贸易企业开拓国内外市场存在难题。二是主要物流枢纽能级偏弱,多枢纽联动效应有待体现。江苏无论是空港枢纽、海港枢纽、铁路枢纽都与上海、浙江和广东等地存在一定差距,物流枢纽设施服务能级普遍不高,"有高原、无高峰";规模化、体系化的多式联运格局尚未形成,公、铁、水、空等多种交通资源相互叠加未完全转化为物流发展的基础优势。三是联通国内外市场的流通网络建设相对落后,企业产品国内外销售渠道不畅。目前江苏企业对海外物流资源的掌控力不足,在运力调配、航班航线开行等方面话语权较弱,一定程度上制约着江苏企业在两个市场的拓展。以中欧班列为例,2021年1—6月,江苏省共申请中欧(亚)班列去程计划1 052列,仅获批436列,批复率为41.44%。

(三) 内外贸发展创新动能偏弱,市场经营与业务管理模式转型发展较慢

一是国内外市场流通合作不够深化。目前江苏海外物流基础设施建设不足,省级公共海外仓 21 个,大多以企业自建为主,经营成本压力较大;跨境进口保税仓在省内分布总体水平不高,保税物流方式与监管模式循规守矩,缺乏政策创新,难以适应内外贸易快速融合发展的需求。二是融通内外贸易的新业务新模式发展较慢。对比上海、浙江等地,江苏直播电商发展明显落后,直播场景、专业机构、服务机构较少,直播电商行业生态体系发展滞后;缺乏较有影响力的跨境电商企业,无法形成利用头部企业市场优势联通供应链上下游环节开展适应生产与市场的精准对接及贸易模式创新。三是内外贸领域管理模式创新力不够。增值税一般纳税人试点政策执行缺乏灵活的退出机制,实际推广有一定难度;全省各地保税区物理空间已难以适应更多企业的入驻需求,空间溢出的保税区飞地等新管理模式发展较慢。

(四) 全球竞争力的龙头企业缺乏,对内对外贸易亟待转型升级

一是竞争力强的高能级龙头企业相对缺乏。从物流企业看,江苏缺乏具备线上线下资源整合能力、一站式智慧化综合服务能力、国际国内影响竞争能力的现代物流企业;从电商企业看,中国互联网企业百强榜单中,江苏上榜企业不到 10 家,榜单前 10 强中仅有苏宁云商,其他上榜江苏企业主要集中于细分市场,如途牛、同程主要做在线旅游服务,缺乏综合性的大型跨境电商企业。二是国内外市场品牌培育难度较大。企业普遍反映,外贸企业"三同"产品国内认知度不高,往往实现不了优质优价,而开拓国内市场的前期投入成本较大,相比之下,外贸企业更愿意做外贸订单。同时,内贸企业商品品牌和市场营销缺乏海外认可度和影响力,以自主品牌形式开拓国际市场的难度较大。三是内外贸融合发展的数字化水平有待提升。江苏内外贸一体化的供应链数字化协同平台建设明显落后于上海、浙江等地,市场供应链环节信息共享和协同联动有待加强;跨境物流园区信息不对称和信息孤岛现象依然存在,数据业务化发展需加强,物流数字化水平有待提升;贸易监管部门、地方行政管理部门间信息传递通道和业务流程数据化衔接还不到位,申报数据"一次录入""跨系统共享""多部门共用"还未真正实现。

二 江苏加快内外贸一体化进程的对策建议

(一) 统筹规则,形成一体化的市场经营新环境

一体化的市场经营环境是推进内外贸一体化的重要外部条件,包括规则的一体化、制度的一体化、监管的一体化等。一是构建一体化内外贸管理体制。加快推进内外贸分割的管理体制改革,推动内外贸、内外资企业公平竞争市场体系建立;从江苏实际出发,基于省级立法权限,建立统一协调的内外贸法律法规;理顺商务、海关、发改、市场监管等相关部门监管职能,加快形成统一、透明、均衡、协调的内外贸监管体制。二是建设标准化内外贸认证体系。借鉴其他省份的经验,梳理江苏省内相关标准,按照就高不就低原则,推进对内对外贸易技术标准的统一;遵循国际认证认可标准,更广更深加入国际认证体系,推动国内国际检验检疫标准的对接;探索建立江苏省级"国际标准孵化库",加快江苏优势标准转化为国际标准的"走出去"步伐。三是全面推进"同线同标同质"。扩大同线同标同质适用范围和产品规模,探索建立省级"同线同标同质"产业基地品牌认证制度,颁布"三同"产业基地品牌认证标准,创立"三同"产业基地标志;引导和支持设立"三同"品牌认证专业服务机构,开展整体性品牌托管或品牌孵化,为"三同"品牌认证提供多方位的专业化服务。

(二) 疏解瓶颈,营造内外市场顺滑切换新局面

推动江苏内外贸一体化发展,需要畅通产品流通渠道,构筑信息化通路,打通内外贸切换的堵点痛点。一是构建内外贸一体化融合发展平台。依托全省13个重点培育的先进制造业集群、国家级产业园区及其规模企业,搭建开放式产业链供应链平台;加快电商平台建设,推动传统电商转型升级,构建跨境电商产业链和生态圈;借鉴浙江、上海、广东等省份经验,举办"长三角加工贸易产品博览会"、"苏商拓内销·合作享商机"推介会,创建江苏品牌展览展销会。二是推动内外贸业务领域的双向融合。加大与国内外知名电商平台合作,通过市场数据反哺助力企业精准对接市场需求;鼓励企业开展标准提升行

动,对标国际先进标准改进生产工艺;搭建内外贸一体化综合服务平台,为企业内外贸提供系统性、专业化解决方案。三是打造内外贸融合发展的流通网络。积极参与国内外流通体系建设,加快补齐国际物流短板;拓展南京、苏州、徐州、连云港等中欧班列班次线路,优化海运物流通路,构建安全可靠的国际化物流通道网络;推动在南京、苏州建立优势行业产品的全球分拨中心,形成"本土优品,畅行全球"的经营格局。

(三)创新模式,拓展内外贸一体化发展新空间

推进江苏内外贸一体化发展,需要适应市场需求新变化,推动内外贸领域业务模式、管理模式、合作模式创新,拓展发展新空间。一是创新国内外市场流通合作模式。推动江苏企业联合开展海外公共仓建设,完善海外仓报关清关、售后服务等方面工作;创新保税区跨境贸易业务模式,推进跨境进口保税仓省内的更广泛布局;创新保税物流方式和监管模式,试点"保税物流供应链为单元"的保税监管模式。二是创新国内外市场贸易模式。引培发展品质MCN机构,完善直播电商行业生态体系;支持外贸企业、商贸企业和电商平台开展深度合作,发展"消费+制造业"新模式;鼓励跨境电商企业创新对外贸易模式,支持开展大B to 小B业务和产业链贸易。三是创新内外贸业务管理模式。引导企业海外建立公司,推广ODY(境外投资)备案;鼓励内外销产品同线生产和同质认证,从产品设计源头确保对目标市场的适应性;创新保税区管理模式,优化增值税一般纳税人试点政策,建立并扩大保税区外"飞地功能区",恢复并完善退出机制。四是创新内外贸金融支持模式。大力发展供应链金融,加快发展多元化金融服务,推动建立跨境人民币资金池,创立内外贸一体化发展专项扶持基金。

(四)夯实内涵,开拓内外贸一体化发展新境界

培育国际化企业集团,构建行业利益共同体,强化信息化数字化赋能,打造高端国际化品牌,将为江苏推进内外贸一体化发展开拓新局面。一是大力培育统筹内外的企业集团。培育一批"大而强、小而优"的物流龙头企业,鼓励有实力的物流企业开展国际资本运作,全面布局国际化物流网络;培育一批具

有产业链控制力的龙头企业,支持企业加大创新研发和品牌创建,实现对全产业链关键环节的掌控。二是支持发展合作协同的行业联盟。推动建立共同管理、合作协同、利益共享、风险共担的行业联盟,支持联盟成员企业抱团参与全球市场竞争,探索建立行业联盟共同发展基金,为企业开拓国内外市场、开展对内对外贸易提供资金支持。三是加快推进内外贸易的数字赋能。加快建设内外贸一体化的供应链数字化协同平台,推进供应链数字化转型;推动跨境智慧物流园区、智能仓储、智能货柜发展,实现物流园区数据可采集、可录入、可传输、可分析;依托国际贸易"单一窗口"建设,加快推进各部门间信息系统连接与数据交换;数字赋能"苏字码",推出质量承诺"苏字码",实施"一品一证一码"(即一个"苏字标"产品、一张"苏字标"证书、一个"苏字码")。四是打造高品质国际化市场品牌。在全省范围内,优选一批具有较强竞争力的企业进行国际化品牌重点培育,探索建立江苏国际品牌孵化库,加强自主品牌的市场宣传与推广,打造"苏字标江苏制造"区域公共品牌。

(省商务厅综合处)

江苏省口岸综合绩效评价办法（体系）研究

一 江苏口岸发展现状特征

国家口岸"十四五"发展规划中提出，要以口岸综合绩效评估为抓手，加快建设平安、效能、智慧、法治、绿色"五型"口岸，促进口岸治理能力现代化。江苏是开放型经济大省，国际经贸合作交流十分活跃，全省口岸数量众多且发展基础各不相同，通过制定科学化、定量化、特色化的指标体系，提出口岸综合绩效评价标准和管理办法，十分必要且具有重要意义。

至2020年年底，全省对外开放口岸共有26个，其中空运口岸9个，水运口岸17个（河港口岸12个、海港口岸5个）。2020年全省水运口岸完成外贸货运量、外贸集装箱运量分别达5.52亿吨、791万标箱，同比分别增长8.73%、3.15%；空运口岸完成出入境旅客、外贸货邮量分别达75.6万人次、8.97万吨，受疫情影响，同比分别下降88.41%、6.31%。

总体看,江苏口岸发展呈现以下特征:一是口岸数量众多,辐射面广。目前全省口岸数占全国总数的8.5%,其中空运口岸数位列全国第一,水运口岸数位列全国第二。国际运输航线形成网络,其中水运口岸开辟运行国际集装箱航线86条。二是口岸空水兼备、江海并举,基本形成了水空联动发展的立体口岸体系。水路运输通江达海,江海河联运成为江苏水运口岸的特色。三是口岸运输量大、外贸集中。外贸运输规模全国领先,全省6个港口外贸货运量占全省80%。四是口岸县域为主、布局分散。全省共有9个县(区市)级水运口岸,总体形成了部分地区"一县(区市)一口岸"的发展格局。五是口岸主体众多、非公为主。沿江沿海港口经营人近400家,80%以上的对外开放码头为服务后方产业发展的业主码头。

二 口岸高质量发展基本内涵

(一)"五型口岸"发展内涵

建设平安口岸,全面落实总体国家安全观,统筹发展和安全,有效提升口岸防范化解重大风险能力。主要指口岸设施设备性能安全,安全制度体系完备,安全管理和应急处置能力突出等。

建设效能口岸,深入推进口岸"放管服"改革,优流程、减单证、提效率、降成本,持续改善口岸营商环境。主要指口岸基础设施和通行能力强,口岸运行和产出效能高,通关便利化,口岸带动经济社会发展的能力强等。

建设智慧口岸,发挥科技先导和创新驱动作用,构建全流程、智慧化的口岸管理运行服务体系。主要指口岸先进设施设备应用广泛、口岸信息化系统覆盖度高、口岸信息共享程度高等。

建设法治口岸,加快构建新时代口岸法治体系,营造公开、透明、廉洁、高效的口岸执法环境。主要指口岸法制化管理水平高、管理服务高效、社会效益突出等。

建设绿色口岸,牢固树立绿色发展理念,推动口岸高效、可持续运行。主要指口岸污染治理能力强、节能减排效果突出、环境优美等。

(二) 口岸高质量发展内涵

(1) 硬件设施完备。口岸具有完备的运输设施、仓储堆存设施、监管设施等,硬件设施能力强、等级高、达到建设标准。

(2) 通行能力强。口岸进出口货物、出入境人员的通行能力强,通行量规模大、增长快,航线覆盖广、航班密度大。

(3) 投入产出高效。口岸能力开发和利用效率高,口岸查验等过程在人力、资金等方面的投入产出高效。

(4) 运行安全有序。口岸具有完备的安全(检验检疫、偷渡走私等)基础设施设备,安全和应急管理制度形成体系,安全运营管理高效,安全事故率低。

(5) 通关便利化程度高。口岸整体营商环境良好,创新口岸通关服务,通关效率高,通关时间和合规成本收费公开透明、公平公正。

(6) 智慧智能水平高。口岸具有完备的智慧智能硬件设施设备和软件信息系统,信息化、智能化、无纸化替代程度高,设备和系统维护保障能力强。

(7) 管理服务水平高。口岸能全面落实各类管理规定,建立落实口岸工作相关流程和制度,实施公开化、透明化的作业、执法流程,提供便利化、个性化的口岸服务

(8) 辐射带动能力强。口岸带动自身发展的能力强,带动腹地经济、产业发展的能力强。

(9) 绿色环保水平高。口岸污染治理能力强,节能减排效果突出,新能源、清洁能源使用广泛,绿色环保相关违法事件发生率低。

(10) 社会效益好。口岸服务国家重点战略和重大运输通道的能力强,在守边护边、维护国家和社会稳定、提升国际影响力、加强国际和区域合作交流等方面发挥重要作用。

三 口岸评价指标体系研究

(一) 指标体系构建原则

(1) 科学性。指标体系应科学合理,采用定量为主,定量和定性相结合的评价方式,在选择评价指标时,应注意各项指标的层次。评价方法的选择要注重客观、适用、可行,力求简单。

(2) 导向性。指标体系在衡量、评价功能的基础上,更重要的是发挥导向性作用,特别是结合口岸发展的新阶段、新形势,引导和激励行业相关单位把"促进口岸治理能力现代化,推进口岸高质量发展"作为工作重点。

(3) 差异性。指标体系应体现不同类型、不同规模、不同发展阶段口岸的差异性,实现口岸分类指导,选取能够反映不同类型口岸特征、相对独立的关键指标。

(4) 代表性。要求指标体系覆盖面广,能综合反映影响口岸综合绩效的各个方面,选择有代表性指标。

(5) 可测性。指标体系的选择既要注意切实可行,又要考虑指标现状值基础数据的可获取性,做到指标简单且易于解释,可采集、可量化、可对比。

(6) 动态性。充分考虑口岸综合绩效评价动态变化的属性,指标体系的设计需要遵循口岸发展规律,接轨国际口岸发展趋势,并与经济社会现代化发展进程相适应。

(7) 公开性。指标体系向所有口岸相关部门公开。强化口岸绩效评价管理,落实评价责任,规范评价程序,确保评价工作公平公正、公开透明。

(二) 指标建立、筛选过程和方法

江苏省口岸综合绩效评价指标体系的建立和筛选过程,要坚持由繁到简、由粗到精、由量到质,基于江苏口岸发展基本现状、特点,确定合理的口岸发展导向,根据正确的导向机制制定指标体系,重点开展四个阶段的工作。

一是分析导向、初设指标。从目标导向、经验导向、问题导向等出发,分析江苏口岸治理能力现代化、高质量发展的目标内涵,结合既有理论和经验资料的分析结果,针对口岸存在的主要问题,研究确定江苏省口岸综合绩效评估的初设指标体系。二是德尔菲调查、筛选指标。基于初设指标体系,成立评价小组,选择行业内知名专家,按照重要性、导向性、可测性三个维度对每个初设指标进行打分,整理测算指标综合得分,筛选淘汰综合得分较低的指标。三是征求意见,形成体系。多次与国家口岸办、省口岸办等口岸主管部门汇报沟通,在全省选取有代表性的口岸进行调研并征求意见,根据反馈建议对指标进行筛选和修改。四是修改完善,确定体系。进一步征求相关专家对指标体系的修改意见,开展论证和修改工作,并与国家口岸综合绩效评价指标体系进行对接,进一步修改完善后确定指标体系,共有10项一级指标、24项二级指标、73项三级指标。

(三)指标权重系数研究

本次研究采用层次分析法来确定各指标的权重系数,主要过程包括建立递阶层次结构模型,构造比较判别矩阵,层次单排序及一致性检验,层次总排序及一致性检验,在此基础上计算比较判别矩阵的特征值和特征向量,进行归一化处理后得到的权重向量即为指标体系的权重。以一级指标为例,计算得到比较判别矩阵的权重向量为[0.09,0.12,0.10,0.10,0.12,0.10,0.09,0.09,0.10,0.09],将此向量中各项数据作为江苏省口岸综合绩效评价一级指标中硬件设施、通行能力、投入产出、运行安全、通关便利化、智慧智能、管理服务、带动能力、绿色环保以及社会效益的权重。基于此方法,并结合具体指标数量反推等方法,区分水运口岸和空运口岸,分别确定口岸综合绩效评价二级、三级指标的相对权重系数,最终得到江苏省口岸综合绩效评价指标体系的权重结果。

(四)口岸综合绩效评分模拟试算

采用综合评分法对各口岸指标数据进行评分,以江苏省内典型口岸2020年统计数据为基础,选取太仓水运口岸、常熟水运口岸、张家港水运口岸、连云港水运口岸的统计数据作为案例,按照江苏省口岸综合绩效评价确定的指标体系、权重系数和评分方法,对 2020 年江苏各口岸综合绩效评价得分模拟试算如下(见表1、表2)。

表 1　示例口岸综合绩效评价得分情况

	一级指标权重									
	硬件设施	通行能力	投入产出	运行安全	通关便利化	智慧智能	管理服务	带动能力	绿色环保	社会效益
权重	0.09	0.12	0.10	0.10	0.12	0.10	0.09	0.09	0.10	0.09

表 2　示例口岸综合绩效评价得分

张家港水运口岸	常熟水运口岸	太仓水运口岸	连云港水运口岸
76.98	72.54	82.49	80.13

常州空运口岸		无锡空运口岸	
70.94		81.99	

综合考虑各口岸受到国家、部省表彰、批评等辅助考核指标加减分,以及是否发生事故等一票否决指标情况,结合各口岸综合绩效评价得分,得出各口岸综合排名,基本能反映各口岸客观运营状况,评分方法有效。

四　政策建议

一是加强组织协调。建立健全江苏口岸综合绩效评价管理实施办法编制、应用的组织和协调机制,成立江苏口岸综合绩效评价管理工作小组。强化各地口岸综合管理部门在全省口岸绩效管理办法编制、发布和实施中的统筹协调作用。

二是抓好责任落实。强化各单位主体责任意识,明确职责。各单位充分参与、献计献策,保证数据的全面性、客观性、真实性,做到实事求是、积极推动评价体系的落地,对指标体系在实际应用中产生的问题及时反馈。

三是加强评价管理与结果应用。加快研究出台《江苏省口岸综合绩效评价管理实施办法》,形成体系化、规范化的评价机制。加强对评价结果的应用,研究建立评价结果反馈和动态调节机制。注重对评价结果的留存、分析,建立口岸评价指标数据库。

四是加强人才保障。建立健全人才保障机制,组织专班人员开展年度口岸综合绩效评价工作,各地抽调专员参与对接。加强统计等相关人才培养,重点培养具备多维度、多视角及口岸综合管理能力的人才。

（省商务厅海港口岸处）

创新优化特色产业园及其产业链发展的思路与对策

推进特色园区高质量发展要以习近平新时代中国特色社会主义思想为指引,顺应国际、国内经济形势深刻改变,按照立足新发展阶段、贯彻新发展理念、构建新发展格局的总要求,深入贯彻省第十四次党代会精神,紧扣更大力度建设自主可控的现代产业体系这一主题,按照"特色、高端、低碳、集约"的原则制定特色园区支持政策,遵循不同产业链发展现状精准施策,做到"一园一策""一链一策",从而推动特色园区成为江苏双循环建设的一个重要支点,建成特色化、数字化、低碳化、高效化的现代产业园区。

一、完善认定标准和考评体系,引导特色园区高质量发展

(一)围绕"产业强链"计划明确重点特色方向

特色园区对江苏省13个先进制造业集群和战略性新兴产业、50条产业链领域生态建设起着重要的促进作用,认定省级特色园区时,优先考虑符合全省重点产业链打造

和所在地市重点产业链打造的特色园区,同时重点强调整个园区产业生态的打造与形成,按照定位鲜明、产业集中度和显示度高、配套完善、功能完备来认定和建设特色园区。

(二)实施分类认定体现园区发展差异性

特色园区的核心产业链领域之间存在巨大的差异,需实施分类评价。基本思路是既有开发区共性的发展指标,又有特色产业发展的占比、品牌、贡献度等目标;既有总量目标,又有体现集约集聚度的人均指标;既有反映科技创新水平的共性指标,又有领军科创团队和人才数量、高端特色创新平台建设等差异性指标。指标系统既考虑全省特色园区的高端引领,又兼顾因发展基础、发展阶段不同带来的发展水平差异性。省级特色园区的标准体系要在第三批标准基础上修订、完善,可大致分为发展水平、特色创新、"双碳"达标、国际和区域合作四个大项。

(三)引入动态调整管理的考核机制

建立并完善特色园区统计、评价长效机制,对特色园区认定标准的主要内容进行全面统计,加强对特色园区各类扶持资金使用情况、政策扶持的各项目进展情况实行重点跟踪和综合考核。对考评情况好的园区可增大扶持力度,每年评选"十佳"江苏省特色创新(产业)示范园区,给予资金、土地指标等奖励,实施末位淘汰制,连续两年考评位于倒数3位的,取消省级特色园区名称。

二 构建特色创新和公共服务平台,优化产业生态

特色园区要联合、支持优势企业及专业研究院所,搭建特色创新平台和公共服务平台,建立和优化产业生态,集聚特色产业所需的优质创新资源,形成以特色主导产业为核心,具有极强市场竞争力和现代产业体系的多维网络体系(见图1)。支持创新平台联通国家、省大型科学仪器设备共享服务平台。通过和境内外高新技术企业及大学、研究院合作,使大数据共享合作平台融入长三角、全国乃至全球创新体系,以企业技术需求为导向,以解决产业链"卡脖子"技术为重要任务,引进、研发产业链自主可控需要的核心基础零部件、元器

件、基础材料、先进工艺和相关产业技术。

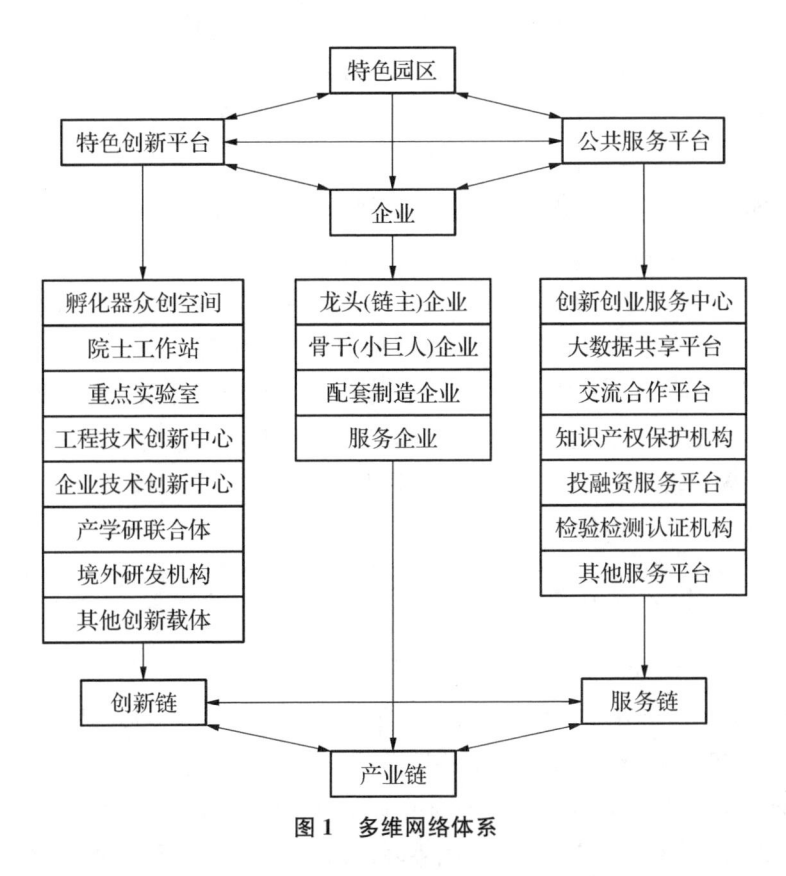

图1 多维网络体系

形成"政府＋专业机构"合作模式，打造高水平、开放型、一站式的公共服务平台，形成系统集成服务链，为特色创新和产业链高质量发展提供人才引进、培养、检测认证、投融资、知识产权保护、注册申报、生产销售、上市等全流程优质服务。

三、推进"强链工程"，提升特色园区产业链的引领力和协调性

（一）缺失环节"补链"

一是大力支持区内现有企业加大产业链关键环节的研发创新。通过实施

园区、地区重大科技专项、国家实验室等重大创新平台，围绕产业链构建创新链，积极开展前瞻性、探索性、基础性技术研究，增加技术储备，确保技术不断更新换代，形成一批有自主知识产权的核心技术、授权专利，全面提升自主创新能力，强化科研成果转化能力，形成研发投入和市场回报的良性循环。

二是促进国内区内产业链境外"链主"企业、跨国公司在国内"补链"投资。支持微软、阿斯利康、台积电、卡特彼勒、海力士、远景科技等在江苏投资的跨国公司发挥产业链"链主"作用，投资产业链的薄弱环节和创新平台以及服务业，补链固链，提供一切必要条件和优良投资环境，和国内配套企业、国内市场形成互利共赢的利益共同体，帮助他们继续开拓国内市场。

三是鼓励特色园区内的本土企业"走出去"。投资和并购面向产业链中上游的中小型高科技企业，充分发挥在境外投资的研发中心、科技企业和外籍专家作用，用好国际国内两种人才、两种资源、两个市场，开展国际合作，融入全球创新体系和产业链体系。

（二）优势环节"强链"

针对特色园区产业链的优势环节不断强链。一是支持龙头企业以商引商、强强联合。各园区要建立特色产业项目库、企业库、专家库、产品库，研究制定产业链图、技术路线图、应用领域图、区域分布图等产业链招商地图。瞄准全球行业龙头企业、国内行业百强企业、境内外上市行业企业、新业态标杆企业，放大龙头企业的辐射、虹吸优势，着眼于关联"左右"和"供需"上下游的产业链条，开展产业链招商、强强合作招商、龙头配套招商。二是引进、培育一批专注于细分市场，创新能力强、质量效益优的专精特新"小巨人"企业和市场占有率高、掌握关键核心技术的单打冠军。三是支持产业链龙头、骨干企业向上游设计、研发，下游终端产品、名牌名标创建，品牌国际化营销、供应链服务和价值链高端环节等方面进军。

（三）配套、协同"延链"

引导特色园区由单纯性的制造业园区向服务型制造业园区、两业融合型园区转型，构建两业协同发展生态，形成"制造＋服务"产业链条。推进园区内外产业链协作配套和产业链上下游联动发展。优化产业链配套半径,鼓励中小型企业以专业化代工、服务外包、订单生产等方式与境内外龙头企业建立稳定的合作关系,提升协作配套水平。鼓励进行区域内协同分工,鼓励有基础的园区在链上细分环节做强、做大,促进主导产业同类型的特色园区开展上下游纵向分工协作,避免在全省范围内形成重复建设和产能过剩。

四 争创政策比较优势,赋能特色园区高质量发展

(一) 构建特色园区综合系统性政策支持体系

优先支持特色园区在省委、省政府确定的"531"产业链递进培育工程中发挥重大载体作用,建议制定"1+2+N"特色园区支持政策体系,即省政府下发一个关于促进现代产业园区高质量发展若干意见的指导性文件,市、县两级政府出台相关配套政策措施,省政府各相关部门制定相关支持政策细则。

(二) 强化资源要素精准配置

一是强化引才、育才、用才政策支持。支持地方政府和特色园区制定特色产业引才、育才政策,和国家、省相关人才政策形成叠加效应,建立产业链引才、创新平台引才、以才引才、离岸引才、柔性引才新模式,绘制特色产业招才地图,引进行业内领军人才和团队。支持地方政府和特色园区多措并举,解决省级重点产业链企业经营者、高管和科学家、核心技术人员个人所得税高于相关城市的问题,为他们在落户安家补贴、住房、子女就学、健康医疗等方面提供优质服务。

二是强化土地资源精准供给和能耗指标、环境容量保障。优先保障特色园区内产业链龙头、骨干企业、重大产业项目用地需求,建议对纳入"531"产业链递进培育工程,投资10亿元、注册外资1亿美元以上的重大项目以及省级以上科创平台和公共服务平台,继续执行省点供土地指标政策。对卓越产业链重点产业项目可先供地,后由省、市结算用地指标,能耗指标和环境容量由省安排结算。采取50年土地出让年期,地价实行底线管理,工业用地出让最

低可按照全国工业用地最低价出让价标准执行,研发用地出让最低按全省研发用基准地价执行。探索通过财政平衡或商业平衡模式,研究完善促进激活存量土地的税费和财政政策,设立由省、市、县三级财政支持、出资的千亿级园区二次开发基金,推动园区"腾笼换鸟"、转型升级。推动产业用地提容增效,按照不同地区、不同地块级差地租的实际情况,研究制定有差异的工业用地容积率指导性标准,存量工业用地经批准,发展高层工业楼宇、增加地下空间的不再增收土地价款和土地佣金,权限人、权益类型在10年过渡期暂不变更。

三是强化财政金融支持力度。加大省、市、县三级商务、科技、产业专项经筹力度,综合运用投资补助、资本金、资款补息、委托贷款等多种方式,聚焦支持、连续支持重点产业链产业项目、总部经济、外资区域功能性中心和省级以上各类创新平台、公共服务平台建设。鼓励金融机构围绕特色园区及其产业链融资需求制定专项融资方案,设立省级千亿级面向特色园区及其先进制造业的中长期信贷专项资金,给予贴息、低息支持。按照政府资助和特色园区出资引导,吸引各类资本共同建立产业基金;支持特色园区内符合条件的制造业企业开展债券融资,加大政策性担保基金对中小科技企业融资增信支持力度。

(三)创新与优化特色园区管理、运行体制

一是创新特色园区的管理体制。有条件的特色园区可以组建自主经营、自负盈亏的园区经营管理公司。畅通政府引导、市场主导特色园区的体制机制,赋能特色园区,积极探索特色园区走自主经营、自我发展之路。

二是以产业链为纽带,推动园区优化整合。支持带动、辐射能力强的特色园区以产业链为纽带,兼并、整合周边相似产业结构的园区和工业集中区。积极参加长三角产业链、供应链、创新链一体化建设,支持上海龙头企业和特色园区,以全域供应链、产业链、创新链为纽带,以产业合作、园区共建、联动创新为形式,和江苏相关特色园区深度合作,符合基本条件的优先批准设立省级开发区。

三是改革科技创新成果分配制度。鼓励相关专业大学院校、研究院(所)教师、科研人员及学生到特色园区开展科学研究、技术攻关、科研成果产业化,试点科技效益股权化,创新成果由投资人、科技人员和园区共享。

四是加快特色园区数字化转型。加快特色园区所在国家级或省级开发区数字化改革，大力发展数字化制造业、数字化服务业、数字化政务，建设数字园区"智能秒办"事项；聚焦新网络、新设施、新平台、新终端，加快以 5G 为代表的信息基础设施、人工智能、工业互联网、智能网联汽车、智能电网等领域新型基础设施建设。

五是支持特色园区创新政策试点。把自贸试验区和开发区联动创新政策扩大至整个省级特色园区；密切关注国内外新兴产业发展动态和各地扶持政策变化，对达到国家最高水平的优势和卓越产业链所在的特色园区，在土地供应、财政支持、人才奖励等方面参照全国尤其是长三角、大湾区等发达地区扶持政策的最高标准，引用自动适用原则，多措并举补齐政策短板。

六是建立省领导联系重点特色园区及其产业链制度。为重大产业项目组织专业性工作专班，为建立服务协调机制，为项目及人才引进，为企业生产、生活，为优化营商环境，提供全方位、一条龙满意服务。

（四）建议省委、省政府适时召开全省现代产业园区发展大会

会议主要任务是贯彻落实第十四次党代会精神，在 2017 年全省开发区改革创新大会提出"一特三提升"的基础上，重点聚焦研究和部署"更大力度建设自主可控的现代产业体系"，建设"一支点、四园区"开发区，即把江苏省开发区建成双循环的一个重要支点和以特色产业园区为基础，绿色低碳园区、数字智慧园区、高效治理园区协同推进的现代化产业园区。在深入调查研究基础上，出台《推进现代产业园高质量发展三年行动计划》，促进开发区走上以经济效益为中心，特色化、数字化、低碳化、国际化的现代化发展道路。

（省商务厅开发区处）

推动江苏离岸贸易高质量发展的若干建议

2021年7月2日,国务院办公厅印发《关于加快发展外贸新业态新模式的意见》,提出要稳步推进离岸贸易发展,支持具备条件并有较强竞争力和管理能力的城市和地区发展离岸贸易。9月3日,国务院印发《关于推进自由贸易试验区贸易投资便利化改革创新的若干措施》,支持自贸试验区发展离岸贸易,释放新型贸易方式潜力。近日,央行、外汇局就《支持新型离岸国际贸易发展有关问题》公开征求意见,重点支持基于实体经济创新发展以及提升产业链供应链完整性等目的开展的新型离岸国际贸易。

离岸贸易是近年来出现的一种新型国际贸易形式,其主要特征是订单流、货物流和资金流"三流"分离。离岸贸易作为新型国际贸易方式,对于提升地区在全球产业链、供应链和价值链的地位,提升全球资源配置能力,发展区域总部经济有重要作用。作为现代国际贸易高级形态,离岸贸易正日益成为国际贸易中心的核心功能之一,其发达程度已成为衡量一个国家(地区)是否具备国际贸易中心枢纽功能的重要标志,代表区域参与国际市场竞争、配置全球市场资源的能力。当前,江苏加快发展外贸新业态新模式、培育新动能的任务十分紧迫,大力发展离岸贸易应将成为未来江苏打造具有世界聚合力的双向开放枢纽的重要着力点和增长点。

一、江苏加快发展离岸贸易的必要性

(一) 从国家层面看

随着全球价值链的结构性变化和我国海外投资贸易网络的日益拓展,离岸贸易对推动开放型经济高质量发展意义重大。

当前国际疫情蔓延给全球价值链和世界经济带来新的冲击,这些新变量与原有变量相互交织,将对我国离岸业务发展产生重要影响。发展离岸贸易面临新机遇,从各地特别是上海、海南近年来的实践看,加大力度推动离岸贸易加速发展,已经成为集聚高能级贸易型总部,打造国际贸易中心,提升地区在国际经贸格局中的辐射力、影响力的重要途径。

(二) 从江苏层面看

"十四五"时期提出打造具有世界聚合力的双向开放枢纽,是全省经济社会发展战略的重大突破,江苏发展离岸贸易既有条件又有竞争力。

国际贸易发展的新形势新变化对江苏提出了新要求,特别是与上海、浙江等发达地区相比,江苏新型业态体量偏小、开放型经济新动能有待增强、市场主体活跃度不够、专业人才缺乏等问题相对突出。江苏发展离岸贸易可以有效带动资本、产业、技术和人才等关键要素集聚,助力发展总部经济,培育本土跨国公司,更好地提升江苏对全球产业链、供应链和价值链的控制能力。

(三) 从江苏自贸试验区层面看

离岸业务发达是国际一流自由贸易港(区)的重要特征,江苏自贸试验区亟待在离岸业务上取得明显突破。

离岸贸易涉及大量国际通行规则,可以作为我国快速对接国际经贸规则的桥梁,为更快适应制度性贸易规则逐步取代关税等传统贸易壁垒的国际贸易新舞台积累有益经验。江苏自贸试验区中南京、苏州、连云港三大片区各具特色,苏州是最早获得国家商务部和外汇总局支持发展离岸贸易的地区之一,优势突出,南京和连云港在发展贸易型总部和转口离岸贸易方面有较大潜力。相比上海、海南以国际国内转口贸易和大宗商品交易为主的离岸贸易,江苏发展离岸贸易既不是简单依靠税收优惠政策,又降低了对FT账户的依赖性,更多依靠制造业发达、全球产业链综合优势以及管理能力的提升,确保做到离岸贸易发展风险可控,因而具有向全国复制推广的意义。

一、江苏发展离岸业务具备良好态势,但仍面临诸多突出问题和瓶颈障碍

(一)江苏离岸贸易发展基本情况

据外汇管理局江苏省分局统计①,2016—2020年,五年间,全省离岸贸易跨境收支规模总体呈现下降趋势,2020年江苏省离岸贸易跨境收支规模93.45亿美元,其中收入47.41亿美元,支出46.04亿美元。2021年前8个月全省离岸贸易跨境收支规模回升幅度较大,全省离岸贸易跨境收支规模为90.9亿美元。分地区来看,2018年至2021年8月,无锡全市离岸收支规模均居全省第一,南通、苏州、南京则紧随其后、交替变换,其余地区离岸贸易规模总体较小。全省离岸贸易业务类型主要可分为四类:一是外资跨国集团的内部交易;二是大型外贸企业的国际大宗商品贸易;三是"走出去"企业的总部运作;四是跨国供应链统筹整合。

(二)面临的主要困难问题

一是各部门对离岸业务发展的认识和作用有待进一步提高。据了解,一些地方和部门不了解该项业务,对离岸贸易的关注度不够,同时也没有充分意识到发展离岸贸易对提升产业链枢纽管控能力的重要作用,存在着一定认识

---

① 根据外汇管理局江苏省分局要求,离岸贸易跨境收支统计数据仅限内部使用。

误区。

二是国内银行展业能力不足。近年来外汇局持续推进"放管服"改革,真实合法的经常项目项下跨境资金结算均可在银行直接办理。但在实际操作中,部分银行还是停留在传统的凭交易单证进行真实性审核的阶段,未能做到对不同的客户分类施策,不能适应新业态的发展。

三是财税政策吸引不强。离岸贸易企业所得税税率偏高。跨国公司在江苏开展离岸贸易的税负成本明显大于新加坡和中国香港地区。离岸贸易作为新型中间商贸易往往在同一笔货物贸易中存在着多项合同关系。按照现行印花税征收条例,当所有合同关系存在时均需多环节缴纳印花税。

四是资金融通能力有待提升。对于离岸贸易企业的融资需求和避险需求,部分银行未能有针对性地开发金融产品和金融服务,仍按照传统授信模式给予融资或避险产品支持,不能适应满足新业态的发展需求。

三 "十四五"江苏大力发展离岸业务的思路和对策建议

(一) 基本思路

一是立足制造业大省实际,把更好地服务实体经济发展放在首要位置。江苏发展离岸业务,本质上来源于中国经济高质量发展和面向全球的投资贸易网络不断深化的需求,而非就离岸谈离岸。江苏制造业规模居全国首位,产业门类齐全,开放程度高,要紧密立足国际价值链合作和企业走出去的迫切需要,着眼于稳定产业链供应链,提升价值链,提升全省高端枢纽管控能力和全球资源配置能力。二是制定科学合理的发展路径,稳步有序打造具有江苏特色的离岸贸易发展模式。要综合比较国际上不同模式的优劣,采取最符合我国国情和江苏实际的发展路径,发展具有自身特色的创新离岸贸易模式。江苏离岸贸易不应简单地与新加坡、中国香港地区纯离岸模式类比,也不能参照海南、上海发展模式,江苏的离岸贸易是以制造业企业真实交易、跨国公司供应链服务、本土"走出去"企业中间品流动为特点的新型离岸贸易,是将供应链整合作为有效撬动制造业转型支点的供应链枢纽型离岸贸易。三是构建全面风险管理体系,切实提升风险防范水平。风险防范是底线,也是成功的关键,只有管得住,才能放得开。离岸业务监管也应基于宏观审慎原则,采取由紧到松逐步放开的策略,要支持有条件的地方利用科技手段提升离岸贸易的监管能力,充分运用最新信息技术和沙盒监管方式,牢牢守住风险防控底线。

(二) 对策建议

1. 优化离岸贸易体制机制

一是加强离岸贸易工作的统筹推进,依托省开放型经济工作领导小组统筹协调离岸贸易发展工作,完善商务、外汇管理、市场监管、税务、人行等部门协作推进机制,及时研究解决重点、难点问题,近期加快落实国办文件精神,出台省级关于加快发展包括离岸贸易在内的外贸新业态新模式的政策性文件。积极向上争取,争取苏州在全国率先开展离岸贸易试点,支持南京、南通、无锡、连云港等地做好试点申请准备工作,昆山金改区打造"两岸离岸贸易合作先行区"。二是由江苏自贸试验区工作办公室重点研究离岸贸易的制度集成创新方案,在自贸试验区构建与国际高水平规则相衔接的制度体系,从资金流动、贸易便利、财税扶持、法律适用、风险防范等方面为离岸贸易高质量发展赋能。三是建立健全金融支持离岸贸易发展的制度环境,引导激励银行提升综合金融服务能力,畅通离岸贸易服务渠道。四是围绕全省外向度较强的战略性新兴产业(如生物医药、集成电路等)出台专项的离岸贸易扶持措施,围绕龙头企业分拨和结算需求,打造全产业链政策体系。

2. 开展离岸贸易统计创新

结合国际上关于离岸贸易统计方法的经验开展离岸贸易统计创新:一是参考新加坡和中国香港地区的分类方法,在服务贸易统计内单列"离岸贸易相关的商品服务"(即贸易商提供的不涉及所有权转移的佣金服务)子项,并将其纳入国际收支平衡表中;二是借鉴世界贸易组织供给方式统计服务贸易的做法,将分销服务中的"商贸服务"价差收入纳入服务贸易统计中;三是对典型样本企业的离岸贸易开展调查和跟踪统计。以掌握离岸贸易所涉产品、国别、进出口流向、利润率等全面的统计信息,为离岸贸易发展提供决策依据。

3. 研究支持离岸贸易发展的相关配套政策

一是在自贸试验区探索建立离岸型跨境贸易业务白名单制度。苏州片区先行选取具备一定规模，有离岸型跨境贸易业务经验，无监管不良记录的大型央企、国企、跨国公司等优质企业纳入"白名单"，准予"白名单"企业开展离岸型跨境贸易业务，同时根据业务开展情况对企业"白名单"进行动态管理。对白名单客户允许银行业机构适当自主简化审核要求（不再严格要求证实交易实际存在的提单和发票等单据，而是明确根据"展业三原则"由金融机构自主决定）。二是支持商业银行为真实合法的离岸贸易提供经常项下外汇结算便利服务。推动银行在精准识别新型离岸国际贸易客户身份和业务模式的基础上，优化金融服务，为诚信守法企业开展真实、合法新型离岸国际贸易提供跨境资金结算便利。三是研究制定鼓励离岸贸易发展的财政税收政策，降低离岸贸易合同印花税率。建议参照相关政策，对离岸贸易合同执行万分之零点五的印花税率。四是加大财政支持力度。在地方政府的税权范围内，减免企业的地方税费，鼓励企业从事离岸贸易。

4. 完善新型国际贸易服务平台建设

鼓励苏州结合联动国家级境外投资服务示范平台，加快完善以全球产业链价值链数据为核心的新型国际贸易服务平台功能，推进长三角区域合作交流，建立部门间数据信息共享互换机制，除了依靠区块链、物联网等技术手段获取货物舱单、物流轨迹等数据，探索融入企业征信、供应商、采购商等数据信息，通过供应链追踪核查进一步完善贸易真实性审核，为离岸贸易的各个环节提供咨询、认证、代理、物流、争议解决等多种服务，平台运行成熟后，向全省推广使用。

5. 培育离岸贸易标杆示范企业

将离岸贸易主体培育与总部经济和"走出去"高质量发展相结合，鼓励本土企业开展离岸贸易，强化示范企业的辐射带动效应。支持符合条件的离岸贸易企业审定认定为地区总部、运营中心等，借鉴上海、海南"全球营运商计划"（GOP）启动江苏版"全球产业链主计划"（GIMP），支持以全球产业链管控为核心，叠加全球采购、投资管理、资金结算等战略决策职能，研究"一企一策"

专属支持方案。支持符合条件的离岸转手买卖贸易企业申请认定技术先进型服务企业,经认定的技术先进型服务企业所得税率降为15%。

6. 鼓励企业融入数据跨境流动治理体系

除政府外,以市场化形式完善数据跨境治理体系、创新离岸贸易发展场景也不失为一种发展离岸贸易的重要途径。江苏自贸区,特别是苏州片区,跨国公司地区总部企业集聚度高,离岸贸易发展空间大,要积极引导企业基于自身全球业务布局,建立企业间数据互信机制,促进数据跨境流动。另外,可参考海南经验,重点打造1至2家数字企业,在保证数据安全的前提下,建立港口、船运数据库,力争做到单证实时查询。另外,一些行业协会、商会手中也掌握着大量企业信息和贸易数据,也可作为数据跨境流动治理体系的参与者。

7. 营造高效、规范的营商环境

借鉴伦敦、中国香港地区、新加坡等国际一流离岸金融中心经验,构建与国际接轨的法制环境,打造高效运转的法律机制,形成内外一致的执法口径;由于大陆的法律体系与市场上主流金融市场和机构所适用的英美法系不同,建议自贸试验区对标国际最佳实践,赋权企业自主选择权,加快探索实施更具竞争力的开放政策和制度,承担更大的风险压力测试。梳理发展离岸贸易所需的人才类型,打造专业团队,加大离岸新型国际贸易高端人才的引进和培育力度。给予从事离岸贸易的服务高级人才、与离岸贸易服务产业相关的组织、协会、智库等税收优惠政策。

(省商务厅对外贸易处、江苏省国际经济贸易研究所)

江苏省服务贸易数字化升级的思路与对策报告

一 江苏省服务贸易数字化升级发展现状

为了全面、科学评估当前江苏省服务贸易数字化转型和升级的情况,建立"服务贸易数字化成熟度指数"评价指标体系及计算方法,针对南京、苏州和无锡3个城市、5个园区和全省335家服贸重点企业开展问卷和实地调研,对江苏省服务贸易数字化转型升级情况进行全面评估。

企业调研和统计样本数据的最终测算结果显示,2020年江苏省服务贸易的数字化成熟度指数为0.37,数字服务贸易进出口约为160.2亿美元,产业规模突破千亿,整体数字化升级处于成长阶段。横向比较分析,当前江苏省服务贸易数字化成熟度指数高于全国平均水平(0.29),仅次于上海(0.40)和北京(0.38)而位居全国第三,数字服务贸易规模位居全国第五,在全国处于领先发展水平。"服务外包""电信、计算机和信息服务""数字技术服务""知识产权使用费""其他商业服务"等重点领域已经形成较好基础。

当前,江苏省服务贸易数字化升级仍然面临诸多问题及挑战。例如,政府层面缺乏统一明确的规划和管理体系;企业层面数字化升级成本高、周期长;要素层面产业人才资金等要素不健全;外部环境层面国际贸易风险和壁垒。

二 江苏省服务贸易数字化升级的思路与对策

(一) 江苏省服务贸易数字化升级发展的定位及思路

立足江苏省成熟完善的服务外包产业发展生态系统,聚焦数字服务贸易新业态新模式的发展需求,充分挖掘和发挥江苏省制造业数字化转型内需市场优势,以数字技术和知识服务为核心驱动力,以建设产业数字化服务全球贸易枢纽为目标,紧紧围绕国内外制造业数字化转型所带来的数字服务需求,积极探索数字服务内循环形成的解决方案和应用场景"反向输出"国际市场的江苏数字贸易创新发展路径,形成"制造服务化—服务数字化—数字贸易化"的江苏数字贸易三级发展特色,形成"一区双核四工程"的数字服务贸易发展体系。

"一区"即"数字贸易融合发展示范区",将江苏打造成为中国数字经济和全球数字贸易双循环的融合发展示范区。

"双核"即以南京和苏州作为数字服务贸易核心示范和引领城市,以无锡和南通为两翼联动城市,其他城市多点联动,特色发展,形成江苏省数字服务贸易双核两翼多点发展格局。

"四工程"则是基于数字服务贸易产业链的政府端、供给端、需求端和生态端四个维度,实施数字贸易顶层设计完善工程、双循环畅通工程、市场主体培育工程和生态系统优化工程。

(二) 江苏省数字服务贸易升级对策专题建议

1. 研究和制定国内力度最大的政策体系

一是最开放的人才流动政策。认定数字贸易人才教育培训基地,出台数字贸易紧缺人才名录,建立灵活多元的数字高端人才认定机制,推动数字人才职业资格国际互认,搭建国际数字人才流动"绿色通道"。

二是最活跃的资本支持政策。积极推动自由贸易账户和本外币一体化资金池等资金便利化政策,完善新金融监管制度和技术体系,建立数字贸易引导基金和一批重点领域子基金。

三是最有力的数字建设政策。加强企业数字化研发投入补贴力度,加强国际专线与加密软硬件采购费用补贴力度,建立"数字贸易国际化商务工具和试点企业白名单",认定数字化转型公共服务平台,建立数字贸易转型服务商名录。

四是最完善的国际拓展政策。进一步加强与海外重点市场在数字经济和贸易领域的合作,积极有序扩大数字贸易对外开放。支持搭建国际数字贸易合作平台,建立国内外服务商数据库,建立"海外数字化营销平台白名单"与试点企业名单,加强企业海外数字化营销投入补贴力度。

2. 建立并持续完善优化数字贸易统计体系

一是形成数字服务贸易统计制度。立足商务部、国家统计局《国际服务贸易统计监测制度》《服务外包统计调查制度》,依托商务部"服务贸易统计监测管理信息系统"和"服务外包及软件出口信息管理应用系统",基于数字服务贸易重点企业库和数字服务贸易重点企业联系制度,编制数字服务贸易数据统计指南,扩大数字服务贸易纳统范围,加强统计培训,建立统计监测系统数据核查、退回和通报制度,提高数据质量。搭建数字服务贸易数据统计监测平台,选择中国(南京)软件谷,或者苏州工业园开展平台一期试点,后逐步扩展至全省范围。

二是完善数字贸易分类体系。基于数字贸易的定义和分类研究,对当前服务贸易和外包统计体系的分类进行完善,将数字贸易的新兴和特色领域纳入其中。从数据统计的角度理解,部分细分领域涉及对原有统计数据的细分,但并不改变现有统计结果,如5G服务、物联网(工业互联网)服务、数字学习(远程教育)、数字医疗(远程诊疗)及卫星定位服务;部分细分领域涉及原有数据的细分以及新增,如数字媒体服务及相关子项、数字阅读服务及相关子项、数字娱乐服务及相关子项以及数字中介平台服务及相关子项。

3. 实施推动数字贸易"反向输出"三步走战略

第一步,开展数字贸易"百业千企"专项行动。强化数字服务的应用场景拓展,立足江苏数字经济内循环,培育数字贸易企业的核心能力。把握江苏省制造强省和数字经济发展趋势和机遇,鼓励和支持数字服务企业,深入挖掘制造、电信、金融、商贸、政府和公共服务领域等 100 个重点领域的数字化产品和服务需求,汇总形成 1 000 个数字贸易企业的创新应用场景和解决方案。持续加强数字服务企业技术、资源、经验积累,借助数字服务出口平台更好地实现数字服务的"反向输出"和国际出口。

第二步,实施跨行业"借船出海"行动。针对数字服务贸易企业国际市场开拓难点,深化跨行业、跨部门合作,伴随中国对外投资共同走出去。积极推动与外经处等部门的交流与合作,汇集和整理江苏省对外投资和工程的企业以及项目名录,立足江苏省数字贸易重点企业数据库,搭建跨行业交流与合作平台,帮助服务贸易企业建立面对面交流机会,支持数字贸易企业跟随型出海。

第三步,深化制造业数字服务中心建设。紧抓制造业数字化和服务化升级发展趋势和机遇,制定专项政策,吸引跨国企业和江苏省本地制造业的研发中心、后台服务中心、财务结算中心等总部性质机构在江苏省数字服务贸易特色基地落地,推动数字服务贸易集群发展,推动服务出口规模和能力扩大与提升。

4. 推动和形成数字贸易的"江苏标准"

标准就是话语权,在数字贸易领域积极构建多层次的综合标准体系,从易到难循次渐进,建立研制相关省级标准和行业标准。以产业链为纽带,依托行业协会、产业联盟和大中型骨干企业,提升重点领域上下游产业标准的协同性和配套性,建立覆盖全产业链和产品全生命周期的标准体系。

每年形成 50 个数字服务贸易领域内的团体标准。以垂直行业和国别双维度建立江苏省数字贸易企业案例库和推荐服务商库,定期持续更新,面向国内外发布宣传。以直接客户评价为核心特色建立企业及案例评估体系,通过政府和第三方机构认证背书赋予案例公信力,加强企业及案例库完善更新和宣传推广力度,逐步扩大数字贸易重点企业的品牌和国际影响力。进而汇总行业＋国别的同类案例,以各个服务案例的SLA为基础形成江苏省该项服务的SLB(Service Level Benchmark),对于合格服务企业给予江苏省SLB认证,同时基于SLB进而形成团体标准及行业标准。通过国际合作标准互认提升标准的国际影响力,形成江苏数字贸易的品质形象。

5. 建立国际市场"1库1平台1宝典"体系

针对国际市场规则对接的核心"痛点",建设数字贸易规则"1库1平台1宝典",推动国际贸易壁垒攻坚工程。

一是建立数字贸易专家智库。链接国内外服务贸易,尤其是数字贸易相关领域的研究咨询机构和专家资源,组建江苏省数字贸易研究院,为产业发展战略决策、专题研究、宣传推广及沟通交流等提供智力支持。

二是建立数字贸易智库平台。依托智库,搭建江苏省数字贸易智库平台,整合全球重点市场相关的数字贸易规则文件,在数字贸易行业主管部门支持下,由平台运营主体负责相关文件和数据充实及更新,平台文件和数据可供相关部门和企业查阅并规范使用,加强国际数字贸易规则变化监测。

三是编制和发布国际数字贸易规则解读宝典。针对重点国家和行业的数字贸易相关规则、法律法规和流程等进行全面解读,为数字服务出口企业答疑解惑。加强对数字贸易发展与国际规则问题研究,开展关于数字贸易壁垒、知识产权保护、数字贸易统计、争端解决机制、新型数字贸易规则影响等一系列问题的研究,为国际业务开展、规则对接,以及应对可能出现的"电子摩擦"做好准备。依托智库,加强长三角地区数字贸易治理与相关法律法规体系的完善,在数字贸易发展制度环境建设方面形成江苏示范和案例。

6. 完善数字贸易人才供应链体系

一是加强数字服务贸易人才引进。加大国际和省外数字化人才引进力度。对数字贸易高层次人才、紧缺人才给予个人所得税给予补贴,对数字贸易顶尖人才"一事一议"给予专项奖励资金。在户籍、居住、子女教育等方面出台配套政策。引导新录用人员补助、在职人员专业资格认证等支持政策重点向数字服务贸易企业倾斜。鼓励符合条件的数字服务贸易企业对重要技术人员和管理人员实施股权激励政策。以数字服务贸易示范基地为试点,探索制定园区适用的数字贸易人才分类标准,承担本园区外国人来华工作许可预审批职能。探索外国高端人才互认机制和外国人工作、居留许可单一窗口模式,为江苏省内外国人才引进和流动提供更大便利。下放外国人来华工作许可审批权,赋予各地市和自贸片区引进外国人才的管理权与自主权,不断加大外国人才引进和服务力度。通过和国外顶尖大学和科研机构共建国内实验室、研发中心等多种合作方式吸引人才,减少引进成本。

二是强化数字服务贸易人才培养。充分利用长三角国际一流水平高校数量多、质量好的优势,与长三角的科研院所、知名高校和传统行业的大型企业进行数字化人才联合研究,积极探索建立江苏省数字贸易人才认定和培养标准。在全省建设认定十个左右的数字贸易紧缺人才培养培训基地,引导各类高校、培训机构和企业以校企深度联合培养为手段,针对行业发展与需求开展大数据、人工智能等数字贸易相关专业和学科建设,完善教材体系,布局面向数字贸易细分领域的技术人才、管理人才及跨界人才,尤其是紧缺型人才的定向培养。引导人才培训和培养基地等支持政策重点向数字贸易领域倾斜。

三是建立数字人才蓄水池和供应链。加强人才数据统计与跟踪,建立数字贸易人才蓄水池和数据库,定期维护,面向省内企业开放。聚集和引导猎头机构、人才派遣公司等人力资源服务机构为全省数字贸易企业提供精准的人才服务。

7. 探索建立新"九通一平"的江苏省数字贸易一体化发展体系

"标准通",指导和鼓励各市积极加强数字贸易行业标准建设,鼓励跨地区跨行业的数字服务产学研合作,在省内率先实现相关数字服务贸易团体标准的应用和推广。

"规则通",在试点地区积极探索数字贸易规则研究,积极推动机制改革与创新,形成多项改革成果及实践经验,率先在全省范围内推广,形成一批可复制的成果和经验。

"数据通",积极推动全省数字服务贸易定义、分类和统计体系的统一,逐步建立政府部门信息共享和数据交换机制,实现服务贸易发展协调机制成员单位相关工作数据共享。

"技术通",加强省内的数字技术研发、交流、创新与交易体系的一体化发展。鼓励全省科研机构、高校和企业加强外部交流与合作,围绕数字核心技术开展前瞻性研究,强化对传统产业数字化转型支持,为数字贸易产业提供全寿命周期、全量传链、全产业链的质量技术服务支撑能力。

"资金通",完善与数字贸易相适应的基金合作机制,充分整合省内社会资本和金融服务机构资源,拓宽数字贸易企业融资通道。

"人才通",立足江苏省数字贸易人才数据库,积极推动省内的人才资源共享,融通调配人才在省内的自由流动与就业。

"市场通",鼓励省内相互开放本地市场需求,推动全省传统企业剥离数字服务业务需求并向数字服务贸易企业发包,立足内需市场,提升数字服务能力,培育一批成熟的产品及解决方案,反向输出支持数字服务出口能力提升。

"服务通",整合全省范围内各市数字贸易领域内的行业资源,包括各类产业公共服务平台,以及人才、认证、金融、法律等第三方服务机构,扩大服务范围,提升服务能级,全面优化江苏省数字贸易发展公共服务体系。

"信息通",加强省内的数字贸易信息共享机制,分享关于国内外产业发展的最新资讯和趋势变化,国家战略及相关政策解读,企业创新案例及重要项目资源信息等等。

"大平台",共建共享数字贸易产业公共服务大平台,包括交易平台、技术平台、培训平台、统计平台等。加强各市之间的资源统筹与协同发展,合理规划建设新的区域性产业公共服务平台,避免重复建设和资源浪费。

8. 建立江苏省数字贸易"服务券"

参考借鉴长三角科技创新券的做法,建立江苏省数字贸易"服务券"。即立足江苏省数字贸易和服务贸易公共服务平台体系以及合格服务商名单，通过面向数字贸易和服务贸易企业发放"服务券"的方式，为企业采购平台及服务商的专业服务提供补贴，深化产业合作，推动数字贸易产业生态的进一步完善与优化。

（省商务厅服务贸易和商贸服务业处）

以制度集成创新为支撑推动江苏省自贸试验区新经济新支柱产业发展研究

2021年1月26日,江苏省时任省长吴政隆在政府工作报告中指出,要"高标准高质量建设自贸试验区,在制度集成创新、培育新经济和新支柱产业上见到更大成效。"2021年7月9日,习近平总书记主持召开中央全面深化改革委员会第二十次会议,提出"对标高标准国际经贸规则,积极推动制度创新,以更大力度谋划和推进自由贸易试验区高质量发展。"自贸试验区围绕推动新经济新支柱产业发展,积极开展制度集成创新探索,是推动实体经济创新发展和产业转型升级的内在要求,是加快构建以国内大循环为主体、国内国际双循环相互促进的新发展格局的根本路径。

一 以制度集成创新为支撑推动全省自贸试验区新经济新支柱产业发展的总体思路

"十四五"时期,江苏自贸试验区要以习近平新时代中国特色社会主义思想为指导,对标"争当表率、争做示范、走在前列"的历史使命,紧扣自身战略定位,牢固确立系统性、整体性、协同性的全面深化改革思维,密切跟踪新一轮科技革命和产业变革的最前沿,把握新经济新业态的演进方向和运行规律,找准新支柱产业的重点领域和关键节点,加强顶层设计和规划引领,发挥制度型开放的平台优势和先行先试的功能优势,面向新经济业态的各个重点领域、面向新支柱产业的全部产业链条,集成开展制度创新,着力形成对象全面覆盖、类型齐全完整、功能协同配套的现代化产业政策体系,加大对特色产业集群和龙头企业的扶持力度,努力在培育新经济和新支柱产业方面取得标志性成就,为全省经济高质量发展提供不竭的增长动能和坚实的产业支撑。

(一)放大全域自贸试验区和联动创新区的溢出效应,实现政策适用空间层面的集成联动

一是合理确定自贸试验区在省市行政区发展全局中的定位,紧扣行政区实际优化调整自贸试验区政策,利用自贸试验区先行先试的优势为所在行政区探索开创性、适用性政策,同时,相关行政区也要用足自贸试验区的政策溢出优势,在政策制定过程中主动对接自贸试验区,为高标准建设自贸试验区提供充分的本地支撑,从而实现行政区政策与自贸试验区政策的集成联动。

二是准确把握自贸试验区与高新区、开发区的职能定位,充分发挥三类园区的开放优势、创新优势和产业优势,围绕新经济新支柱产业开展多层次多维度的政策共享,适时优化调整园区自身政策,实现自贸试验区政策与各类高新开发园区政策的集成联动。

三是厘清三大片区之间的关系,在全省总体的制度集成创新框架下,鼓励各片区"摸着石头过河",灵活探索自身的制度集成创新方案和重点领域,实现自贸试验区总体政策与各片区细分政策的联动。

四是紧扣自贸试验区更好地服务国家战略的功能定位,主动对接国家自主创新示范区、长三角一体化、长江经济带、"一带一路"等国家战略的政策框架,避免政策冲突和政策重复,实现自贸试验区政策与其他国家战略政策的集成联动,更好地发挥江苏多重国家战略叠加的政策红利效应。

（二）发挥新经济新支柱产业政策的引领功能，促进形成"热带雨林"式产业经济生态

一是科学把握技术变迁与经济业态更迭的客观规律，辩证分析新经济业态和传统经济业态各自的优势与不足，既不盲目追捧新经济业态，也不武断抛弃传统经济业态，注重不同业态之间的和谐共生，强化新经济政策的引领功能和活力优势，发挥传统经济政策的支撑功能和稳健优势，实现新经济政策与传统经济政策的联动，形成"热带雨林"式产业经济生态系统。

二是科学把握支柱产业成长和演进的客观规律，准确判定新一轮科技革命和产业革命背景下国民经济支柱产业的新特征和新趋势，以转型升级为导向全面优化传统支柱产业政策，以稳健成长为导向系统升级新支柱产业政策，实现新支柱产业政策与传统支柱产业政策的集成联动，形成新旧支柱产业平稳更迭的产业升级模式。

三是包容新经济业态的多样性和风险性，增强自贸试验区产业政策体系的容错纠错功能和抵御风险功能，保障基于不同技术平台、不同商业模式的各种新经济业态公平竞争、相互激发、共同发展，实现不同类型新经济业态政策之间的集成联动，形成新经济业态有序竞争、推陈出新的良性发展格局。

（三）推进各类政策协调安排，实现制度集成创新体系的功能效应最大化

一是加强宏观体制框架型政策与微观运行机制型政策的集成联动，一方面，以全面深化自贸试验区体制机制改革为契机，加快构建与制度集成创新相适应的行政管理体制，破除体制分割对于制度集成创新的制约作用；另一方面，优化自贸试验区管理部门的运行机制，提高组织协调效率，凝聚各利益相关者的诉求与合力，扩大社会各界参与制度集成创新的渠道，提升相关政策执行效率，杜绝政策空转，使制度集成创新的成果切实作用于新经济新支柱产业发展。

二是加强要素集聚型政策与平台服务型政策的集成联动，一方面，紧扣

人才、资本、技术、信息等资源要素的供求状况和变化趋势,建立健全要素市场体系,清除要素流动的制度壁垒,完善各类资源要素优化配置的制度体系,加强多重资源要素的整合利用与协同配置;另一方面,紧扣新经济新支柱产业的发展要求搭建层次多样、功能齐备的平台服务体系,注重加强各种平台的开放共建和协同共享,不断推动平台组织的实体化运作,提升平台的资源集聚和集成服务能力,为新经济新支柱产业高质量发展提供"一揽子"解决方案。

(四)加强制度周期环节优化,满足新经济新支柱产业全生命周期需求

一是加强长期政策、中期政策、短期政策的集成联动。一方面,紧扣支柱产业发展的长期性,立足长远,加快制定新经济新支柱产业发展的中长期规划,针对中长期的目标和任务做出系统性的制度安排,为市场主体提供稳定的预期;另一方面,紧扣新经济新支柱产业的动态性,立足当下,适时出台新经济新支柱产业发展的短期政策,解决存在的短板和弱项,保障新经济新支柱产业的平稳运行。

二是加强常规政策与应急政策的集成联动。一方面,在宏观政治经济形势没有出现大幅波动的背景下,根据宏观经济总体向好的战略判断,综合运用各种常规的产业政策手段,保障新经济新支柱产业高质量发展;另一方面,理性判断百年未有之大变局和新一轮产业科技革命的叠加影响,深刻分析逆全球化浪潮下外需持续低迷诱发的外向型经济的深度衰退,以应对新冠疫情的严重冲击为契机,加快制定以"稳"+"保"为主基调的应急政策,帮助新经济新支柱产业渡过难关。

三是加强产业不同生命周期政策的集成联动。针对新经济新支柱产业在种子期、成长期、成熟期、衰退期的重点任务和迫切需要,确立制度集成创新的全生命周期理念,明确不同政策制度承接转换的时间周期标准,使市场主体能够清晰确定自身所适用的政策框架,着力实现制度集成创新的最优产业扶持效果。

二、以制度集成创新为支撑推动全省自贸试验区新经济新支柱产业发展的推进策略

(一) 以规划方案引领带动制度集成创新全过程

一是借鉴海南自由贸易港制度集成创新的相关经验,找准江苏新经济新支柱产业的政策需求和制度创新方向,尽快制定"江苏自贸试验区新经济新支柱产业制度集成创新行动方案",从指导思想、基本原则、目标定位、重点任务和保障措施等方面,对江苏自贸试验区制度集成创新做出高屋建瓴的系统谋划,奠定自贸试验区探索制度集成创新的体制框架和制度基石。

二是各片区和各产业领域要主动对接省级行动方案,加快制定体现自身特色的细分的制度集成创新行动方案,逐步形成全局统筹、全区联动、全链条覆盖、全要素集聚的自贸试验区制度集成创新规划体系。

三是在摸清家底的基础上充分把握企业的政策需求,合理预测科技创新和市场需求的变化趋势,指导各片区、各行业拟定合乎规律、契合需求、符合实际的制度集成创新清单,然后根据各项制度创新的时间表和任务书,实现挂单打卡作战,确保如期完成各项制度创新任务。

(二) 以需求精准识别提升制度集成创新高效率

一是注意处理好政府与市场的关系,厘清政府的行为边界,构建新经济和新支柱产业的市场化识别机制,使真正有潜质的新兴产业在经历市场竞争的优胜劣汰之后脱颖而出,防止过度行政干预和政策扶持,误导市场主体的投资决策,影响市场在资源配置中的决定性作用。

二是汇集企业家、科学家和社会公众的智慧,密切跟踪现代科技革命和产业变革的最新趋势,准确发布新经济新支柱产业的技术路线图,引导市场主体理性决策;及时把握市场主体的困境和政策需求,构建宽松的政策环境,降低新经济新支柱产业的制度交易成本,稳定新经济新支柱产业的收益预期,使新

经济新支柱产业在百舸争流中成长壮大。

(三) 以区域特色定位彰显制度集成创新差异性

一是在全省自贸试验区总体层面,结合新经济新支柱产业发展的内在规律和现实诉求,搭建自贸试验区制度集成创新的体制框架,构建适应制度集成创新需要的自贸试验区管理体制,确立自贸试验区制度集成创新的基本原则、重点任务和保障机制,为各片区、各细分领域的制度集成创新提供合理稳固的基础框架和友好宽松的环境氛围。

二是在各片区层面,根据自身实际情况,确立差异化战略定位,分别选择不同的新经济业态和支柱产业,开展有针对性的制度集成创新,努力形成一批可复制推广的制度集成创新成果。例如,苏州片区应发挥自身开放合作和营商环境优势,重点围绕生物医药、人工智能、纳米技术应用、智能制造和数字经济、区块链产业、智能物联网产业,率先制定细分的制度集成创新行动方案;南京片区应发挥自身"双区叠加"的战略优势和创新能力优势,重点围绕集成电路、生命健康、现代金融等产业领域,率先制定相应的制度集成创新行动方案;连云港片区应发挥自身"一带一路"交汇点的区位优势和海洋资源优势,重点围绕新医药产业、新材料产业、高端装备产业、港航物流业、跨境电商产业、旅游康养产业以及平台经济、总部经济等,率先探索制定相应的制度集成创新行动方案。

(四) 以重点制度攻关形成制度集成创新突破

一是确立全产业链制度创新的理念,以补链、强链、固链为主线,针对关键领域和薄弱环节强化政策供给,不断完善产业链、价值链、创新链融合发展的制度体系。

二是确立产业集群导向制度创新理念,以培育具有世界影响力的特色产业集群为目标导向,结合特定产业的实际情况,制定空间集聚型政策、核心技术攻关型政策、龙头企业培育型政策、平台构建型政策、人才集聚型政策、融资支持型政策,为新经济新支柱产业发展营造一流的政策生态。

三是确立动态弹性制度创新理念,密切跟踪新经济新支柱产业的发展过程,及时准确掌握最新的政策需求,灵活运用传统政策工具和新兴政策工具,动态满足市场主体的政策需求,即时调整民众反映强烈的落后政策,确保自贸试验区产业政策体系对新经济新支柱产业的适用性。

(五)以专班推进机制保障制度集成创新持续推进

一是继续发扬"专班推进"工作机制的经验优势,在自贸试验区协调管理部门设立"制度集成创新专班推进小组",然后进一步细分设立片区专班和产业专班,明确各专班的职责分工,配备既熟悉制度创新又熟悉产业发展的复合型人才,动态跟踪新经济新支柱产业的发展趋势,及时对接市场主体的需求,准确把握政策制度的堵点,拟订细分产业领域的制度集成创新方案。

二是压实专班责任与健全容错纠错机制有机结合,既将制度集成创新成效纳入考核体系,以责任压力驱动专班工作人员全力推动制度集成创新,又包容制度集成创新的失败风险,并及时予以纠正和弥补,以保护专班工作人员的积极性。

三是加快构建自贸试验区制度集成创新和新经济新支柱产业相关知识学习研究的常态化机制,将其纳入日常政治理论学习的范畴,搭建线上线下相结合的学习平台,定期召开各种类型的研讨交流会和专题培训班,凝聚自贸试验区制度集成创新的价值共识和智慧合力,使自贸试验区的相关领导干部成为抓制度集成创新的行家里手。

(六)以先行先试促成制度集成创新尽快落地

一是对标省委十三届十次全会"六个率先走在前列"的要求,选择部分条件比较成熟的产业领域启动先行先试,尽快在新经济新支柱产业制度集成创新方面取得标志性成果,示范带动全省自贸试验区制度集成创新。

二是尝试以生物医药产业实施全产业链开放创新发展试点为契机,在整合落实《省有关部门协力支持中国（江苏）自由贸易试验区生物医药产业开放创新发展政策措施》的基础上，在全省率先推出"自贸试验区生物医药产业制度集成创新行动方案"，对生物医药产业制度集成创新的目标定位、总体框架、内容结构、任务设置和保障机制做出高屋建瓴的系统谋划。

三是借鉴"链长制"的相关经验，将促成制度集成创新确立为"链长"的重要职责，从全产业链高质量发展的高度推动政策供给。同时，注重发挥先行先试的示范引领作用，将制度集成创新的成功经验向其他产业领域复制推广。

（省商务厅自由贸易试验区制度创新处）

江苏企业利用 RCEP 意愿及能力情况调研

《区域全面经济伙伴关系协定》(RCEP)已具备生效条件,于 2022 年 1 月 1 日正式生效。为充分了解企业利用 RCEP 的意愿和能力,帮助企业积极抢抓 RCEP 机遇、妥善应对风险挑战,江苏省商务厅对省内 577 家企业进行了问卷调查,并走访调研了部分重点企业。调研结果显示,97% 的受访企业对 RCEP 区域的发展前景持乐观态度,有较强的意愿利用 RCEP 扩大进出口规模,优化供应链布局,但部分企业主动把握机遇、高水平利用 RCEP 开展贸易和投资的能力还不够强,需进一步强化宣传辅导、完善服务保障,加快提升全省企业利用 RCEP 的能力和水平。

一 受访企业基本情况

从企业性质看,受访企业以民营企业(455 家)为主,占比 79%;外资企业 95 家,占比 16%;国有企业 27 家,占比 5%。从企业规模看,以中小企业为主,合计占比达到 94%。其中,小微企业 357 家,中型企业 187 家。从行业分类看,主要分布在纺织服装、服饰业,批发和零售业,通用设备制造业,橡胶和塑料制品业,专用设备制造业,电气机械和器材制造业,化学原料和化学制品制造业,计算机、通信和其他电子设备制造业,金属制品业,农副食品加工业10类行业(见图1)。

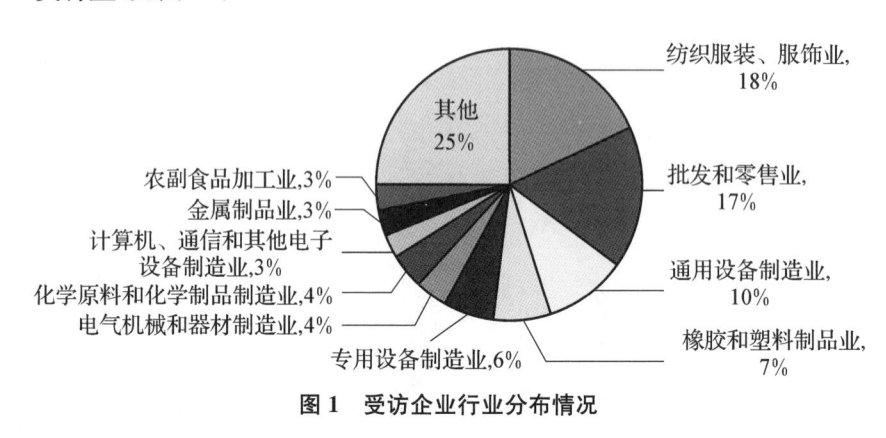

图 1 受访企业行业分布情况

二 调研中反映出的情况和问题

(一) 八成企业有意愿扩大对 RCEP 区域出口,半数企业认为自身产品具有较高竞争力

57%的受访企业表示 RCEP 成员国是其重要的出口市场。其中,51%的企业认为其产品在区域内具有较高竞争力,RCEP 生效后有利于其扩大区域内出口。剩余 6%的企业认为 RCEP 成员国同类企业产品竞争力相对较高,不利于其出口,主要涉及橡胶和塑料制品业、批发和零售业、化学原料和化学制品制造业、金属制品业、通用设备制造业以及纺织服装、服饰业等行业。另外,43%的企业表示 RCEP 成员国非其重要出口市场,但其中 29%的企业表示将在 RCEP 生效后进一步扩大对 RCEP 区域的出口。

(二) 近六成企业对扩大自 RCEP 区域进口的意愿较低

59%的企业表示其原辅材料主要从国内和非 RCEP 成员国采购,且以国内采购为主,其中42%的企业表示不会扩大区域内进口比例。其余41%以RCEP区域为主要进口来源地的企业中,也有14%的企业表示不会进一步提高区域内进口比例。从行业看,主要涉及纺织服装、服饰业,批发和零售业,通用设备制造业,专用设备制造业,汽车制造业,橡胶和塑料制品业等行业。

(三)轻工、纺织服装、通用设备制造等行业的组装加工、运输销售环节外迁趋势明显

受访企业中,20%的企业(118家)表示未来5年内,有计划加快将部分产能转移至RCEP区域,主要涉及纺织服装、服饰业,通用设备制造业,批发和零售业,橡胶和塑料制品业,计算机、通信和其他电子设备制造业,木材加工和木、竹、藤、棕、草制品业等行业。其中,32家企业已实现部分产能转移,主要转移环节为产品组装、流转运输、终端销售和零部件加工。从行业看,以文教、美工、体育和娱乐用品制造业,木材加工和木、竹、藤、棕、草制品业为代表的轻工类受访企业外迁产能比重较高。上述2个行业共30家受访企业中,已有5家企业将产品组装、流转运输、终端销售等环节转移至RCEP区域,其中4家外迁产能比重超过50%,并表示将进一步提高外迁产能比重。纺织服装企业产能外迁趋势较为明显。受访的105家纺织服装企业中,已有7家企业将部分产能转移至RCEP区域,转移环节以加工组装和流转运输为主,并表示将进一步提高外迁产能比重。例如,江苏华瑞服装有限公司已将45%的产能转移至越南,并计划将外迁产能比重提高至50%以上。

(四)受访企业对外投资以效率寻求型为主,技术寻求型和市场寻求型偏少

在对外投资动因方面,受访企业普遍表示最关注优惠政策和生产成本,认为RCEP政策利好以及目的国税收减免、投资补贴等优惠政策对其有较大吸引力,看中越南、缅甸等东南亚国家低廉的生产要素优势。部分企业表示国内环保政策趋严,企业环境成本上升也是企业考虑转移的重要因素之一。其次是受中美经贸摩擦和新冠疫情影响,供应链安全成为受访企业对外投资的重要考量因素之一,希望通过多元化布局增加供应链弹性,分散或规避供应链中断风险,以及规避美国等对华加征关税的影响。部分企业还呈现出被动跟随供应链上游企业转移的趋势。仅有20家企业表示会基于技术因素对外投资,以获取日韩等发达国家先进技术;32家已在RCEP成员国投资布局的企业中,仅有2家企业以技术研发为主,3家企业涉及部分技术研发环节。仅27家企业表示RCEP消费市场潜力巨大,会基于需求因素对外投资,以便更加贴近目标市场。

三 企业反映的诉求建议

(一)建议进一步加大RCEP宣传推广力度

一是希望帮助企业提高RCEP项下进出口关税筹划能力。RCEP签署以来,省商务厅、南京海关、省贸促会将2021年定为RCEP主题宣传年,采取线上线下相结合的方式开展多期专题培训,并积极推动各地级市广泛开展RCEP专题培训。但全省企业众多,难以实现全覆盖,仍有部分企业表示对RCEP成员国间复杂的关税承诺表不了解、不会用。特别是不少小微企业缺乏专业人员,希望详细了解RCEP原产地规则及关税减让安排等内容,充分利用RCEP规则降低经营成本。二是希望帮助增强企业管理决策层运用RCEP的意识和能力。由于企业参训人员大多以一线单证员或通关业务经理为主,多数参训人员表示,通过学习,了解到RCEP将深刻改变区域产业链供应链格局,但同时希望加强对企业管理决策层的精准培训,引导企业管理决策层将RCEP与企业发展战略有机融合,提升企业区域竞争力。

(二)建议进一步健全"走出去"服务保障体系

一是希望强化对外投资的政策指导和咨询服务。60%的企业认为,对海外投资相关政策不了解、境外疫情加大产业外迁的不确定性,是阻碍企业投资RCEP区域的主要障碍。RCEP生效后,随着"一揽子"协调统一的经贸规则落地,区域内贸易投资将变得更加活跃。企业希望相关部门加强相关公共服务平台建设,为企业提供政策指导和投资信息咨询服务。二是希望加大对企业对外投资的政策支持。企业普遍反映，部分目的国基础设施和产业配套不完善、产业链转移成本高且周期较长，也是制约企业投资 RCEP 区域的重要因素。企业希望相关部门出台相关政策扶持措施，支持企业在区域内构建自主可控的国际化现代产业体系。

四 对策建议

（一）进一步强化顶层设计

江苏《"十四五"发展规划和 2035 年远景目标纲要》提出要抓住用好 RCEP 和中欧全面投资协定等机遇，健全更高水平开放型经济新体制。商务部已对照我国在 RCEP 中的承诺，梳理出 701 条约束性义务和 170 条软性义务，并将在 RCEP 生效前完成约束性义务的履约工作。建议成立省级相关部门 RCEP 实施专项工作组，加强顶层设计、明确责任分工、狠抓任务落实。在积极落实国家要求，切实履行相关约束性义务的同时，结合江苏发展实际和发展需要，研究制定江苏对标 RCEP 软性义务高起点优化营商环境的行动计划。重点从增强监管一致性、加强政务等信息的集中公布和主动公开、加大知识产权保护力度、加快标准和制度与国际接轨的步伐、保障外商投资平等使用资源、强化企业社会责任意识等方面，高水平构建国际一流营商环境。

（二）进一步做实 RCEP 宣传推广

一是回应企业关切点。围绕企业重点关注的 RCEP 原产地规则判定标准及关税减让安排等内容，突出日本、东盟等重点市场，结合企业规模和行业特点，精心设置课程，加强案例讲解，引导企业积极利用 RCEP 原产地区域累积规则、背对背原产地证明制度等规则，优化区域内产业链供应链布局。二是攻克企业薄弱点。围绕 RCEP 市场准入开放情况、竞争政策、争端解决等内容，加强政策宣传，引导企业在合规的前提下高水平利用 RCEP 提升区域竞争力。三是持续完善"FTA 惠苏企"跟踪问效机制。结合"RCEP 主题宣传年"相关活动，采用问卷调查与实地走访相结合的方式，持续对省内企业利用

RCEP 的意愿和能力进行跟踪研究,阶段性分析总结共性问题和趋势变化,对企业反映突出的问题和困难,积极协调解决或寻求上级支持。四是切实提高企业管理决策层运用 RCEP 的能力。采取集中培训、高层论坛等形式,加大对企业管理决策层的宣传推广力度,使更多的企业管理决策层熟知 RCEP 经贸规则,将 RCEP 与企业发展战略有机融合。

(三)进一步健全"走出去"服务保障体系

一是完善政策扶持体系。研究出台鼓励企业利用 RCEP"走出去"参与区域产业链供应链重构的政策指引,从财税、人才、金融、创新等方面加强扶持措施的系统集成,支持企业在区域内构建自主可控的国际化现代产业体系。二是强化平台功能。依托"全程相伴"江苏走出去综合服务平台,加强对本土企业跨国经营的规划指导、绩效评估、风险预警、应急处置。开设 RCEP 专栏,及时整理发布成员国相关投资政策、市场准入标准、行业动态等信息,为企业提供政策指导和投资信息咨询服务。三是加大金融支持。引导金融机构降低"走出去"企业的融资门槛和成本,鼓励金融机构创新避险产品,帮助企业规避汇率波动风险。四是加强与行业商协会等自律组织联动,在培养跨国经营人才、打造跨国经营服务机构、加强企业合规经营监管等方面加强合作。

(四)进一步推动贸易创新发展

一是大力发展外贸新业态新模式。充分利用 RCEP 规则利好,大力促进离岸贸易、跨境电商、市场采购、国际营销服务、外贸综合服务等新业态新模式发展,在加大全省优势产品出口的同时,积极进口 RCEP 成员国更多特色商品、优质服务、先进技术,持续扩大区域内贸易往来。特别是鼓励企业扩大对日韩先进技术、设备和零部件以及化妆品、高端消费品的进口,更好地满足人民群众消费升级需求,畅通国内大循环。二是积极探索发展跨境服务贸易。加大对 RCEP 项下跨境服务贸易开放领域和制度安排的研究,特别是对照我国在 RCEP 中的服务业开放"棘轮"承诺,开展前瞻性、创新性探索。继续争取服务业扩大开放试点,夯实服务贸易发展的产业基础。

（五）进一步推进制度型开放

一是加快构建开放型经济新体制。持续加强对 RCEP 和 CPTPP 等国际高标准经贸规则的研究，在竞争中性、市场透明、知识产权、环保标准、企业社会责任等方面加大制度安排，加强事中事后监管体系和监管能力建设。二是发挥江苏自贸试验区"试验田"作用，争取先行先试。积极争取国家支持在江苏自贸试验区围绕生物医药、集成电路、高端制造以及服务贸易等重点领域，率先开展对标国际先进标准的制度型开放。积极争取 RCEP 有关跨境电商、无纸化贸易、电子认证、自然人临时移动、在线消费者保护、知识产权保护等创新条款在江苏自贸试验区先行先试。

（六）进一步增强商务部门推动落实 RCEP 的能力

一是充分调动基层部门积极性。探索通过 RCEP 实施专项工作组建立集政策推进、实施评估、问题反馈于一体的自贸协定实施体系，加强对基层 RCEP 等 FTA 实施工作的指导。探索通过发布利用率排行榜、将 RCEP 等 FTA 利用情况纳入商务发展资金等激励手段，引导基层重视 RCEP 等 FTA 的宣传利用。二是加强对商务系统专业人才的培养。围绕环境政策、劳工条款、竞争政策、企业社会责任等规则领域，加强对商务系统的宣传培训。在系统内培养认定一批 FTA 种子培训师，从投资促进、投资贸易保护、产业链供应链优化、电子商务、服务贸易等领域，指导企业更高水平利用 RCEP。

（江苏省国际经济贸易研究所）

以数字贸易激活外贸发展新引擎

习近平总书记在中共中央政治局第三十四次集体学习中强调,发展数字经济是把握新一轮科技革命和产业变革新机遇的战略选择。数字经济是一种新型经济形态,通过数字技术与实体经济深度融合,不断提高经济社会的数字化、网络化、智能化水平。与数字经济相伴相生,数字贸易作为一种贸易新业态,正在成为数字经济的重要组成部分和全球贸易发展的重要趋势,不断拓展着贸易的边界。以数字贸易引领贸易创新发展,将是未来一个时期江苏优化贸易结构、提升贸易效益、增强贸易实力,进而推进贸易高质量发展的重要抓手。

一 准确把握全球数字贸易的发展趋势

2020年新冠肺炎疫情爆发给全球贸易带来巨大冲击,数字贸易已成为国际贸易中的新亮点,是推动全球经济复苏的重要力量。数字贸易既是贸易创新发展的引领者,也是各国争夺新国际贸易规则制定主导权的焦点。目前,数字贸易在全球范围内得到高度重视。从国际层面看，发达国家高度关注数字贸易，自2008年起，法国、日本、欧盟、英国、澳大利亚、美国等国家纷纷制定数字经济方面的战略规划，积极抢占数字经济制高点，力图将数字经济和数字贸易打造为未来经济发展的新引擎。从国家层面看，为抢抓数字经济发展先机，2019年国务院印发的《关于推进贸易高质量发展的指导意见》提出，培育新业态，增添贸易发展新动能，提升贸易数字化水平。2020年国务院发布的《关于推进对外贸易创新发展的实施意见》提出，创新业态模式，培育外贸新动能，加快贸易数字化发展。《中华人民共和国国民经济和社会发展第十四个五年规划和2035年远景目标纲要》也提出要提升贸易数字化水平。从省级层面看，兄弟省市正积极抢抓数字经济发展历史性机遇，努力推进数字贸易快速发展。北京于2020年印发《北京市关于打造数字贸易试验区实施方案》，率先推动跨境数据流动试点；上海在《上海市数字贸易发展行动方案（2019—2021）》中提出打造数字贸易国际枢纽港；广东在《广东省数字经济发展规划（2018—2025年）》提出，将广东建设成为国家数字经济发展先导区、数字丝绸之路战略枢纽和全球数字经济创新中心；浙江已于2020年实施《浙江省数字贸易先行示范区建设方案》，并在《浙江省数字经济发展"十四五"规划》中提出，加快打造全球数字贸易中心。

二、深刻认识数字贸易带来的深远影响

数字贸易因其先天的特殊性将会给基于全球价值链构建的国际分工投资贸易体系带来重大冲击，影响广泛且深远。

数字贸易将改变国际分工和国际贸易的地理构成。根据世界贸易组织划分标准，国际贸易成本主要包括运输物流成本、跨境成本、信息和交易成本、贸易政策障碍等四大部分。数字技术的运用使得上述成本均得到不同程度的下降，自然资源禀赋和区位优势的重要性也因此下降，贸易参与国（地区）的相对比较优势发生重大改变，进而影响到国际分工和国际贸易的地理分布。例如，3D打印技术可通过减少零部件交易量以及支持靠近客户的分散生产而大幅度降低运输物流成本。

数字贸易将改变国际贸易主体的构成。数字技术的广泛应用给中小外贸企业和发展中国家（地区）带来历史性发展机遇，将有效促进广大发展中国家的普惠性增长。2019年1月，诺贝尔经济学奖获得者斯宾塞在达沃斯世界经济论坛上说："令我兴奋的是中国案例能启发别的国家，只需要一点点的国际合作，这种发展模式就能推广到全世界，下一代的增长引擎将来自各国的小微企业参与到国际市场中。"这意味着依托互联网等数字技术，中小外贸企业和发展中国家（地区）能有效降低市场进入门槛和开拓成本，更加专注于产品研发，有助于快速增强全球竞争力。由此可见，依托数字技术的数字贸易能迅速壮大中小外贸企业和发展中国家（地区）等国际贸易主体力量，稀释其他国际贸易主体的权重。

数字贸易将冲击知识产权等国际经贸规则。数字贸易模糊了数字产品（服务）与传统知识产权的边界，容易引起知识产权纠纷，特别是以设计、软件等形式提供服务的数字贸易更易引起纠纷。因此，世贸组织知识产权理事会呼吁成员国支持"在数字环境中也应提供物理格式的例外和限制"这一原则，为数字贸易的在线商业模式发展营造良好的环境。此外，数字贸易还会因为设计和生产相分离现象冲击原产地规则等现行的国际经贸规则。

三 科学谋划江苏数字贸易发展路径

数字贸易是打造国际经贸合作新优势，进一步推动开放型经济向更高质量发展的重要途径。《江苏省国民经济和社会发展第十四个五年规划和2035年远景目标纲要》明确提出构建全国数字经济创新发展新高地。面向未来，我们既要看到江苏信息化建设水平较高，13个设区市全部进入2020年全国数字经济百强市榜单，数字经济发展基础较好等客观现实，又要科学研判数字贸易发展大势，结合我省工业制造企业多、数字贸易龙头型、平台型企业少等实际情况，积极探索具有江苏特色的数字贸易发展路径。

推进数字产业供给侧结构性改革，提升数字产品国际供给能力。研究出台数字产业发展专项规划，挑选培育江苏本土化的数字化平台企业，以平台为载体、产业链供应链建设为核心、全球客户需求为导向,构建自主可控的数字经济创新生态,全面提升数字内容服务、社会媒介服务、搜索引擎服务、其他数字产品和服务等数字产品国际供给能力。大力引进各种类型轻资产数字企业,推动江苏数字产业融入全球数字经济大市场,借助国际市场力量提升江苏数字产品国际供给能力。同时,引导制造企业使用大数据、5G和云计算等新技术进行产品流程再造,完成生产供应链数字化管理和服务环节数字化转型,通过数字化赋能制造业,提升其数字产品的国际竞争力。

构建良好的数字贸易发展环境,促进数字贸易企业健康有序发展。当前,全球数字贸易发展快,涉及领域广、内容新、业务繁杂且交叉现象普遍,正处于野蛮生长阶段,已出现肆意收集数据、无视个人隐私、危及国家数据安全等不良现象,需要及时予以规范。江苏可以自贸试验区为依托,积极探索数字技术与贸易融合发展的新模式,争取在跨境数据流动、数字知识产权保护、数据安全、数字平台责任等方面先行先试,加快研究出台数据安全评级、个人隐私保护、数据资源确权、非涉密数据开放、跨境数据流动等相关配套制度,为江苏数字贸易健康有序发展保驾护航。

加强高端人才引进和培养,为数字贸易提供强有力的智力支持。学习借鉴先进国家和兄弟省市的有益经验和做法,研究制定江苏数字贸易高端人才分类标准,并进行人才认定和补贴,提升江苏对数字贸易高端人才的吸引力。创新数字贸易人才培养模式,引导在苏高校、科研机构、龙头企业、产业联盟、行业商协会和社会职业培训机构等多方资源,开展产学研合作和产教深度融合,共同制定数字贸易国际人才培养标准、联合开发理论课程和实践基地等教学资源,建立高效的数字贸易人才培养体系。注重人才终身学习和人才教育国际合作,积极探索建立数字贸易人才在线学习平台和人才教育国际合作机制,逐步完善数字贸易人才创新创业生态。

深化数字贸易领域国际合作,提升江苏在国际规则制定领域的话语权。与货物贸易相比,数字贸易规则制定远远落后于其发展现状,数字贸易国际规则制定呈碎片化态势,在数据已变成重要生产要素的当下,加强国际磋商协调、推进规则体系重构日益重要紧迫,全球性数字贸易规则制定将成为各国争夺的战略制高点。江苏应积极加强与数字贸易强国的国际合作，鼓励产业界、学术界、民间机构等广泛开展各种形式的合作，积极融入国际数字贸易界，共同协商促进规则制定和国际治理体系完善，提升江苏在国际规则制定领域的话语权。

（江苏省国际经济贸易研究所）

RCEP对江苏省服务贸易影响分析

区域全面经济伙伴协定（RCEP）于2022年1月1日生效。当前，全球经济服务化趋势不断增强，服务贸易增速明显超过货物贸易。服务贸易是RECP协定的重要内容。江苏省与RCEP成员国服务贸易往来密切。2020年，全省对RCEP成员国服务贸易进出口额占全省服务贸易进出口总额30.1%，较2018年增加1.3个百分点。2020年，全省对日本、韩国、新加坡等3个国家的服务贸易进出口额占对RCEP成员国服务贸易进出口总额的86.6%。2020年11月RCEP签署后，江苏与RCEP成员国服务贸易往来明显增强。2021年1—6月，江苏对东盟服务贸易进出口额同比上升29%（对欧盟和美国的增速为23.3%）。RCEP正式生效实施，加快区域服务贸易一体化进程，为江苏发展与成员国间的服务贸易创造更加巨大空间，对江苏服务贸易高质量发展有着十分重要的促进作用。

一 RCEP 服务贸易规则主要特点

(一)负面清单趋势下开放水平提升

RCEP 服务贸易规则采取基于"负面清单"模式的共同而有区别的灵活安排,日本、韩国、澳大利亚、新加坡、文莱、马来西亚、印尼等 7 个成员采用负面清单方式承诺,中国等其余 8 个成员采用正面清单承诺,在 6 年过渡期内转化为负面清单(老挝、柬埔寨、缅甸为 15 年)。各国在 RCEP 项下的服务贸易开放水平都显著高于各自"10+1"协定,涵盖金融、电信、交通、旅游、教育等多个重要领域,开放水平进一步提升。

(二)跨境数据流动成重点关注领域

在以数字驱动的全球化新时代,服务贸易更多依赖于数据及数据背后的经济价值,跨境数据流动成为构建高效服务贸易体系的关键要素。RCEP 主张推动区域内跨境数据自由流动,即使是对金融、电信等敏感性服务业的跨境数据流动也持开放态度,金融条款规定成员国不得阻止其领土内的金融服务提供者为进行日常营运所需的信息转移,电信条款规定另一成员国的服务提供者可以使用公共电信网络和服务在一成员国领土内跨境传输信息。

(三)边境措施向边境后措施转变

目前,国际市场开放的主攻方向,已由关税、股比限制等涉及市场准入的"边境"领域渐渐向环境政策、产业政策、知识产权政策等"边境后"领域转变,以消除不必要的贸易壁垒,促进服务自由流动。RCEP 服务贸易规则不仅扩大服务业的市场准入机会,同时也规定增加服务贸易透明度,确保成员国监管服务业的各类国内措施公平、合理和透明,使各成员国的服务及服务提供者获得非歧视待遇。

二 RCEP服务贸易规则对江苏省服务贸易发展的影响

(一) 可能机遇

一是促进在全球价值链中地位的提升。目前,全球制造业正加速向数字化、网络化、智能化方向转型升级,高端制造的发展离不开生产性服务业支撑。随着江苏与RCEP成员国服务贸易往来进一步加深,生产性服务需求将得到极大释放。江苏可抓住这一契机,利用RCEP在服务贸易自由化便利化、市场准入放宽、服务生产要素自由流动等有利条件,促进外资与生产性服务业领域的整合,倒逼省内服务业适应全球高标准发展,增强技术密集型生产环节竞争力,推动产业链、价值链向中高端迈进。二是东盟等国数字贸易市场蕴含巨大潜力。RCEP服务贸易规则对电信、电子商务、知识产权等领域做出了高水平承诺,将会推动各成员国在数字经济和数字贸易领域的市场开放。根据淡马锡、谷歌、贝恩近日发布的《2021东南亚数字经济报告》,2021年东南亚互联网用户总数约4.4亿,预计到2025年,电子商务将以18%的复合年增长率继续拉动东南亚互联网经济的整体发展。江苏具备良好的数字经济基础,2020年全省数字经济规模超4万亿元,占GDP的比重超过40%,居全国第二位,可挖掘与东盟各国在电子商务、数字基础设施、数字人才培养等方面的合作机会。三是扩大服务贸易高质量专业人才流动。职业资格不能互认是制约服务贸易特别是知识密集型和技术密集型服务贸易发展的重要阻碍。RCEP要求各成员国加强有关承认专业资格机构之间的对话,鼓励成员或相关机构就共同关心的专业服务部门的专业资质、许可或注册进行磋商,有利于吸引境外高层次人才到江苏执业,填补全省服务贸易复合型、外向型、创造型人才短缺,为全省服务贸易高质量发展提供重要的人才支撑。

(二) 潜在挑战

一是省内部分产业存在竞争劣势。江苏服务贸易行业结构中,加工、旅游、运输等传统的劳动和资源密集型服务贸易占比较大,金融、保险等领域占比较小。RCEP生效,我国新增研发、管理咨询、制造业相关服务、空运等22个部门服务贸易开放,其他成员则在建筑、医疗、房地产、金融、运输等服务部门增加开放。如果江苏未能在RCEP服务贸易各项承诺逐步兑现之前优化产业结构,培育核心竞争优势,一旦在竞争力和创新性方面更具优势的外资企业大量涌入,将会对服务贸易产业造成冲击。二是服务贸易企业抗风险能力有待加强。江苏省在全国乃至全球具备较强竞争力和影响力的龙头型服务贸易企业较少,需进一步提升在全球产业链和价值链中的地位。RCEP生效实施后服务贸易国际化程度进一步提升,国际金融风险、市场风险等更易向省内企业传导蔓延,抗风险能力较弱的中小微型服务贸易企业生存将会受到威胁。中小企业只有通过创新驱动提升弹性和韧劲,才能增强对外部冲击的应对能力和可持续发展能力,从而赢得长期竞争。三是跨境数据流动存在泄露风险和利用障碍。随着RCEP生效实施后跨境数据的频繁流动,涉及国计民生的敏感行业数据泄露风险加大。RCEP推动跨境数据自由流动的同时规定兼顾成员国的不同需求,赋予成员国较大的自由裁量权。RCEP各成员国对跨境数据流动的态度存在差异,韩国、菲律宾及马来西亚对跨境数据流动较为宽松,而越南、印尼等国实行较为严格的跨境数据流动管控,这对全省服务贸易企业利用跨境数据设置了障碍。

三 RCEP背景下江苏服务贸易发展的推进策略

(一)推进先进制造业与生产性服务业融合发展

吸引日韩等国生产性服务龙头企业落户江苏,设立全球或地区总部,以及研发营销中心、关键零部件分拨配送中心和全球维修服务中心等功能性机构,发展与高端制造业配套的技术研发、产品设计、市场营销、售后服务等生产性服务业,打造服务先进制造业的全产业链。鼓励全省服务企业"走出去",利用日本和韩国的技术资本优势、东盟各国的人口红利优势、澳大利亚和新西兰的资源禀赋优势,整合亚太一体化大市场,打造区域性的生产和服务网络,强化产业链各环节的衔接配合与资源配置上的相互支撑。

（二）聚焦重点领域培育服务贸易主要增长点

省商务厅将充分发挥 RCEP 超大规模市场优势，强化贸易往来，优化贸易结构，针对重点发展领域，培育主要增长点。扩大建筑、运输、旅游等占比较大的传统服务，促进金融、保险、法律等知识密集型服务贸易发展，推动中医药、文化创意等特色服务出口，在多元化发展中扭转服务贸易逆差。推动服务贸易数字化转型，积极发展面向 RCEP 成员国的数字教育、数字出版、数字医疗等数字贸易，推动服务外包数字化高端化发展，深化承接日韩服务外包优势的基础上开拓服务外包新市场。

（三）以高水平开放推进服务贸易高质量发展

对标 RCEP、DEPA 等国际协定，跟进即将出台的全国版跨境服务贸易负面清单，聚焦服务贸易重点领域，做好压力测试。推进服务贸易标准与国际接轨，协同推进教育、医疗等具有较大社会需求的服务业开放，倒逼全省服务贸易企业转型升级。降低服务业领域边境内市场壁垒，强化要素获取、经营运行、招投标等方面的公平竞争审查，创造更加透明、稳定、公平的营商环境。探索制定符合全省发展实际的国际职业资格互认制度，促进 RCEP 区域内服务贸易项下人员自由流动。

（四）采取多种措施化解服务贸易开放的风险挑战

平衡服务贸易开放与安全，做好风险防控。加强省、市、县联动，多层级多形式开展 RCEP 服务贸易宣介培训，提升企业认知度。开展 RCEP 实施风险预警，引导企业重视 RCEP 实施可能对全省服务业产业链、招商引资、海外布局等带来的冲击和竞争压力。改善服务贸易中小企业生存环境，制定针对特定行业发展的引导性政策，鼓励其通过技术创新提升抗风险能力，推动其参与全球价值链。加强对金融、电信等敏感性行业的监管，借助大数据、互联网等信息技术，提升监管的智能化水平。加强与 RCEP 成员国知识产权领域的合作交流，搭建知识产权公共服务体系，探索建立重点产业、重点领域知识产权快速维权机制。

（五）组织各级服贸研究力量加强跟踪研判

随着 RCEP 的生效实施，我国各省市与 RCEP 成员国之间的服务贸易合作，也会因为地理优势等原因，得到进一步巩固和加强，如山东与韩国、日本，广西与东盟等，江苏省商务厅将跟踪关注国内其他城市服务贸易竞争优势的变动，思考如何发挥全省优势，提升服务贸易竞争力。整合政府、高校和企业三大研究力量，重点加强对 RCEP 服务贸易的国别、行业研究，强化对决策咨询的智力支撑。加强 RCEP 对江苏省服务贸易发展动态调研，客观评估 RCEP 对全省服务贸易带来的影响。

（江苏省国际经济贸易研究所）

第五部分
省商务厅党史学习教育情况

江苏商务发展2021
JiangSu Commerce Development Report

深入学习贯彻习近平总书记"七一"重要讲话精神 以伟大建党精神指导商务高质量发展实践

习近平总书记在庆祝中国共产党成立100周年大会上的重要讲话,系统总结了我们党百年奋斗成就,深刻阐明了我们党百年发展规律,科学展望了我们党百年宏伟蓝图,是一篇充满真理力量的马克思主义纲领性文献。江苏省商务厅党组把学习习近平总书记"七一"重要讲话精神作为首要政治任务,围绕"七学七抓"持续推动理论学习成果转化为推动商务高质量发展的过硬成效,奋力书写服务构建新发展格局新篇章。

一、坚决践行"两个维护",紧跟紧随、同频共振,时刻在思想上政治上行动上与以习近平同志为核心的党中央保持高度一致

习近平总书记首次阐述了伟大建党精神,明确提出以史为鉴、开创未来必须牢牢把握的"九个必须"。我们将深刻领会把握,切实把思想和行动统一到讲话精神上来。一是切实提高政治站位。始终坚持党的全面领导,从学习领会党在百年奋斗铸就的伟大建党精神中,汲取智慧力量,坚

定理想信念,以高度的思想自觉、政治自觉和行动自觉增强"四个意识"、做到"两个维护"。二是全面深入加强学习。把习近平总书记"七一"重要讲话精神与学习贯彻总书记对江苏工作重要指示精神、深化党史学习教育、学习"四史"紧密结合,与贯彻落实省委省政府重要会议文件和部署要求紧密结合,切实做到融会贯通、学以致用、推动实践。三是着力强化使命担当。切实牢记"国之大者",党的十九届五中全会明确提出要加快构建以国内大循环为主体、国内国际双循环相互促进的新发展格局。商务工作是国内大循环的重要组成部分,是联结国内国际双循环的重要枢纽,在构建新发展格局中发挥着重要作用。全省商务系统将立足自身职责,在构建新发展格局中自觉肩负起使命责任,展现更大作为。

二、大力弘扬"斗争精神",坚定信心、敢于胜利,奋力战胜前进道路上的各类风险挑战

习近平总书记强调指出:"敢于斗争、敢于胜利,是中国共产党不可战胜的强大精神力量。"踏上新征程,内外部的各类风险挑战不会少,必须坚持弘扬"斗争精神"。一要增强斗争意识。当前,我省商务发展仍面临较多不确定性不稳定性因素。"关税战""规则战"影响持续加深,国际经贸问题政治化趋势明显上升,开放型经济面临"稳规模""调结构"双重叠加压力,新业态新模式发展相对不充分,都需要我们不断增强斗争意识。二要提升斗争本领。我省开放型经济进入了高水平开放、制度型开放的阶段,要精准把握阶段特征,着力锻长板补短板强弱项。聚焦外贸创新发展,大力推广跨境电商、离岸贸易仓等新业态新模式;聚焦提高利用外资质量,全力稳定制造业外资占比,稳住外资产业链供应链;聚焦主动参与全球产业链重塑,持续打造一流走出去服务体系,培育具有全球竞争力的本土跨国企业。三要敢于攻坚克难。面对发展中出现的新形势新问题新挑战,必须在直面挑战中奋发有为。着力加强贸易摩擦应对,完善贸易救济政策;着力推进制度型开放,高质量推动江苏自贸试验区建设,持续推进生物医药全产业链开放创新发展试点;着力畅通东亚循环,积极落实东亚企业家太湖论坛成果,深化中日韩(江苏)产业合作示范园区建设。

三、始终坚持"人民至上"，扑下身子、纾困解难，以商务高质量发展的过硬成效服务人民群众惠及市场主体

商务部门作为内贸流通主管部门，与民生紧密相连，在谋划工作、推进落实中要始终想着人民，依靠人民。一是牢固树立以人民为中心的发展思想。深入开展"146消费提振"行动，加快完善具有江苏特色、更加高效畅通的现代商贸流通体系。推进步行街和农贸市场改造提升，力争新增全国示范步行街1家，新建和改造升级农贸市场100家，增强人民群众的获得感安全感幸福感。二是持续深入为群众办实事为企业解难题。持续开展"三访三服务"主题活动，全力为群众办实事、为企业解难题、为基层促发展，推动"我为群众办实事"实践活动走深走实，打造江苏商务党建工作品牌。三是坚决扭住关系民生的突出矛盾问题不放松。推进商务诚信体系建设，营造良好消费环境和营商环境。支持龙头商贸流通企业开展家电下乡和以旧换新等活动。持续抓好商务领域安全工作，切实开展经开区、加油站、商业场所、餐饮燃气安全整治。

四、持续深化"自我革命"，严守纪律、锤炼队伍，进一步推进党的建设新的伟大工程

深刻领悟党中央"全面从严治党首先要从政治上看"的政治考量，强化对标对表意识，坚持思想建党、纪律强党、制度治党同向发力。一是不断增强全面从严治党永远在路上的政治自觉。通过政治建设统一思想和行动步调，通过作风建设打造良好营商环境，通过反腐倡廉营造风清气正政治生态，充分发挥全面从严治党引领保障作用。二是坚定不移推进党风廉政建设和反腐败斗争。推进"廉洁江苏商务"建设，加强全面从严治党各项制度规定的执行，在制度机制上管起来、严起来、硬起来，以零容忍态度惩治腐败，推动全厅上下形成知敬畏、存戒惧、守底线的高度自觉。三是坚持严管与厚爱相结合。实事求是运用"四种形态"，用好用活"三项机制"，把严格管理约束干部与鼓励激励干部结合起来，着力打造"有情怀、有格局、有担当，执行力强、战斗力强、创造力强"的商务干部队伍。

启航新征程,开创新未来。省商务厅党组将坚定践行"九个必须",弘扬伟大建党精神,全力响应伟大号召,认真落实省委省政府部署要求,以实际行动和过硬成效履行好"争当表率、争做示范、走在前列"光荣使命,为"强富美高"新江苏建设做出新的更大贡献。

(江苏省商务厅党组)

省商务厅党组党史学习教育总结报告

2021年,江苏省商务厅党组坚持以习近平新时代中国特色社会主义思想为指引,认真学习贯彻习近平总书记关于党史学习教育的重要论述,始终坚定捍卫"两个确立"、坚决做到"两个维护",在省委党史学习教育第八巡回指导组的有力指导下,把党史学习教育作为一项重大政治任务,精心谋划部署、从严从实推进,按照"学史明理、学史增信、学史崇德、学史力行"的目标要求,以"我为群众办实事"实践活动为切入点,推动"学党史、悟思想、办实事、开新局",厅机关各级党组织的政治领导力、思想引领力、群众组织力、社会号召力进一步加强,广大党员干部政治上更加坚定、思想上更加统一、精神上更加昂扬、行动上更加有力,为推动"十四五"全省商务高质量发展开好局起好步,为加快"强富美高"新江苏建设、服务构建新发展格局提供了坚强保证。

一、系统谋划、精心组织,党史学习教育活动扎实开展

坚持把党史学习教育作为进一步巩固党员群众共同奋

斗的思想基础、理论基础、实践基础的重大政治任务,从对党忠诚、对党的事业负责的高度,高起点谋划、高标准定位、高质量推进,按照中央和省委部署要求,坚决扛起政治责任,不折不扣落实好各项工作任务,推动党史学习教育走深走实。

(一) 强化统筹谋划,扎实高效推进

一是统一思想认识。厅党组第一时间召开党组(扩大)会议,传达学习中央和省委党史学习教育动员会议精神,进一步统一思想、提高认识、明确方向,对全厅党史学习教育提出了"树立正确的党史观学习观""强化学习教育的系统性实效性""感悟真理的思想伟力实践伟力""提高服务构建新发展格局的能力水平"等四个方面要求。二是强化组织领导。加强与省委党史学习教育领导小组和省级机关工委汇报协调,成立厅党史学习教育领导小组,建立厅党组领导、厅主要负责人抓总、机关党委牵头、相关处室配合、各党支部落实的工作协同机制,围绕推进党史学习教育、学习贯彻习近平总书记"七一"重要讲话精神和党的十九届六中全会精神、开展"三访三服务"主题活动,制定相关工作计划和具体实施方案。三是明确任务部署。召开动员部署会议,进一步统一全体党员干部思想认识,充分理解"学史明理、学史增信、学史崇德、学史力行"和"学党史、悟思想、办实事、开新局"目标要求,把"四坚持、四着力"体现在"六专题一实践"工作安排和19项具体措施落实全过程。

(二) 强化督促指导,层层压实责任

不断强化抓好党史学习教育的政治责任,充分发挥"四责协同"联动效应(党组主体责任、纪检监察组监督责任、党组书记"第一责任人"责任、班子成员"一岗双责"),把党史学习教育纳入"三级责任清单"和"联述联评联考"机制,畅通厅党组、机关党委、各党支部责任链条,以"述"出责任、以"评"出压力、以"考"出动力,推动压力层层传导、责任层层到位、工作层层落实,有效防范化解"中阻梗""一头热"。一年来,厅党组严格对标对表中央、省委相关会议精神和工作要求,跟进督导厅机关党史学习教育,定期听取工作汇报,强化跟踪问效,有力有序推进各项任务落地落实落细；厅党史学习教育领导小组办公室采取随机走访、调研座谈、笔记展评等方式，及时了解党史学习教育开展情况，查找短板弱项，研究部署改进措施；机关党委专人跟进上情下达和下情上传，及时做好周情统计、季度考评和总结自查；各党支部按要求每周梳理总结党史学习教育情况，填报"周情况统计表"。

(三) 强化宣传引导，营造浓厚氛围

推进对象化、分众化、互动化宣教活动，在厅微信公众号、OA办公系统开辟"党史百年、光辉历程"和"党史学习教育"专栏，结合橱窗展板、LED电子屏等媒介，全方位、多层次做好党史学习教育宣教工作。厅党史学习教育领导小组办公室专门成立宣传报道工作组，主动联系沟通省委党史学习教育领导小组办公室、省委省级机关工委和各新闻媒体，动态跟踪厅机关党史学习教育开展情况和"我为群众办实事"实践活动工作动态、新闻线索，扎实做好经验做法总结提炼，积极打造"一支部一品牌""一品牌一示范"的特色亮点。集中报道厅机关"抗疫第一线"优秀典型5人次、"我为群众办实事"先进事迹18人次，用身边人身边事教育引导广大党员干部，增强宣教亲和力、吸引力、感染力。厅机关围绕党史学习教育撰稿200余篇，相关活动经验做法被"学习强国"平台登载6篇、省委党史学教办简报和省级机关工作作风建设专报采用6次、"江苏党史学习教育网"刊登11篇、"江苏机关党建网"发表40篇、"江苏商务"微信公众号发布37篇，极大推动了党史学习教育向基层延伸拓展，商务品牌影响力、带动力进一步提升。

二 培根铸魂、启智润心，党员干部政治能力不断提升

切实把思想理论武装放在首位，持续深化习近平新时代中国特色社会主义思想学习贯彻，结合学习贯彻习近平总书记"七一"重要讲话精神和党的十九届六中全会精神，学好党史"必修课"，不断提高广大党员干部思想政治水平。

(一) 聚焦关键少数"领"学

厅领导班子成员始终坚持学在前、做在先,以自身的实际行动示范带动全厅,推动党史学习教育扎实有效开展。一是坚持党组"第一议题"制度,把党史学习教育作为厅党组理论学习中心组重要学习内容,纳入年度学习计划,集中学习 24 次,整理汇编习近平总书记重要讲话指示和中央、省委省政府重要会议精神等 19 期,作为每次党组学习的首项议题,不断提高学习质效。二是坚持集中学和个人学相结合,厅领导班子成员对照厅党史学习教育方案,原原本本研读指定学习教材和规定学习篇目,制定个人自学计划,做到有学习目标、有阶段重点、有完成时限、有盘点总结,既做组织者、推动者,又当参与者、实践者。三是坚持研讨交流学,厅领导班子成员结合个人学习感悟和工作实际,围绕党史学习教育、习近平总书记"七一"重要讲话精神、党的十九届六中全会精神学习,组织 14 个专题的研讨交流,召开"两在两同"建新功行动调研成果交流会,11 篇理论学习成果刊登在《新华日报》《群众》《工作与学习》等报纸杂志。

(二) 聚焦分层分类"促"学

加强学习形式创新,方法上更加注重接地气、手段上更加注重紧跟时代、范围上更加注重全面覆盖,做好分层教学、分类指导。一是分众化组织各类活动,以"巾帼心向党 奋进新征程"为主题,追寻红色印记,欢度国际妇女节;组织"学党史 传薪火 促发展"退休干部为青年同志讲述江苏商务发展历程活动;走访慰问离退休老同志,颁发"光荣在党 50 年"纪念章;自编自导自演"学党史·忆党情·颂党恩"主题演出;集中收看庆祝中国共产党成立 100 周年大会直播盛况和《百炼成钢》《村路弯弯》等影视作品。二是互动化助力青年成长,安排年轻干部代表列席党组学习研讨,以"四强化四提升"推进青年学堂建设,强化理论武装、提升政治领悟力,强化阵地建设、提升组织凝聚力,强化活动拓展、提升青年引领力,强化学用结合、提升成果转化力。与台城社区共学共建,打造"服务群众献青春"青年志愿服务品牌,将青年干部学习成果转化为深入基层接地气、服务群众暖人心的生动实践。三是对象化做好内外宣介,利用商务工作关联内外的特殊性，贴近群众、走进基层、走出海外，多渠道、多层次、全方位展示江苏故事、江苏实践映射出的中国共产党百年奋斗重大成就和历史经验，旗帜鲜明批驳错误思想观点，正本清源、激浊扬清，把中国精神、中国价值和中国力量传播好、阐释好、解读好。

（三）聚焦党性锤炼"深"学

把提高党性修养作为党史学习教育的重中之重，不断深化对"两个确立"决定性意义的理解认识，自觉增强"四个意识"、坚定"四个自信"、做到"两个维护"。一是赓续红色血脉筑忠诚，充分利用南京红色教育5大主题10条精品线路及学习教育基地，组织"打卡"红色地标、参观红色场馆、欣赏经典影视剧目等沉浸式教学。厅党组到梅园新村纪念馆参观学习，召开现场交流会；青年党团员赴雨花台烈士陵园，开展"学党史 祭英烈 铭初心"清明祭扫活动；集体参观"百年征程、初心永恒"中国共产党在江苏历史展，重温党领导江苏人民走过的百年奋斗历程，用红色故事感染人、用红色传统激励人、用红色精神塑造人。二是严格政治生活强党性，以"三会一课"、主题党日等形式，开展各具特色的学习教育活动。综合处党支部开展"四度学堂"党课大家讲活动、人教处党支部开展"组工课堂"活动、离退休处党支部邀请离退休老干部举办"商务银辉大讲堂"、贸促中心党支部定期更新"党建知识课堂"小贴士。厅领导班子成员结合学习体会和工作感悟，为分管处室上党课，以普通党员身份参加所在党支部党史学习教育专题组织生活会，认真开展批评与自我批评，盘点检视、剖析根源、明确整改措施。三是强化正风肃纪葆本色，以"铭初心、筑底线、扬清风、守清廉"为主题，推动"廉洁机关"建设走深走实。开展"廉洁商务""六个一"活动，整理印发《廉政教育资料汇编》，进行纪律教育、政德教育、家风教育；厅领导班子成员、机关党支部书记等40余名党员领导干部，赴省党风廉政警示教育基地开展廉政警示教育，以案释法、以案明纪；持续推进机关政治巡察，完成对服务中心、信息中心、流促中心3个党支部政治体检，实现省委一届任期内巡察全覆盖。

三 踔厉奋发、笃行不息,办实事解难题促发展贯穿始终

始终胸怀"两个大局"、牢记"国之大者"、站稳人民立场,围绕商务重点工作,聚焦关系人民群众、市场主体和基层发展的 7 个方面 20 件实事项目(含省重点民生项目 1 项、厅领导班子成员领办实事项目 9 项、省重点备案项目 2 项),开展以"三访三服务"为主题的"我为群众办实事"实践活动,扎实开展"挂钩基层促发展""深入企业解难题""服务群众献青春""海外代表进园区""商务服务云上行"五大行动。

(一) 深入基层,破解急难愁盼有温度

"我为群众办实事"实践活动开展以来,厅领导班子成员"一对一"挂钩联系各设区市和 13 个重点县(市、区),机关各处室每季度至少到基层企业开展一次调研服务,通过实地调研、座谈交流等多种形式,深入了解基层在发展中遇到的困难问题,主动靠前服务,研究落实帮扶措施,全力帮助基层解决发展中的难点堵点痛点。全厅先后走访基层单位 50 家、企业 175 家;累计收集各类困难问题、诉求建议 220 余项。深入开展"海外代表进园区"专项行动,充分发挥新形势下驻外经贸代表处作用,建立厅驻外经贸代表处与开发区挂钩联系服务工作机制,9 位驻外代表完成 6 轮驻点安排,先后赴 19 家开发区驻点工作,深入走访调研海安商贸物流园、太仓德国中心等平台载体,以及天楹集团、荃信生物等市场主体 100 余家,全力务实推进法国威立雅集团水处理、中荷农业科技应用联合研发中心等符合全省产业需求的项目 50 余个。加强 RCEP、"FTA 惠苏企"等方面相关政策培训和基层指导,助力企业抢抓 RCEP 机遇。组织全省各地各部门参加商务部 RCEP 培训,累计在全省设置近 96 个分会场,超 2 400 人次参加培训。在全省搜集整理一批利用 FTA 水平较高的典型企业案例,深入总结提炼企业利用 FTA 优惠政策的好经验、好做法,形成《江苏企业利用 FTA 案例集》,进一步惠及全省企业。加强农村电商专业人才培训。依托江苏省电子商务线上培训平台,举办了 12 期主题培训,邀请省内外相关领域专业讲师和大型电商平台资深专业人士授课。以电商公共

服务全省行活动为载体,加强电商新业态新模式培训,以"线上线下 惠民惠企""数商兴农 品牌创新""电商筑梦 直播赋能"为主题开展了3站活动。

(二) 服务大局,聚力重点工作有深度

认真贯彻落实省委、省政府关于保障和改善民生的决策部署,扎实推进改造升级和新建100家农贸市场的省重点民生实事项目,厅主要负责同志主动部署安排,超额完成130家农贸市场完成建设改造工作,改造升级后的农贸市场"脏乱差"现象得到根本改善,整体购物环境实现大幅提升。大力支持发展跨境电商等新业态新模式,推进跨境电商综试区建设,加快产业和主体集聚,出台《关于促进全省跨境电子商务高质量发展的工作意见》,召开全省跨境电商发展大会,启动"江苏优品·数贸全球"专项行动,成立江苏公共海外仓服务联盟,开展企业对接活动,协调解决在跨境电商发展过程中遇到的25个困难问题,认定34家江苏省跨境电子商务产业园,新培育认定34家省级跨境电商产业园、32家省级公共海外仓。支持企业积极应对贸易摩擦和出口管制,充分发挥"四体联动"应对机制和全过程指导服务机制作用,突出精准帮扶。针对全省涉案金额在1亿美元以上以及强制应诉企业在江苏的案件,强化"一案一策",派专人跟踪30余起大案要案,有效维护出口市场13.4亿美元,针对受美国出口管制措施影响较大的企业,研究提供信贷支持,目前已为相关企业提供了2.5亿元出口卖方信贷。提升对走出去企业的服务保障水平,"全程相伴"江苏走出去综合服务平台正式开通运行,积极帮助境外企业解决疫情防控中的问题困难,坚持"稳住人心、稳在当地"工作方针,加强境外疫情形势跟踪研判,牵头起草江苏省境外企业疫情防控"1115"行动计划,确保全省境外企业疫情防控工作稳妥有序。为2.3万多名外籍必要经贸人员签发来苏邀请函。

(三) 着眼发展,深化服务改革有力度

2021年,国内疫情偶发,国际疫情反复,国际商旅依然不畅,举办线上展会是企业开拓国际市场的务实选择。110场"江苏优品·畅行全球"货物贸易类、40场"苏新服务·智惠全球"服务贸易类线上展会均如期完成,全省共有11 725家企业参加线上展会,其中线上平台展组织企业5 916家次,线上展示展品数量超过632万件,展品点击量约628万次,客商询盘量约65万次,在线成交金额超过2.7亿美元;线上对接会组织4 803家次货物贸易供应商企业参展和32个国家或地区的6 917家采购商进行了25 102场对接活动,1 006家次服务贸易企业与1 244家境外采购商进行了5 352场线上对接活动,总体成效显著。缓解江苏中小微外贸企业融资难、融资贵问题。制定出台《江苏省服务贸易基地建设和服务贸易重点企业培育工作方案》,推动各地服务贸易特色化、专业化发展,进一步优化全省服务贸易重点领域空间和产业布局。提升展会服务数字化水平,举办70场"苏新服务 智惠全球"系列线上对接会。推进全面深化服务贸易创新发展试点,全省121项试点任务全面启动,超60项已基本完成,3个试点实践案例获商务部印发在全国推广。支持徐州入选新一批国家级服务外包示范城市、苏州工业园区入选第二批国家文化出口基地。全省35家企业、11个项目入选新一轮国家文化出口重点企业和重点项目,数量居全国第二。

下一步,省商务厅党组将按照中央、省委部署要求,坚持以习近平新时代中国特色社会主义思想为指导,不断从党的百年奋斗重大成就和历史经验中汲取智慧和力量,守正创新、行稳致远,持续巩固拓展党史学习教育成果,把学习党史作为永恒课题、终身课题,推动建立健全常态化、长效化制度机制。

一是恪守对党忠诚的政治品质,坚决听党话、跟党走。厅机关各级党组织和全体党员干部将在提高政治意识、增强党性修养上持续努力、久久为功,不断增强忠诚核心、信赖核心、紧跟核心、维护核心的政治自觉、思想自觉和行动自觉,任何时候都坚决捍卫"两个确立"、做到"两个维护",始终在政治上、思想上、行动上同以习近平总书记为核心的党中央保持高度一致。

二是形成务实管用的长效机制,修好永恒课题和终身课题。要对党史学习教育期间,厅机关在聚集"关键少数"引领、创新宣教形式载体、深挖活用红色资源、支部结对共学共建、分层分类精准施教等方面形成的经验做法进行系统梳理、全面总结和深入提炼,建立健全常态化、长效化制度机制,把党史学习教育作为永恒课题、终身课题持续推向深入,让党员受教育、群众得实惠。

三是汲取党史蕴含的智慧力量,推动高质量发展再谱新篇。切实把党史学习教育成果转化为开创新局的强大动力和持续发展的蓬勃活力,进一步深化对习近平新时代中国特色社会主义思想的理解把握,进一步站稳人民立场、厚植为民情怀,进一步焕发砥砺奋进、锐意进取的精气神,进一步强化建功立业、开创未来的使命担当,聚焦建设商贸流通强省和开放强省,全面增创高质量发展新优势,坚决扛起"争当表率、争做示范、走在前列"的光荣使命,奋力把习近平总书记擘画的"强富美高"宏伟蓝图转变为推动江苏商务高质量发展、服务构建新发展格局的生动实践,以优异成绩迎接党的二十大胜利召开!

(江苏省商务厅党组)

附 录

江苏商务发展2021
JiangSu Commerce Development Report

2021年江苏商务重要文件索引

2021年江苏商务重要文件索引表

文　号	标　题
苏政发〔2021〕57号	《省政府关于赋予中国（江苏）自由贸易试验区第二批省级管理事项和开发区（自由贸易试验区联动创新发展区）省级管理事项的决定》
苏政办发〔2021〕4号	《省政府办公厅转发省商务厅省财政厅关于鼓励跨国公司在江苏设立地区总部和功能性机构意见（2021年版）的通知》
苏政办发〔2021〕5号	《省政府办公厅转发省商务厅等部门关于促进全省跨境电子商务高质量发展工作意见的通知》
苏政办发〔2021〕10号	《省政府办公厅关于印发江苏省经济开发区高质量发展综合考核评价办法（2021年版）的通知》
苏政办发〔2021〕31号	《省政府办公厅关于复制推广中国（江苏）自由贸易试验区第二批改革试点经验的通知》
苏政办发〔2021〕35号	《省政府办公厅转发省商务厅等部门关于完善商业网点规划管理指导意见的通知》
苏政办发〔2021〕57号	《省政府办公厅关于印发江苏省"十四五"贸易高质量发展规划的通知》

续 表

文　号	标　题
苏商综〔2021〕297 号	《江苏省"十四五"商务高质量发展规划》
苏商法〔2021〕83 号	《省商务厅关于印发 2021 年全省商务系统法治政府建设工作要点的通知》
苏商流通〔2021〕122 号	《省商务厅关于加快现代商贸流通体系建设工作的意见》
苏商资〔2021〕447 号	《省商务厅关于认定江苏省第十二批跨国公司地区总部和功能性机构的通知》
苏商运〔2021〕129 号	《关于进一步提振大宗消费重点消费促进释放城乡消费潜力若干措施》
苏自贸组发〔2021〕1 号	《关于印发中国(江苏)自由贸易试验区 2021 年工作要点的通知》
苏肺炎防控办〔2021〕6 号	《关于做好春节及两会期间生活物资保障工作的若干措施》
苏自贸办函〔2021〕19 号	《省自贸办关于印发中国(江苏)自由贸易试验区第二批创新实践案例的函》
苏自贸办函〔2021〕21 号	《省自贸办关于印发省有关部门协力支持中国(江苏)自由贸易试验区生物医药产业开放创新发展政策措施的通知》
苏商资函〔2021〕486 号	《省商务厅关于印发江苏省外商投资统计调查工作指引(2021 年)的通知》
苏商开发传〔2021〕304 号	《省商务厅关于做好 2021 年度苏陕协作共建"区中园"有关工作的通知》

2021年江苏商务发展大事记

1月4日,赵建军厅长率队到南京市苏航供应链集团和希音电子商务有限公司考察调研,深入了解全省跨境电商行业发展状况、企业诉求和意见建议。周晓阳副厅长及南京市商务局、雨花台区政府和南京软件谷等相关负责同志参加调研。

1月8日,王存二级巡视员主持召开推进现代商贸流通体系建设专班会议,传达学习省委财经办现代流通体系建设专题会议精神,并研究部署下一步工作举措。

1月12日,全省商务工作电视电话会议在南京召开。赵建军厅长做了题为"实干坚韧抓落实、接续奋斗开新局,在服务构建新发展格局中展现商务更大作为"的工作报告。陈晓梅副厅长主持会议并作会议小结,姜昕副厅长传达惠建林副省长批示。商务部驻南京特派员办事处王选庆特派员、厅领导班子成员、省贸促会领导班子成员、13设区市商务局负责同志和厅机关各处室主要负责同志参加会议。

1月12日,赵建军厅长主持召开厅疫情防控工作领导小组会议,深入学习贯彻习近平总书记关于统筹推进疫情防控和经济社会发展重要论述以及党中央、国务院决策部署,传达学习并贯彻落实省委常委会会议和省疫情防控工作领导小组会议部署要求，对当前及今后一个时期全省商务领域疫情防控工作进行再动员、再部署、再抓实。厅领导陈晓梅、姜昕、郁冰滢、王存参加会议。

1月13日至14日，赵建军厅长带队赴苏州太仓实地调研对德经贸合作情况，并召开专题座谈会听取有关意见建议，省市县联动协力支持太仓市进一步深化对德交流合作。

1月13日至15日，省十三届人大常委会第二十次会议审议并表决通过《中国（江苏）自由贸易试验区条例》，条例自3月1日起施行。赵建军厅长列席大会并作自贸试验区规划建设管理情况报告，倪海清副厅长参加分组审议。

1月13日，商务部召开"2021全国网上年货节"活动部署视频会议，商务部部长助理任鸿斌出席会议并讲话，商务部电子商务司骞芳莉司长主持会议。郁冰滢二级巡视员和南京市商务局、省电商协会负责同志以及阿里本地生活、苏宁控股集团、美团优选等十余家企业代表在江苏分会场参加会议。

1月14日，孙津副厅长会见来访的渣打银行（中国）有限公司副行长鲁静女士一行，双方就经贸形势、产业链发展、金融创新、服务业对外开放等问题进行深入交流。

1月14日，由省商务厅会同美国中西部对华商会共同举办的"江苏—美国中西部企业线上线下交流会"成功召开。孙津副厅长、美国中西部对华商会执行会长陈辽瑞出席会议并致辞，海门经济技术开发区、玄武区商务局及双方企业代表共40余人分别在线上线下参加会议。

1月14至15日，为贯彻落实商务部、省委、省政府，以及省安委会有关会议文件精神，切实做好元旦春节期间商贸流通领域安全生产工作，驻厅纪检监察组郝建祥组长率队赴南通、盐城开展商务领域节前安全生产工作情况检查。

1月14日至15日，王存二级巡视员带队赴宿迁、淮安调研，深入商贸流通企业，检查元旦春节期间安全生产、常态化疫情防控、市场保供等工作。

1月15日，赵建军厅长会见江苏对口支援青海省前方党委书记、海南州前方指挥部总指挥陈明一行，倪海清副厅长、省商务厅援青干部及相关处室主要负责同志参加会见。

1月15日，省商务厅召开落实长江禁捕退捕工作专班会议，全面落实全国和省政府召开的长江禁捕退捕工作推进电视电话会议要求,交流前一阶段长江"十年禁渔"工作开展情况,部署下一阶段具体工作,姜昕副厅长出席会议并讲话。

1月15日,商务部西亚非洲司贺松副司长在京主持召开部分省市对非经贸工作视频会议,研究设计"一揽子"对非务实合作举措。孙津副厅长参加会议并发言。

1月18日,赵建军厅长主持召开厅党组(扩大)会议,深入学习贯彻习近平总书记关于安全生产的重要论述和对江苏工作的重要讲话指示精神,按照全省深入安全生产三年专项整治暨2021年安全生产工作推进会的部署要求,回顾总结2020年全省商务领域安全生产工作情况,深入分析当前存在的困难问题和薄弱环节,讨论研究《省商务厅领导班子成员2021年安全生产重点工作清单》,进一步压紧压实责任,推动全年商务领域安全生产工作落地落细落实。厅领导班子成员和相关处室负责同志参加会议。

1月18日,赵建军厅长带队赴中江国际集团,与省有关部门一起专题调研中阿(联酋)产能合作示范园建设工作。省发改委王显东副主任一同调研,中江国际集团领导参加调研座谈。

1月18日至19日,商务部举办《区域全面经济伙伴关系协定》(RCEP)线上专题培训班。商务部驻南京特派员办事处王选庆特派员,厅领导姜昕、周晓阳、倪海清,以及南京海关、省贸促会和相关处室人员参加培训。

1月18日,郁冰滢二级巡视员率队赴阿里巴巴江苏总部项目建设现场进行调研,了解项目建设进展情况。

1月19日,赵建军厅长组织召开高质量考核专题会议,研究2021年度高质量考核指标修改建议工作,倪海清副厅长主持会议。

1月19日至22日,郁冰滢二级巡视员带队赴连云港及徐州开展商贸场所安全生产、疫情防控检查,实地走访商贸流通企业,检查企业安全措施落实情况,并结合检查对商业网点规划、乡镇商贸中心建设及电子商务进农村等工作进行调研。

1月20日至21日,姜昕副厅长带队赴镇江、扬州开展节前商贸流通领域综合督查。

1月20日至22日，朱益民副厅长带队赴苏州、泰州市开展商务领域节前安全生产工作检查暨经济开发区安全专项整治督查，并召开商务领域节前安全生产工作检查座谈会。

1月21日，赵建军厅长在南京会见韩国新任驻沪总领事金胜镐一行，双方就深化江苏与韩国的经贸合作进行友好交流。孙津副厅长参加会见。

1月21日，省政府召开新闻发布会，省商务厅、省工业和信息化厅、中国人民银行南京分行、南京海关、中信保江苏分公司等介绍2020年全省外贸发展情况，解读《关于推进贸易高质量发展的实施意见》的内容。赵建军厅长、周晓阳副厅长出席新闻发布会。

1月22日，省委全面深化改革委员会召开第十五次会议，深入学习贯彻中央深改委第十七次会议精神，书面审议省委深改委2021年工作要点，研究部署全省下一步改革工作。娄勤俭书记主持会议并讲话，吴政隆省长、樊金龙常务副省长出席会议，赵建军厅长参加会议。

1月22日，孙津副厅长会见瑞典斯堪尼亚中国区执行总裁何墨池先生（Mats Harborn）一行，双方就斯堪尼亚在江苏的合作发展进行深入交流。

1月22日，孙津副厅长在南京会见日本丸红株式会社中国区副总裁筱田聪夫，双方就加强合作进行交流。

1月24日，省商务厅和盐城市人民政府在南京召开中韩（盐城）产业园建设工作厅市联席会议第六次会议，共商深化对韩经贸合作。赵建军厅长与盐城市曹路宝市长共同主持会议并讲话，孙津副厅长参加会议。

1月25日至2月10日，赵建军厅长和陈晓梅、姜昕、朱益民、孙津、周晓阳、郝建祥、倪海清等厅领导分别带队看望慰问厅老领导、老干部，代表全厅干部、职工向他们致以节日问候和新春祝福。

1月25日至28日，省政协十二届四次会议在南京召开，娄勤俭书记在开幕大会发表讲话，会议讨论了江苏省国民经济和社会发展第十四个五年规划和二〇三五年远景目标纲要草案及其他有关报告。陈晓梅副厅长、倪海清副厅长参加会议。

1月26日至29日，省第十三届人大第四次会议在南京召开。娄勤俭书记主持会议并发表讲话，吴政隆省长代表省人民政府向大会作政府工作报告。赵建军厅长参加会议。

1月26日，中俄边境和地方间经贸合作和经济特区合作工作组第一次会议通过视频方式召开。商务部欧亚司王开轩司长及俄罗斯经济发展部一体化项目和独联体国家发展司费奥德罗夫司长共同主持。孙津副厅长出席会议，并围绕"深化江苏对俄大豆全产业链融合，拓展中俄地方经贸合作领域"作专题发言。

1月26日，省级经贸摩擦应对工作专班会议暨应对美国出口管制部门协调机制工作会议在省商务厅召开，周晓阳副厅长出席会议并讲话。

1月27日，周晓阳副厅长率队赴南京江宁开发区检查进口货物疫情防控工作，并召开进口货物疫情防控工作座谈会。

1月28日至29日，孙津副厅长率队赴常州金坛实地调研对德经贸合作情况，与金坛经济开发区召开座谈会听取意见建议。

1月28日至29日，周晓阳副厅长率队赴南通调研外贸新业态发展情况，深入走访相关企业并听取意见建议。

1月28日，依据《江苏省进出口公平贸易工作站管理办法》的要求，省商务厅与省财政厅共同组织专家组开展进出口公平贸易工作站年度评估工作。经专家评估、网上公示等程序，全省共29家单位确认为2021年江苏省进出口公平贸易工作站。

1月28日，商务部召开全国商务系统防疫保供工作电视电话会议，贯彻落实中央办公厅、国务院办公厅《关于做好人民群众就地过年服务保障工作的通知》、国务院常务会议精神，统筹做好就地过年群众生活保障工作。全省各设区市设分会场，王存二级巡视员参加会议并结合江苏实际情况提出贯彻落实会议精神具体要求。

2月1日，赵建军厅长主持召开厅党组（扩大）会议，传达学习省十三届人大四次会议和省政协十二届四次会议精神，研究部署全省商务领域贯彻落实工作。厅领导班子成员参加会议，驻厅纪检监察组和厅有关处室负责同志列席会议。

2月1日，省国资委沈建生副主任一行来访，座谈了解对省属外经贸企业考核"1+5"制度、考核内容和指标设置的意见建议。周晓阳副厅长参加座谈。

2月1日，省政府召开保障群众过好春节新闻发布会，省公安厅、省卫健委、省民政厅等相关部门负责同志向媒体介绍为保障群众过好春节开展的相关工作。王存二级巡视员围绕保障节日市场供应介绍全省商务系统开展的工作，并回答记者提问。

2月2日，陈晓梅副厅长会见国家开发银行江苏分行诸晓珺副行长一行。双方就共同推动企业走出去参与"一带一路"建设，助力企业抗击疫情、复工复产，推动出台"外保外贷""外保内贷"等创新金融产品，以及国开行各驻外工作组与省商务厅驻外经贸代表处沟通合作、支部共建等事项进行深入交流。

2月2日，商务部党组成员、部长助理任鸿斌主持召开外贸形势视频座谈会，调研重点外贸企业经营情况，听取企业政策建议，并就近期外贸形势和重点工作与部分省份进行交流。江苏、浙江、福建、广东、四川五省商务主管部门及10家重点外贸企业在各地分会场参会。周晓阳副厅长参加会议并作交流发言，江苏省吉宝通讯、可康户外两家企业参会发言。

2月3日，省商务厅党组召开2020年度民主生活会。会议紧密联系思想和工作实际，认真查摆问题，深入剖析根源，严肃坦诚开展批评与自我批评，进一步加强班子政治建设，始终做到旗帜鲜明地讲政治，更好地担负起"争当表率、争做示范、走在前列"重大使命，在新征程上不断推动全省商务事业高质量发展。赵建军厅长主持会议并做总结讲话。厅领导班子成员参加会议，省纪委监委、省委省级机关工委有关同志到会督导。驻厅纪检监察组、厅办公室、综合处、人教处、机关党委负责同志列席会议。

2月3日，赵建军厅长、倪海清副厅长向惠建林副省长专题汇报江苏省商务发展专项资金绩效管理情况。

2月3日，省商务厅召开离退休干部新春座谈会。赵建军厅长代表厅党组向离退休干部通报2020年全省商务工作情况和2021年全省商务工作打算，围绕当前商务发展面临的新形势新任务，以及如何进一步做好老干部工作，与部分离退休干部进行座谈交流。周晓阳副厅长主持会议。

2月3日，省级口岸查验单位国际航行船舶进出口岸监管联席会议在江苏边检总站召开。惠建林副省长出席会议并讲话，姜昕副厅长参加会议并介绍2020年江苏口岸整体运行情况，省政府黄澜副秘书长、南京海关张亚平副关长、省海事局朱汝明局长、江苏边检总站冯兰昌政委、蔡锦明副总站长参加会议。

2月3日，"推进双向开放枢纽建设"专题会议在南京召开，倪海清副厅长主持会议并讲话。

2月3日，省商务厅联合省工业和信息化厅、交通运输厅、生态环境厅、市场监管局，举行江苏省报废机动车回收资质认定专家聘任仪式。郁冰滢二级巡视员出席活动，并为受聘专家代表颁发聘书。

2月4日，娄勤俭书记在南京以视频方式会见韩国SK集团会长崔泰源，并向他颁授"江苏省荣誉居民"荣誉证书。双方就关心的重大项目进行深入交流，并达成广泛共识。省委组织部郭元强部长、惠建林副省长、赵建军厅长参加视频会见活动。

2月5日，省商务厅在南京召开海外工作座谈会，回顾总结2020年工作，交流经验做法，分析形势任务，研究部署2021年海外工作。赵建军厅长出席会议并讲话，厅领导陈晓梅、姜昕、朱益民、周晓阳、郝建祥、倪海清、郁冰滢、王存和省贸促会尹建庆会长参加会议，孙津副厅长主持会议。

2月5日，省商务厅举行2020年商务运行情况新闻发布会。姜昕副厅长作为新闻发言人，向媒体介绍2020年全省商务部门所做工作，各相关处室负责同志回答记者提问。

2月5日，孙津副厅长在厅机关会见来访的香格里拉（亚洲）有限公司首席执行官兼执行董事林明志一行，双方就香格里拉（亚洲）有限公司在江苏进一步发展机遇开展交流。

2月7日，省商务厅召开厅机关总结表彰大会，总结2020年度厅机关工作，部署今年重点任务，并对2020年度厅机关受省级及以上单位表彰的集体和个人进行通报表扬。赵建军厅长出席会议并讲话，陈晓梅副厅长主持会议。

姜昕副厅长宣读表彰通报和立功嘉奖决定，朱益民副厅长、驻厅纪检监察组郝建祥组长分别传达省十三届人大四次会议、省政协十二届四次会议精神以及十九届中央纪委五次全会、十三届省纪委六次全会精神。厅领导班子其他成员出席会议，厅机关各处室主要负责同志及部分海外代表到场参会，其他人员以视频连线方式参会。

2月7日，孙津副厅长会见中国欧盟商会南京分会董事会主席魏博一行，双方就进一步加强合作进行交流，并就欧盟商会会员企业近期关注的新冠疫苗接种等事宜交换意见。

2月7日，驻厅纪检监察组对新轮岗交流的正处职干部开展任前集体廉政谈话，驻厅纪检监察组郝建祥组长出席会议并提出要求。

2月8日，惠建林副省长带队在南京检查疫情防控和春节市场保供工作，看望慰问奋战在一线的疫情防控工作人员和商贸流通企业职工，省政府黄澜副秘书长、赵建军厅长、南京市沈剑荣副市长等陪同参加。

2月9日，赵建军厅长会见中海油华东销售有限公司总经理何启忠一行，双方就深化中海油在江苏投资发展的相关事宜进行深入交流。王存二级巡视员参加会见。

2月9日，商务部组织召开2021年全国服务贸易和商贸服务业工作电视电话会议，商务部王炳南副部长出席会议并讲话，商务部服贸司陈春江司长主持会议并传达国务院服务贸易发展部际联席会议第三次全体会议精神，姜昕副厅长在分会场参加会议并做交流发言。

2月9日，江苏省政务服务管理办公室印发《关于2020年度省政务服务中心红旗窗口、优秀首席代表考核结果的通报》（苏政务办发〔2021〕10号），省商务厅荣获"2020年度省政务服务中心红旗窗口"荣誉称号。

2月18日，赵建军厅长主持召开厅党组（扩大）会议，交流讨论近期商务领域重点工作。会议要求全厅认真落实党的十九届五中全会精神和省委十三届九次全会精神、省两会部署要求，全力投入年初确定的"两大行动"和"十项重点工作"中，奋力夺取一季度商务发展"开门红"。

2月20日，省政府组织召开全省安全生产专项整治督导工作动员部署会。樊金龙常务副省长出席会议并讲话,张叶飞副秘书长主持会议。姜昕副厅长作为全省安全生产专项整治督导组第九督导组组长参加会议。

2月20日,郁冰滢二级巡视员率队赴苏宁控股集团,就企业发展需求等情况进行调研。

2月22日,赵建军厅长赴商务部拜会王文涛部长及其他部领导,汇报东亚企业家太湖论坛筹备进展等情况及需要商务部提供工作支持相关事项。

2月22日,为做好江苏代表团在十三届全国人大四次会议上提出高质量议案建议的准备工作,全国人大代表议案建议工作座谈会在南京召开,倪海清副厅长参加会议。

2月23日,赵建军厅长会见苏宁控股集团副总裁王哲一行,就省商务厅召开支持苏宁高质量发展工作进行对接,郁冰滢二级巡视员参加会见。

2月23日,赵建军厅长会见中国石化江苏石油分公司党委书记、董事长张有根一行,双方就加强成品油行业自律、深入推进市场综合整治工作等方面进行深入交流。王存二级巡视员参加会见。

2月23日,2021年全国口岸办主任电视电话会议在海关总署召开。海关总署党委委员、国口办黄冠胜主任出席会议并讲话,国口办党英杰副主任主持会议。各直属海关设分会场,姜昕副厅长、陆空处、海港处全体成员及省电子口岸公司相关负责人在南京海关分会场参加会议。

2月23日,省商务厅召开共建代表处工作座谈会,回顾2020年工作,交流经验做法,分析形势任务,研究部署2021年共建驻外经贸代表处工作。孙津副厅长主持会议并讲话。

2月23日,省委农村工作领导小组会议和省委深改委农业农村改革专项小组会议在南京召开,郁冰滢二级巡视员出席会议。

2月24日,孙津副厅长赴上海分别拜会日本贸易振兴机构上海代表处首席代表水田贤治、日中经济协会上海事务所伊藤智所长、韩国贸易协会上海代表处首席代表沈準硕,就推动东亚企业家太湖论坛筹备工作进行交流。

2月24日,省商务厅组织召开省级外经贸集团外贸工作座谈会,会议研判分析当前外贸形势,交流企业进出口和在手订单情况,探讨促进全省外贸高质量发展的思路举措。赵建军厅长主持会议并讲话，周晓阳副厅长出席座谈会。苏美达集团、海企集团、国泰集团、汇鸿集团、苏豪集团、中江集团、舜天集团等省级外经贸集团主要负责同志交流发言。中国进出口银行江苏省分行、中信保江苏分公司分管领导应邀出席座谈会。

2月25日，赵建军厅长、倪海清副厅长同新华社江苏分社凌军辉副总编、新华社智库江苏中心陈希希主任一行进行座谈。

2月25日，省境外企业防控组在省商务厅召开工作会议，传达学习省涉外联防联控指挥部专题会议精神，交流近期开展工作情况，并对下一步工作提出设想和建议。陈晓梅副厅长出席会议并讲话，省政府办公厅三处、省外办、省公安厅、省卫生健康委、省国资委等各成员单位联络员参加会议。

2月25日，孙津副厅长会见日本大阪府上海事务所新任所长南浦秀史、前任所长长野真由子一行，双方就推动江苏与大阪府经贸合作进行交流。

2月25日，省委宣传部、省委改革办联合举办全省改革宣传工作会议暨《黄金时间》节目座谈会，研究部署近期工作任务，探讨提升《黄金时间》节目质量的办法举措，倪海清副厅长参加会议。

2月26日，商务部召开全国外资工作电视电话会议，深入贯彻党的十九届五中全会和中央经济工作会议精神，落实全国商务工作电视电话会议要求，研究部署全年稳外资工作。商务部王文涛部长出席会议并讲话，王受文副部长主持会议并部署2021年外资工作。赵建军厅长参加会议并做交流发言，商务部驻南京特派员办事处王选庆特派员，以及朱益民副厅长、孙津副厅长和省外资协会赵进会长参加会议。

2月26日，吴政隆省长在南京会见美国霍尼韦尔公司全球高增长地区总裁沈达理一行。惠建林副省长，省政府陈建刚秘书长、赵建军厅长参加会见。

2月26日，共青团江苏省商务厅直属机关委员会第二次代表大会在厅机关召开。陈晓梅副厅长出席大会并讲话，省委省级机关团工委李巍书记出席会议，厅直属机关党委颜迎来副书记、驻厅纪检监察组张建明处长到会指导，厅机关和代管企业的26名青年团员代表参加大会。

2月26日，省商务厅组织召开全省经济开发区安全专项整治省级部门工作专班会议,省发改委、科技厅、工信厅、自然资源厅、交通厅、应急管理厅、市场监管局和南京海关等10个省级部门专班成员单位分管负责同志参加会议,朱益民副厅长主持会议并讲话。

2月26日,倪海清副厅长主持召开厅"十四五"商务发展规划专题会议,研究部署规划修改完善工作。

3月1日,姜昕副厅长主持召开省口岸工作领导小组联络员会议,研究起草省口岸工作领导小组相关文件。省发改委、省交通运输厅、省外办、南京海关、民航江苏监管局、江苏海事局、江苏出入境边防检查总站、连云港海事局等22个领导小组成员单位联络员参加会议。

3月1至5日,姜昕副厅长带领省安全生产第九督导组赴盐城市、大丰区开展安全生产督导,组织召开2021年盐城市督导工作任务部署会,开展个别谈话,深入企业检查。省安全生产第九督导组由姜昕副厅长任组长,夏网生二级巡视员任副组长,由8个厅(委、局)共11人组成。

3月1日,倪海清副厅长参加省"十四五"规划《纲要》新闻发布会。

3月2日,厅机关研究制定厅领导与外派干部谈心谈话制度(苏商人〔2021〕56号)。

3月3日,朱益民副厅长带队赴省委编办,就省级经济开发区申报设立工作进行对接交流。

3月3日,为迎接第111个国际劳动妇女节,省商务厅组织离退休女同志在中山陵国际青年旅馆开展插花艺术主题活动。周晓阳副厅长参加活动。

3月3日,省委研究室刘建副主任一行来省商务厅调研,就江苏支撑长三角率先构建新发展格局工作进行座谈,倪海清副厅长主持调研座谈会。

3月4日,省商务厅组织盐城港大丰港区滚装码头对外开放省级验收。姜昕副厅长、盐城市政府蒋巍副市长出席验收会议并讲话,南京海关、江苏边检总站、连云港海事局等查验单位相关负责同志参加验收。

3月4日,朱益民副厅长带队赴南通开展经济开发区安全专项整治督查,实地走访南通经济技术开发区企业,考察中天科技、上海电气国轩储能等企业安全生产工作情况。

3月4日,省商务厅在淮安召开全省外资工作座谈会,孙津副厅长出席会议并讲话,各设区市、省直管县(市)商务局分管局长、外资及外企处(科)负责人参会。

3月5日,赵建军厅长会见海南省商务厅陈希厅长一行,双方就江苏省赴海南参加首届中国国际消费品博览会事宜进行交流。

3月5日,全省开发区条线工作会议暨安全专项整治工作专班会议在南通召开,朱益民副厅长出席会议并讲话。

3月5日至7日,全国首个专注于"老字号"的股权投资基金"江苏老字号产业投资基金"在无锡市梁溪区正式成立。惠建林副省长出席仪式并讲话。商务部驻南京特派员办事处、省财政厅、省商务厅、无锡市政府等有关领导出席仪式。随后,惠建林副省长出席"人间梁溪·江苏老字号嘉年华"消费促进活动。周晓阳副厅长出席启动仪式。

3月5日至7日,省商务厅组织专家组赴淮安开展报废机动车回收企业资质认定现场评审,郁冰滢二级巡视员出席评审会并讲话。

3月8日,赵建军厅长主持召开厅党组会议,传达学习中央党史学习教育动员大会和全省党史学习教育动员会议精神,按照中央和省委、省级机关工委部署要求,讨论审议厅机关党史学习教育实施方案。厅领导班子成员出席会议。

3月8日,中日韩(江苏)产业合作示范园区工作座谈会在省商务厅召开,首批获认定的7个示范园区分管负责同志以及所在设区市商务局分管负责同志参加座谈会。孙津副厅长出席会议并讲话。

3月9日,苏州高新区举行春季对日合作交流会暨日资企业突破600家活动。省委常委、苏州市委许昆林书记,日本国驻上海总领事馆大使衔总领事矶俣秋男出席活动。赵建军厅长参加活动,并为获批首批"中日韩(江苏)产业合作示范园区"的苏州高新区授牌。

3月9日,浙江省朱从玖副省长赴江苏自贸试验区苏州片区考察学习,赵建军厅长陪同考察并参加座谈。

3月9日,广东省商务厅张劲松厅长带队来南京开展专题调研,实地调研江苏自贸试验区南京片区、下一代互联网国家工程中心南京创新中心和江北新区管委会,并组织召开交流座谈会,赵建军厅长、姜昕副厅长陪同调研并参加座谈。

3月9日,省境外企业防控组在省商务厅召开工作会议,传达学习省涉外疫情防控指挥部专题会议精神。陈晓梅副厅长出席会议并讲话,省外办、省卫生健康委、省公安厅、省住建厅、省国资委等各成员单位联络员参加会议。

3月9日至10日,朱益民副厅长率队赴苏州开展调研,实地调研吴中经济技术开发区太湖新城规划展示馆,并组织召开座谈会,听取相关开发区和部门对《江苏省"十四五"开发区总体发展规划》的意见建议。

3月9日,孙津副厅长会见香港贸发局华东华中首席代表吕剑,双方就加强合作开展工作交流。

3月10日,省商务厅召开党史学习教育动员会议,深入学习贯彻习近平总书记在党史学习教育动员大会上的重要讲话精神,认真落实党中央和省委省政府部署要求,动员全厅各级党组织、全体党员干部迅速掀起党史学习教育的热潮,以优异成绩迎接建党100周年。赵建军厅长做动员讲话,陈晓梅副厅长主持会议,厅领导班子全体成员参加会议。

3月11日,惠建林副省长主持召开江苏自贸试验区工作领导小组第三次全体会议筹备会,对拟提交全体会议审议的材料进行初审。赵建军厅长汇报自贸试验区建设发展情况及相关文件起草说明。

3月10至11日,孙津副厅长带队赴上海,与日本驻沪总领馆、韩国驻沪总领馆等开展工作交流,推进东亚企业家太湖论坛相关筹备工作。

3月11日,全省服务贸易和商贸服务业工作会议在省商务厅召开,姜昕副厅长主持会议并讲话。

3月11日,省商务厅组织中石化江苏石油分公司、中石油江苏销售分公司、中海油华东销售公司、中化石油江苏有限公司、江苏高速公路石油发展有限公司等5家国有成品油经营企业召开成品油市场综合整治工作推进会,王存二级巡视员出席会议并讲话。

3月12日,赵建军厅长主持召开专题会议,共同会商江苏省与凯辉基金开展深化合作共赢发展事项。省财政厅、太仓市政府及凯辉基金等相关人员参加会议。

3月12日,郁冰滢二级巡视员带队赴南京市开展城乡商业调研,了解全省城乡社区商业建设发展情况,推动新型社区生活圈和镇村商贸流通提升工程。

3月16至18日,商务部对外贸易司张力副司长一行在江苏专题调研外贸形势和外贸新业态,走访部分企业并召开外贸形势座谈会。赵建军厅长就全省外贸工作情况进行交流发言,周晓阳副厅长陪同调研并参加座谈。

3月16至17日,省商务厅与商务部亚洲司在北京共同面向日本、韩国驻华大使馆、商协会、机构和企业等,举办东亚企业家太湖论坛吹风会,孙津副厅长出席活动。

3月16日,王存二级巡视员带队赴苏州开展工作调研,研究进一步推进"146消费提振"行动、加快现代商贸流通体系建设政策措施。

3月17日,陈晓梅副厅长会见省住建厅总工程师施嘉泓一行,就成立江苏国际承包产业联盟事宜进行座谈。

3月17日,"江苏优品·数贸全球"江苏跨境电子商务发展大会在南京成功举办。惠建林副省长、商务部对外贸易司张力副司长出席活动并致辞,赵建军厅长和南京海关吴海平关长做主旨发言。黄澜副秘书长、商务部驻南京特派员办事处王选庆特派员出席大会,周晓阳副厅长主持会议并介绍2021年上半年全省"10+100"场系列线上展会情况。

3月17日,江苏省商务厅、南京市商务局与苏宁易购集团股份有限公司签署《关于支持推进苏宁易购集团高质量发展,打造现代商贸流通龙头企业的合作协议》。赵建军厅长,苏宁控股集团党委书记、苏宁易购副总裁王哲见证签字仪式并讲话。郁冰滢二级巡视员、南京市商务局丁爱民局长、苏宁易购副总裁马康现场签约。

3月17日,王存二级巡视员主持召开单用途预付卡部门监管工作协调会。省教育厅、省公安厅、省交通运输厅、省文化和旅游厅、省市场监管局、省体育局及中国人民银行南京分行、中国银保监会江苏监管局等单位参会。

3月18日,省商务厅组织召开江苏"全程相伴"走出去综合服务平台信息系统演示讨论会,陈晓梅副厅长出席会议并讲话。

3月18日,"苏港携手·影向全球"2021苏港影视合作交流会暨"苏新服务·智惠全球"服务贸易线上系列对接会启动仪式在无锡举办。省委宣传部焦建俊常务副部长,商务部驻南京特派员办事处王选庆特派员出席启动仪式。姜昕副厅长、无锡市周常青副市长及香港贸易发展局华东、华中首席代表吕剑出席会议并致辞。

3月18日至19日,全省电子商务工作会议在沭阳召开,郁冰滢二级巡视员出席会议并讲话。

3月18至19日,商务部市建司郑书伟副司长率队来江苏调研内外贸一体化工作,实地考察苏州、张家港企业,并组织召开座谈会。王存二级巡视员陪同调研并参加座谈。

3月19日,省商务厅召开2021年度厅机关党的建设工作会议,深入贯彻落实习近平总书记对江苏工作重要讲话指示精神,传达学习全国"两会"和中央纪委省纪委全会、省级机关党建工作会议精神。赵建军厅长出席会议并讲话,陈晓梅副厅长主持会议,并结合省级机关党建工作会议要求对厅机关2021年度党建工作做出部署,姜昕副厅长传达全国"两会"精神,驻厅纪检监察组郝建祥组长传达中央纪委五次全会、省纪委六次全会和省委第十一轮巡视动员会精神。

3月19日,"江苏省商务厅—上海美国商会政企交流会"在南京成功举办,孙津副厅长出席交流会并讲话。

3月19日,全省国企改革三年行动推进会在南京召开,倪海清副厅长参加会议。

3月22日至23日,商务部举办《区域全面经济伙伴关系协定》(RCEP)第二次线上专题培训班。厅领导孙津、周晓阳、郁冰滢,以及相关处室人员参加培训。

3月23日,省口岸工作领导小组召开第一次全体会议。惠建林副省长出席会议并讲话,黄澜副秘书长主持会议,赵建军厅长就全省口岸工作情况及下一步工作打算进行发言,姜昕副厅长就文件起草相关情况进行说明。

3月23日,商务部外贸司杨国良副司长主持召开部分省市加工贸易视频调研会议。周晓阳副厅长参加会议并交流发言,广东、山东、福建省商务厅相关负责同志参会。

3月23日,省政协委员会暨界别召集人(扩大)会议在南京召开,倪海清副厅长参加会议。

3月24日,娄勤俭书记在南京会见新加坡驻华大使吕德耀一行。省委组织部郭元强部长、惠建林副省长、赵建军厅长,新加坡驻沪总领事蔡簦合参加会见。

3月24日,2021中加双边经贸发展论坛(南京场)在南京举行,孙津副厅长出席并致辞。

3月24日,省商务厅在无锡召开全省农产品批发市场数字化转型推进会,贯彻落实现代流通体系建设相关精神,推进农产品批发市场数字化转型。郁冰滢二级巡视员出席会议并讲话。

3月24日,省商务厅在南京组织7名专家对《江苏省成品油流通管理办法(草案)》进行评审。王存二级巡视员参加评审会。

3月25日,朱益民副厅长带队赴张家港开展经济开发区安全专项整治督查。

3月25日,省商务厅在无锡召开全省市场体系建设工作会议,贯彻落实全省商务工作会议精神,研究部署2021年市场建设重点工作,郁冰滢二级巡视员出席会议并讲话。

3月26日,广东省商务厅叶华二级巡视员带队来江苏调研,就外商投资权益保护地方立法工作召开专题座谈会,孙津副厅长参加座谈会。

3月29日,省商务厅起草并印发《2021年全省商务系统法治政府建设工作要点》,推动构建职责明确、依法行政的政府治理体系,为全省"十四五"商务发展开好局、起好步创造良好法治环境。

3月29日,厅外资处、合作处(海外办)党支部联合举办党课学习活动,邀请省委党史工办征研二处周小川副处长进行党课辅导。孙津副厅长以普通党员身份参加党课学习。

3月30日,省委、省政府召开全省2020年度高质量发展总结表彰大会。娄勤俭书记出席会议并发表讲话,吴政隆省长主持会议。省商务厅年度考核被确定为第一等次,赵建军厅长代表省级机关向大会作交流发言。

3月30日,赵建军厅长主持召开厅党组(扩大)会议,深入学习贯彻习近平总书记在福建考察时的重要讲话精神、李克强总理在江苏考察并主持召开经济形势座谈会时的重要讲话精神,认真落实省委常委会议部署要求,研究商务系统贯彻落实工作。厅领导班子成员出席会议,各处室主要负责同志列席会议。

3月30日,朱益民副厅长应邀出席南京临空经济示范区总体发展规划专家咨询会。

3月30日,罗氏诊断产品(苏州)有限公司政府事务负责人石冬梅一行来访,感谢省商务厅在疫情期间助力企业复工复产,并赠送"抗击疫情勇担当,服务企业促发展"锦旗。孙津副厅长参加会见,并代表省商务厅接受锦旗。

3月30日,由中国驻俄罗斯使馆经济商务处主办的中俄地方贸易潜力对接会以视频形式召开,驻俄使馆经商处李静援公使出席会议并致辞,周晓阳副厅长出席会议并做专题发言。

3月30至31日,孙津副厅长带队赴海安,召开海外代表驻点工作交流会及海外代表、驻苏机构代表交流会,并调研开发区和相关企业。

3月30日,省政协组织第23期江苏政协讲坛,深入学习习近平总书记在党史学习教育动员大会上的重要讲话精神,专题学习中国共产党的百年奋斗史,省政协黄莉新主席主持会议并讲话,倪海清副厅长参加会议。

3月31日,姜昕副厅长带队赴常州调研水运口岸和空运口岸发展建设情况,实地考察常州港录安洲港区、常州奔牛国际机场,并主持召开座谈会,听取意见建议。

3月31日,"开放·共赢"无锡高新区(上海)投资推介会在上海浦东举行,朱益民副厅长出席会议,并为无锡高新区颁发"中日韩(江苏)产业合作示范园区"牌匾。

3月31日,为全面落实省委、省政府关于深化"放管服"改革优化营商环境的决策部署,经厅长办公会研究通过,省商务厅正式印发《2021年江苏省商务厅深化"放管服"改革优化营商环境工作要点》(苏商审〔2021〕89号)。

3月31日,倪海清副厅长主持召开长三角地区商务运行形势分析会,上海市、浙江省、安徽省商务部门领导和相关处室负责同志参加会议。

3月31日,商务部召开第三届"双品网购节"动员部署视频会议,商务部党组成员、部长助理任鸿斌出席会议并讲话,电子商务司骞芳莉司长主持会议。郁冰滢二级巡视员在江苏分会场参加会议,南京市商务局、省电商协会负责同志以及苏宁易购等5家企业代表参加会议。

4月1日,惠建林副省长主持召开自贸试验区生物医药全产业链开放创新发展专题座谈会,听取工作情况汇报,研究部署下一阶段重点工作,赵建军厅长做专题汇报。

4月1日,姜昕副厅长在省政府参加城镇燃气和城市地下管网安全生产专题会。

4月2日,赵建军厅长听取厅外经处、投促中心和信息中心关于"全程相伴"江苏走出去综合服务平台建设情况的汇报。陈晓梅副厅长参加。

4月2日,郁冰滢二级巡视员赴省汽车流通协会调研江苏二手车流通工作和江苏省汽车流通管理信息系统(二手车)情况。

4月6日至7日,赵建军厅长参加省党政代表团赴陕西学习考察。

4月7日,孙津副厅长会见芬欧汇川特种纸纸业亚太区高级副总裁柏特利一行。

4月8日,赵建军厅长出席扬州世界园艺博览会开幕式。

4月9日,赵建军厅长出席厅新任处级干部宪法宣誓和任前集体廉政谈话活动。陈晓梅副厅长、姜昕副厅长参加活动。

4月9日,朱益民副厅长主持召开《江苏省"十四五"开发区总体发展规划》评审会。

4月9日,孙津副厅长在厅机关会见荷兰皇家帝斯曼集团中国总裁周涛一行。

4月12日,省商务厅机关召开党组(扩大)会议,落实中央和省委党史学习教育部署安排,按照厅党史学习教育计划,围绕"学党史、悟思想"开展专题学习交流研讨。厅党组书记、厅长赵建军主持会议,厅党组成员、副厅长陈晓梅和姜昕分别结合自身学习感悟和工作实际做了交流发言,厅领导班子其他成员参加会议并围绕"学党史、悟思想"进行了讨论交流。

4月12日,姜昕副厅长召开省服务贸易工作专班联络员会议。

4月13日,陈晓梅副厅长与淮安市商务局王凯副局长及江苏镇淮集团有限公司负责人举行工作会谈,研究讨论进一步加强对外承包工程项目风险管控工作。

4月13日,全省口岸办主任座谈会在南京召开,姜昕副厅长出席并讲话。

4月13日至14日,朱益民副厅长出席省开发区协会第四届三次理事(扩大)会议暨开发区高质量发展研讨会,介绍江苏开发区建设发展情况。

4月13日,全省外贸工作座谈会在南京召开,传达全国外贸工作会议精神,分析2021年外贸形势,部署全年外贸工作。各设区市商务局分管领导及处室负责同志参会。周晓阳副厅长出席并讲话。

4月14日,省跨境电子商务发展工作专班第一次会议暨跨境电商综合试验区工作推进会在南京召开。赵建军厅长主持会议并讲话,周晓阳副厅长出席会议。

4月14日,厅党组书记、厅长赵建军带领厅领导班子成员、机关各党支部书记等40余名党员领导干部,来到省党风廉政警示教育基地开展主题党日活动,重温入党誓词,参观廉政警示教育展,现场接受廉政警示教育。

4月14至15日,朱益民副厅长带队赴徐州开展经济开发区安全专项整治督查,并召开苏北片区经济开发区安全专项整治工作座谈会。

4月14日,孙津副厅长在会见来访的美国各州驻华协会会长刘秀萍一行,就进一步加强商务厅与协会联动,促进省州地方经贸合作进行友好交流。

4月14日,倪海清副厅长主持召开中国国际经济交流中心调研组来南京调研座谈会,就有关"加入CPTPP重大举措研究"重大课题进行交流。

4月15日,浙江省商务厅王坚副厅长一行赴江苏进行海外经贸网络建设专题调研,孙津副厅长陪同调研。

4月15日,倪海清副厅长赴淮安市江苏沙钢集团淮钢特钢股份有限公司参加致公党江苏省委专题座谈会,围绕"发挥双循环节点作用,促进经济高质量发展"作交流发言。

4月16日,赵建军厅长、姜昕副厅长陪同商务部服贸司陈春江司长一行在扬州调研。

4月16日,孙津副厅长在苏州市相城区出席由中国国际商会、日中经济协会主办的首届长三角中日地方合作(苏州)峰会。

4月19日,省委党史学习教育第八巡回指导组组长杨勇一行赴省商务厅调研指导,深入了解党史学习教育推进落实情况,并对下一步开展工作提出了指导意见。会议由厅党组书记、厅长赵建军主持,厅党组成员、副厅长、机关党委书记陈晓梅,厅党组成员、副厅长姜昕参加座谈会。

4月20日,由省商务厅、香港投资推广署和香港中联办经济部贸易处共同主办的"苏港合作—把握 RCEP 投资新机遇研讨会"成功召开。孙津副厅长出席并致辞。

4月20日,省商务厅在宿迁市泗洪县举行"电商公共服务全省行"启动仪式暨首站活动。郁冰滢二级巡视员出席并致辞。

4月21日,赵建军厅长带队赴挂钩联系点——南京江北新区,走访调研跨境电商平台和服务企业,与江北新区和南京自贸片区专题座谈交流。

4月21日,省商务厅召开省级经贸摩擦应对工作专班会议暨应对美国出口管制部门协调机制座谈会。周晓阳副厅长出席并讲话。

4月22日,赵建军厅长会见来江苏访问的挪威新任驻沪总领事丽莎一行。孙津副厅长陪同会见。

4月22日,孙津副厅长会见法国液化空气(中国)投资有限公司副总裁曹丕佳一行。

4月22日,孙津副厅长与斯堪尼亚制造(中国)有限公司总经理 Ino Moberg 一行进行工作交流。

4月22日,第三届华东跨境电商大会暨2021华东数字外贸领袖峰会在苏州举办。周晓阳副厅长出席并致辞。

4月22日,倪海清副厅长主持召开省商务厅2021年全面深化改革工作推进会议,传达中央全面深化改革委员会第十八次会议、省委全面深化改革领导小组第十五次、第十六次会议精神,交流商务领域改革工作推进情况,部署下一阶段工作。

4月22日,王存二级巡视员组织召开消博会江苏展团工作协调会,推动首届中国国际消费品博览会江苏展团各项工作顺利开展。

4月23日,赵建军厅长出席南京建设国际消费中心城市现场推进会启动仪式。

4月23日,赵建军厅长出席省进出口商会第四届会员代表大会。周晓阳副厅长参加会议。

4月23日,孙津副厅长会见来访的卢森堡驻沪总领事贺文晟先生一行。

4月23日,省商务厅机关第二届机关工会换届选举大会召开。驻厅纪检监察组四级调研员沈岩到会指导,省商务厅各工会组长参加大会。省商务厅党组成员、副厅长、厅直属工会联合会主席陈晓梅出席并讲话。

4月23日,浙江省商务厅、江苏省商务厅、宁波市人民政府在南京共同举办第2届中国—中东欧国家博览会暨国际消费品博览会路演推介。江苏外贸企业、商贸流通企业、跨境电商企业以及江苏省贸促会、省进出口商会、省电商协会等商协会百余名代表参会。周晓阳副厅长出席并致辞。

4月24日,2021年全国外商投资企业协会第一次会长专题会在东台市召开。孙津副厅长应邀出席,听取对长三角一体化发展的政策建议,并参加外资365营商环境指标研究启动仪式。

4月26日,陈晓梅副厅长主持召开"全程相伴"江苏走出去综合服务平台建设座谈会,征求重点走出去企业对平台建设的意见和建议。

4月26日至28日,朱益民副厅长带队赴南通开展"三访三服务"暨经济开发区安全专项整治督查活动。

4月26日,由省商务厅、省贸促会、省知识产权局、南京市江北新区管理委员会、南京市贸促会共同主办的2021国际知识产权应用暨项目合作大会线上线下双线开启。孙津副厅长出席并致辞。

4月27日,赵建军厅长带队赴商务部专题汇报江苏自贸试验区生物医药全产业链开放创新发展试点工作,争取商务部支持。

4月27日,孙津副厅长会见来访的大韩商工会议所北京代表处首席代表郑一、SK中国高级副总裁李新明一行。

4月28日,第三届"双品网购节"(江苏)暨"苏新生活·品质消费"第三季系列活动启动仪式在苏宁易购总部举办,商务部电子商务司朱炼二级巡视员、省商务厅赵建军厅长、南京市沈剑荣副市长出席并致辞。商务部驻南京特办特派员王选庆,省商务厅王存二级巡视员,苏宁易购王哲副总裁、阿里巴巴集团江苏总经理李嘉平出席活动。启动仪式由省商务厅郁冰滢二级巡视员主持。

4月28日,结合深入开展"三访三服务"活动,赵建军厅长带队赴苏美达集团,会同中信保江苏分公司一起,围绕稳外贸基本盘、内外贸一体化、推动服务双循环发展等开展专题调研,周晓阳副厅长、倪海清副厅长参加调研。

4月28日,陈晓梅副厅长参加省境外企业防控组工作会议,就落实《江苏省境外企业疫情防控工作方案》,做好境外企业疫情防控工作提出意见。

4月28日,由新加坡—江苏合作理事会双方秘书处江苏省商务厅和新加坡企业发展局共同主办的新加坡—江苏半导体产业合作交流会以视频形式召开。孙津副厅长出席并致辞。

4月28日,省商务厅组织召开《江苏省"十四五"贸易高质量发展规划》专家评审会。周晓阳副厅长出席并讲话。

4月29日至30日,赵建军厅长、姜昕副厅长陪同商务部王炳南副部长一行在扬州调研,并出席"中华美食荟"暨"江苏味道"系列活动启动仪式。

4月29日,省氢能产业国际合作研讨会在张家港市举行,省商务厅驻外经贸代表与张家港经贸合作交流会同日召开。孙津副厅长出席并讲话。

4月29日,倪海清副厅长参加江苏首场庆祝中国共产党成立100周年系列主题新闻发布会,围绕"开放型经济发展"介绍相关情况。

4月30日,省委常委、常务副省长樊金龙主持召开专题会议,贯彻落实李克强总理对江苏重要批示精神,研究部署下一阶段重点工作。赵建军厅长参会并作专题汇报。

4月30日,朱益民副厅长出席全省规范开发区管理机构促进开发区创新发展工作会议。

5月7日,倪海清副厅长会见江苏对口支援新疆伊犁州前方指挥部副总指挥顾爱平一行,双方就进一步推动两地经贸交流交融交往进行深入探讨。

5月7日至10日,由商务部、海南省人民政府主办的首届中国国际消费品博览会在海南国际会展中心成功举办。江苏省商务厅组织了省内7家参展企业和13家采购企业赴会,副省长、江苏交易团团长惠建林率团出席了开幕式并赴海南省规划展览馆、江东新区展示中心等地进行调研,省政府副秘书长黄澜、省商务厅二级巡视员王存陪同调研。

5月10日,长三角自由贸易试验区联盟成立大会在上海举行。惠建林副省长出席大会,赵建军厅长介绍江苏自贸试验区建设发展情况。

5月10日,省平安江苏建设领导小组办公室、省信访工作联席会议召开庆祝建党100周年安保维稳工作动员部署会。会议由副省长、省委政法委副书记、省公安厅厅长刘旸主持,省委常委、省委政法委书记费高云出席并讲话。姜昕副厅长参加会议。

5月10日,孙津副厅长与商务部欧洲司余元堂副司长进行工作交流。

5月10日至11日,周晓阳副厅长带队赴挂钩联系点常州市及新北区开展"三访三服务"专题调研,与市、区商务主管部门进行座谈交流。

5月11日,根据省委、省政府统一部署,省安全生产第十六巡查组在省商务厅召开巡查工作动员会,正式进驻开展为期1个多月的安全生产巡查。动员会上,巡查组组长徐山瀑传达省委、省政府领导同志有关指示要求,就做好巡查工作作动员讲话。巡查组副组长曹勇兵作巡查工作说明。厅党组书记、厅长赵建军做表态发言。巡查组成员、省商务厅全体领导班子成员出席会议。

5月11日,赵建军厅长、孙津副厅长参加惠建林副省长召开的东亚企业家太湖论坛动员部署会议。

5月11日,省商务厅、南京海关、省贸促会召开FTA联合工作机制座谈会,围绕推动落实"2021 RCEP 主题宣传年"工作进行深入交流。省贸促会副会长肖铁军、南京海关关税处处长周玉生出席会议。倪海清副厅长主持会议。

5月12日,赵建军厅长、孙津副厅长出席东亚企业家太湖论坛新闻发布会。

5月12日,赵建军厅长在上海出席中法凯辉基金CEO晚宴并发表致辞,并分别同法雷奥、赛诺菲、道达尔、米其林、达索系统等参会跨国公司中国区总裁交流,详细了解企业在江苏的投资发展情况。

5月12日,江苏境外园区高质量发展联盟在南京举办"十四五"时期推动江苏境外园区高质量发展研讨会。陈晓梅副厅长出席并致辞。

5月12日,惠建林副省长在南京会见西门子能源股份公司全球高级副总裁、大中华区总裁兼首席执行官姚振国先生一行,省政府副秘书长黄澜、副厅长孙津陪同会见。

5月13日,陈晓梅副厅长召集厅机关相关部门研究江苏国泰集团在缅甸相关事宜。

5月13日,商务部贸易救济调查局在上海召开部分省市贸易调整援助工作座谈会,听取地方意见和工作建议。上海、浙江、山东、湖北、广东等省商务主管部门负责同志参会。周晓阳副厅长参加会议并作交流发言。

5月13日,倪海清副厅长带队赴挂钩联系点泰州市姜堰区开展"三访三服务"专题调研,与市、区商务主管部门和综保区进行座谈交流,实地走访华丽新材料有限公司、中裕软管科技股份有限公司、中来光电科技有限公司等重点企业。

5月14日,省商务厅与新华社中国经济信息社签署"十四五"合作备忘录。赵建军厅长和新华社中国经济信息社副总裁李月出席签约仪式并讲话,姜昕副厅长、李月副总裁代表双方签约,倪海清副厅长主持签约仪式。

5月14日,省商务厅与南京大学共建中国(江苏)自由贸易试验区研究院合作协议签字仪式在南京举行。赵建军厅长、倪海清副厅长出席签字仪式。

5月14日,陈晓梅副厅长参加省涉外联防联控指挥部专题工作会议,汇报境外企业疫情防控有关工作。

5月14日,省商务厅在溧阳市举办"电商公共服务全省行"第二站活动。郁冰滢二级巡视员参加活动,并主持召开常州重点电商平台企业座谈会。

5月15日,"5·15盐城消费节"暨"盐城夜经济节"在盐城新弄里正式拉开帷幕。省商务厅王存二级巡视员、盐城市人民政府蒋巍副市长出席活动。

5月17日,首届东亚企业家太湖论坛配套活动之一——RCEP背景下东亚产业合作圆桌会议在苏州成功召开。本次圆桌会议由省商务厅、省外办、省贸促会联合主办。惠建林副省长出席会议并致辞,中国国际商会副秘书长张屹致辞,省政府副秘书长黄澜主持会议。赵建军厅长参加会议,孙津副厅长参会并围绕议题"推动东亚平台载体长效机制建设,实现互利共赢"发言。

5月17日至18日,郁冰滢二级巡视员赴连云港调研江苏天马网络科技集团和灌云县产业电商转型升级发展情况,并参加第二届中国·连云港电商发展大会暨518网络购物节。

5月18日,赵建军厅长出席南京LG新能源电池二工厂项目竣工暨LG新能源产业链重点项目签约仪式。

5月18日至19日,姜昕副厅长带队赴南通调研扩大开放相关工作,并了解进口粮食滞港情况。

5月19日至27日,省安全生产第十六巡查组赴南京、苏州、扬州市开展下沉巡查,以深入了解各级商务主管部门履行安全生产监管责任和安全生产工作推进落实情况。朱益民副厅长、王存二级巡视员分别陪同巡查。

5月20日,省政府在南京召开中韩(盐城)产业园发展工作协调小组第四次会议。副省长、协调小组组长惠建林出席并讲话。省政府副秘书长黄澜主持会议。赵建军厅长汇报支持产业园建设发展有关工作情况及下一步推进思路和重点举措等,孙津副厅长参加会议。

5月20日至23日,第三届中国西部投资贸易洽谈会在重庆举办,省商务厅组织江苏企业参展,展位面积18平方米。

5月21日,省自贸试验区工作领导小组召开第三次全体会议。娄勤俭书记主持会议并讲话,吴政隆省长出席会议。省领导樊金龙、韩立明、赵世勇、惠建林,领导小组成员及有关部门负责同志参加会议。赵建军厅长汇报江苏自贸试验区建设发展情况及下一步工作打算,并就提交审议的文件做起草说明。

5月21日,陈晓梅副厅长参加省涉外联防联控指挥部视频工作会议,学习习近平总书记重要指示、孙春兰副总理批示以及省委常委会、省政府常务和省疫情防控工作领导小组会议精神,并汇报境外企业疫情防控有关工作。

5月22日,中美省州经贸合作研讨会于第12届中国中部投资博览会期间在太原举行。孙津副厅长出席研讨会及相关活动。

5月23日,《江苏省"十四五"商务高质量发展规划》评审会在南京召开。倪海清副厅长参会并讲话。

5月24日,省商务厅与江苏银行、紫金保险,与兴业银行南京分行分别签署《政银保协力推动全省商务高质量发展战略合作协议》。赵建军厅长、江苏银行夏平董事长、紫金保险李明耀董事长、兴业银行南京分行郝超行长出席签约仪式并讲话,商务部驻南京特派办王选庆特派员、省地方金融监督管理局钱东平副局长见证签约,倪海清副厅长、江苏银行周爱国业务总监、紫金保险沈发鸿副总裁、兴业银行南京分行王强副行长分别代表各方签约。

5月24日,姜昕副厅长参加2021年中国国际服务贸易交易会省区市视频工作会。

5月24日,孙津副厅长会见来访的法国索迪斯大中华区政府关系副总裁林文军先生一行。

5月25日,陈晓梅副厅长在南京与赴江苏调研的商务部国际经济合作局李小兵局长一行座谈交流。陈晓梅副厅长介绍江苏援外成套项目的基本情况,省商务厅支持江苏援外企业所做的工作和下一步援外工作打算,表示将密切与商务部经合局的合作,共同支持江苏企业高质量完成援外任务。

5月25日,孙津副厅长会见来访的新加坡企业发展局副局长尤善钖、候任副局长张俊荣、中国司副司长胡丽燕一行。

5月26日至27日,赵建军厅长赴无锡参加第三届长三角一体化发展高层论坛。

5月26日至27日,姜昕副厅长带队赴上海、太仓,围绕电子口岸、"单一窗口"建设、口岸信息化建设等开展专题调研。

5月26日,姜昕副厅长在上海出席苏州市"苏作馆"上海国展中心旗舰店开馆仪式。

5月26日,省商务厅与亚马逊全球开店在南京签署合作备忘录。周晓阳副厅长、亚马逊中国副总裁宋晓俊出席并致辞。

5月26日,省级外经贸企业集团跨境电子商务培训在南京举办。各省级外经贸企业集团及子公司分管领导、部门经理、外贸业务员等参加培训。省进出口商会会长笪家祥做开班致辞,周晓阳副厅长出席活动。

5月26日,致公党中央在南京召开"长三角数字经济产业链供应链现代化"调研座谈会。郁冰滢二级巡视员参加会议。

5月27日,根据2021年度省级督查检查考核计划安排和省委督查室统一部署,省委省级机关工委副书记李恩和一行赴省商务厅现场督查《中国共产党党和国家机关基层组织工作条例》贯彻落实工作情况。厅党组书记、厅长赵建军,副厅长、厅直属机关党委书记陈晓梅,副厅长朱益民,以及厅机关的10名普通党员代表参加调研访谈。

5月27日,姜昕副厅长带队赴苏州太仓围绕智慧口岸规划建设和口岸综合绩效评价等工作开展专题调研。

5月27日,姜昕副厅长带队赴挂钩联系点镇江扬中开展"三访三服务"专题调研,与镇江市、扬中市口岸部门召开座谈会,听取意见建议。

5月27日至28日,孙津副厅长带队赴挂钩联系点东台市开展"三访三服务"专题调研,与盐城市、东台市商务主管部门进行座谈交流,实地走访水洲盈华船舶配件有限公司、领胜城科技(江苏)有限公司、富乐德半导体科技有限公司、中粮家佳康(江苏)有限公司等重点企业。

5月27至28日,2021年中国—爱尔兰商务峰会以视频方式召开,孙津副厅长应邀出席并以"共享江苏发展机遇 携手共创美好未来"为题做主旨发言。

5月27日,倪海清副厅长参加民营经济统战工作协调机制第三次会议,围绕民营企业在"科技自立自强""防范化解金融风险"等方面交流发言。

5月28日,姜昕副厅长在南京市开展商贸服务业危化品(餐饮燃气)使用安全专项治理工作督导,并对商贸服务业发展情况进行"三访三服务"工作调研。

5月31日至6月1日,赵建军厅长带队到挂钩联系点南京江北新区,以及位于溧水区的空港保税物流中心和溧水经济开发区等地,深入有关企业和基地、园区,通过实地走访和座谈交流等形式,广泛听取意见建议和困难诉求。朱益民副厅长、周晓阳副厅长分别参加有关调研活动;溧水区委书记薛凤冠、区长张蕴,江北新区管委会副主任林其坤等分别陪同调研。

5月31日,赵建军厅长听取外经处、投促中心、信息中心关于"全程相伴"江苏走出去综合服务平台建设情况的汇报。陈晓梅副厅长参加。

5月31日,孙津副厅长在线参加由中国驻俄使馆牵头组织的中俄大豆结对合作研讨会。

5月31日,王存二级巡视员带队赴挂钩联系点徐州新沂市开展"三访三服务"专题调研,实地走访新沂中石化第八加油站、新沂美妆电商园、悦佳联华小店,详细了解企业当前运行情况和面临的困难问题,召开座谈会,听取意见建议。

6月1日,赵建军厅长带队赴溧水经济开发区开展"三访三服务"暨经济开发区安全专项整治督查活动,朱益民副厅长陪同参加活动。

6月2日,孙津副厅长陪同齐家滨副省长在常州出席中以创新合作与产业投资大会。

6月2日,商务部在福州召开全国城市商业体系建设工作现场会。王炳南副部长出席会议并讲话,王存二级巡视员带队参会。

6月3日,朱益民副厅长出席省政府沿海地区高质量发展规划专题会议。

6月3日,倪海清副厅长带队赴挂钩联系点连云港市连云区以及连云港经开区开展"三访三服务"主题调研活动,实地走访上合组织(连云港)国际物流园、连云区跨境电商体验中心、丰益表面活性材料(连云港)有限公司、中金玛泰医药包装有限公司、恒瑞医药股份有限公司等平台和企业。

6月3日,省政府办公厅组织收听收看全国就业创业工作暨普通高等学校毕业生就业创业工作电视电话会议。郁冰滢二级巡视员参加会议。

6月3日,省政府召开专题会议,研究全省就业促进政策制定有关工作。

郁冰滢二级巡视员参加会议。

6月4日,省商务厅召开进一步完善2021年厅部门预算管理工作会议。会议通报2020年部门预算执行情况及2021年部门预算分解情况,传达学习厅党组关于做好2021年厅机关经费管理工作会议精神,结合审计整改要求提出了各项推进完善措施。倪海清副厅长出席并讲话。

6月4日,省自贸办在南京召开全省自贸试验区联动创新发展区工作会议,倪海清副厅长主持会议并讲话。

6月7日,姜昕副厅长赴镇江出席2021"镇江味道·招牌菜"大赛颁奖典礼。

6月7日,惠建林副省长在连云港召开安全生产专题宣传会。朱益民副厅长参加相关活动。

6月8日,姜昕副厅长参加"追寻红色足迹、悟初心强党性"主题党日活动,并讲授"党员干部要从百年党史中汲取奋进力量"专题党课。

6月8日至11日,第二届中国—中东欧国家博览会在浙江宁波隆重举办,国家主席习近平向博览会致贺信,中共中央政治局委员、国务院副总理胡春华出席开幕式并致辞。江苏省政协副主席王荣平率团参会并出席开幕式。全省组织苏美达、海企等省级外经贸集团企业、焦点科技等跨境电商平台企业以及淮安大润发等商贸流通企业共计75家企业参会采购。博览会期间,王荣平考察调研了宁波舟山港、宁波综保区跨境电商平台,开展了风电产业专题调研。周晓阳副厅长陪同参会调研。

6月9日,赵建军厅长带队赴上海考察学习自贸试验区建设工作。

6月9日,姜昕副厅长赴盐城滨海港工业园区参加中海油江苏天然气一期扩建工程开工仪式。

6月9日至11日,全省商务系统跨境电商专题培训班在杭州举办。全省各设区市及部分重点县(市、区)商务局跨境电商相关负责同志参加培训。周晓阳副厅长出席开班式并讲话。

6月10日,由省商务厅、省农业农村厅、荷兰北布拉邦省农业及食品部、荷兰北布拉邦省经济发展署共同主办的"荷兰北布拉邦省—江苏省可持续的畜牧养殖及加工技术交流会"在盐城召开。孙津副厅长做视频致辞。

6月11日,孙津副厅长在吴江主持召开首次长三角外资工作研讨会。上海、浙江、安徽商务部门分管外资领导和外资业务负责人参加会议。

6月16日至24日,赵建军厅长赴无锡市检查商务领域安全生产检查并开展安全生产宣讲,组织外贸外资工作专题调研;姜昕副厅长、朱益民副厅长、郁冰滢二级巡视员、王存二级巡视员分别赴扬州、常州、镇江、泰州、淮安、宿迁等市开展安全生产检查并组织企业进行安全生产宣讲。

6月15日,赵建军厅长主持召开自贸试验区生物医药全产业链开放创新发展专题座谈会,进一步听取片区及重点生物医药企业意见建议。

6月16日,省委常委、常务副省长樊金龙主持召开专题会议,贯彻落实李克强总理对江苏重要批示精神,研究部署下一阶段重点工作。赵建军厅长做专题汇报。

6月16日,省商务厅与中国欧盟商会南京分会在南京共同举办2021欧盟企业与江苏省政府部门政策交流会暨欧洲日庆祝活动。孙津副厅长出席并致辞。

6月16日,孙津副厅长与加拿大驻上海总领事穆大纬在南京开展工作交流,并出席加拿大商业公司南京代表处办公室乔迁剪彩仪式。

6月17日,赵建军厅长、姜昕副厅长在分会场参加全国安全生产电视电话会议及江苏省续会。

6月17日,省商务厅召开省成品油市场综合整治专班联络员会议,省法院、省检察院、省公安厅、省生态环境厅、省税务局等9个专班成员单位以及省石油流通行业协会、中石化江苏石油分公司、中石油江苏销售分公司等负责同志参加会议。王存二级巡视员出席并讲话。

6月18日,"全程相伴"江苏走出去综合服务平台开通仪式在南京举行。赵建军厅长与企业代表共同启动开通平台,陈晓梅副厅长介绍平台全过程服务走出去企业的情况和特点,中信保江苏分公司、江苏银行、海投公司、寒锐钴业等金融机构和企业代表分别发言。商务部驻南京特派办、省商务厅、发展改革委、教育厅、公安厅、司法厅、财政厅、卫健委等单位,各设区市和省直管县商务局,全省走出去企业代表参加开通仪式。

6月18日,中国(江苏)自由贸易试验区研究院在南京大学挂牌成立,并召开学术委员会第一次会议。赵建军厅长与南京大学胡金波书记共同为研究院揭牌,倪海清副厅长出席活动。

6月18日,全省外经工作座谈会在南京召开,总结今年以来外经工作,研判当前形势,并就完成好今年外经工作做出部署。各设区市商务局,昆山市、泰兴市、沭阳县商务局及厅外经处有关负责同志参加会议。陈晓梅副厅长出席并讲话。

6月18日至19日,省商务厅联合省工信厅、省住建厅、省金融监管局、人行南京分行等部门,会同省现代供应链协会,举办"新发展格局下的供应链创新高峰论坛暨示范创建"活动。郁冰滢二级巡视员出席高峰论坛并致辞。

6月18日,省人大财经委员会召开推进数字经济发展专题座谈会,郁冰滢二级巡视员参加。

6月21日,江苏大学生"听党话跟党走·青年红色筑梦之旅"活动启动仪式在南京举行,省委常委、宣传部长张爱军出席并讲话。郁冰滢二级巡视员参加活动。

6月22日,省商务厅与阿里巴巴华东有限公司签署2021年合作备忘录。赵建军厅长、阿里巴巴集团副总裁兼战略发展总经理李然出席签约仪式并致辞。

6月22日,省商务厅党组理论学习中心组赴全国爱国主义教育示范基地——中共代表团梅园新村纪念馆开展现场集体教学,并在馆内图书馆召开中心组学习(扩大)会议。第八巡回指导组组长杨勇到会指导,厅党组书记、厅长赵建军主持会议,厅领导班子全体成员参加会议。

6月23日,赵建军厅长陪同惠建林副省长赴中央改革办专题汇报江苏自贸试验区生物医药全产业链开放创新试点方案。

6月23日,孙津副厅长在厅机关会见来访的沙特基础工业公司大中华区政府事务总监梁一松先生一行。

6月23日,倪海清副厅长参加省国有企业改革领导小组会议。

6月23日,为省商务厅在扬州召开全省加油站(点)安全生产暨"江苏加油"安全App推广使用工作会议。商务部驻南京特派办、各设区市商务局及相关处室、江苏省石油流通行业协会,以及中石化、中石油、中海油、中化等国有成品油销售企业相关负责同志参加会议。王存二级巡视员出席并讲话。

6月24日,陈晓梅副厅长参加省涉外联防联控指挥部专题工作会议,汇报境外企业疫情防控有关工作。

6月24日,省商务厅举办"学习百年党史 传承优良文风"综合文字岗学习交流会。倪海清副厅长结合重点文稿写作实践,分享分析选准主题、谋篇布局的思路方法。

6月25日,赵建军厅长在南京会见前来拜访的法国道达尔能源集团中国区主席赵伟良一行。

6月25日,姜昕副厅长参加全省城镇老旧小区改造暨城市更新现场推进会。

6月25日,孙津副厅长与大韩贸易投资振兴公社南京代表处首席代表张炳松进行工作交流。

6月25日,惠建林副省长在南京会见法国道达尔能源集团中国区主席赵伟良一行,孙津副厅长陪同会见。

6月28日,省商务厅举办SK集团与华能集团合作交流会。孙津副厅长主持会议并做交流发言。

6月28日,为进一步做好成品油市场综合整治工作,赵建军厅长、王存二级巡视员,就非法销售成品油互联网平台企业整治、"江苏省成品油智慧监测云平台"推广等工作向惠建林副省长做专题汇报。

6月29日,省商务厅机关召开建党100周年"七一"表彰大会,对在商务高质量发展中积极发挥战斗堡垒作用、先锋模范作用的先进党支部和优秀共产党员进行表彰;省商务厅党组书记、厅长赵建军为全厅党员干部作党史学习教育专题党课。厅领导班子全体成员出席表彰大会和专题党课活动,省委党史学习教育第八巡回指导组成员蔡琦到会指导。厅党组成员、副厅长陈晓梅主持活动。

6月29日,省商务厅组织机关党员干部赴南京国际博览中心,参观学习"中国共产党在江苏历史展"。厅领导班子成员、机关全体党员干部参加本次活动。

6月29日,省商务厅在南京召开全省创建国际消费中心城市座谈会。南京、徐州、无锡、苏州市商务局分管领导及处室负责同志参加座谈会。王存二级巡视员出席并讲话。

6月30日,省商务厅机关举办"学党史 忆党情 颂党恩"主题演出活动,迎接建党百年华诞。省商务厅党组书记、厅长赵建军和厅领导班子成员出席活动,新晋升二级巡视员、副处级以上干部在主会场参加活动,其他同志以视频连线形式观看演出。

7月1日,厅领导班子成员集体收听收看习近平总书记在庆祝中国共产党成立100周年大会上的重要讲话。

7月1日,赵建军厅长出席江苏省庆祝建党100周年座谈会暨省"两优一先"表彰会议。

7月2日起,厅领导班子成员按照《省商务厅关于学习领会贯彻习近平总书记在庆祝中国共产党成立100周年大会上的重要讲话精神的工作方案》部署要求,开展专题学习研讨,结合党史学习教育,以普通党员身份参加所在支部的组织生活会。

7月2日,由白俄罗斯莫吉廖夫州政府主办的"经济活动100周年庆典活动"在莫吉廖夫市举办。孙津副厅长以录播视频方式致辞。

7月2日,省商务厅召开全省光伏企业座谈会,了解美国出口管制措施可能对江苏光伏行业造成的影响,提前做好应对工作。省内重点光伏企业、省工信厅、省光伏行业协会、部分设区市商务局等单位约50余人参加会议。周晓阳副厅长出席会议。

7月5日至6日,赵建军厅长在辽宁省鞍山市参加全国农村商业建设工作现场会。

7月5日,姜昕副厅长参加2021年省养老服务联席会议全体会议。

7月5日，朱益民副厅长会见来访的澳门科技总会会长贺建东一行，双方就推动江苏与澳门经贸合作进行了交流。

7月5日至7日，商务部美大司、中国机电产品进出口商会联合中美能源合作项目（ECP）会员企业到江苏调研中美省州经贸合作机制下对美绿色低碳经贸合作机遇，召开江苏—美国能源转型绿色发展创新合作座谈会，赴江阴、张家港实地考察企业和园区，召开相关交流座谈会。孙津副厅长主持江苏—美国能源转型绿色发展创新合作座谈会，并全程陪同调研。

7月6日，省商务厅召开离岸贸易专题座谈会。外汇管理局江苏省分局，中国银行江苏省分行、兴业银行南京分行，江苏汇鸿国际集团中天控股有限公司、苏美达国际技术贸易有限公司、江苏苏豪国际集团股份有限公司等单位相关业务负责人参加会议。周晓阳副厅长出席会议并讲话。

7月7日，省商务厅厅长、自贸办主任赵建军参加江苏自贸试验区生物医药全产业链创新发展试点专题推进会。

7月7日至8日，姜昕副厅长赴苏州调研全面深化服务贸易创新发展试点进展及"全电厨房"建设相关工作情况。

7月7日，省商务厅外资处党支部组织各设区市商务局外资条线党员同志在南通开展联合党建活动。孙津副厅长以普通党员身份参加活动。

7月8日，省商务厅在南通召开全省外资工作座谈会。各设区市、省直管县（市）商务局分管局长等参会。孙津副厅长出席会议。

7月8日，齐家滨副省长召集12个省级部门研究分析上半年全省工业经济运行形势。周晓阳副厅长参会并做交流发言。

7月9日，王存二级巡视员带队赴省人力资源社会保障厅学习调研一体化平台建设工作。

7月12日，惠建林副省长召集12个省级部门和省班列公司研究分析上半年全省外贸形势。赵建军厅长、周晓阳副厅长参会。

7月13日，厅领导班子成员参加省安全生产第十六巡查组集中巡查意见反馈会。

7月13日，赵建军厅长会见中国进出口银行江苏省分行党委书记、行长王国杰一行,双方围绕主责主业,就共同关心事项进行了广泛深入的交流。倪海清副厅长参与会见。

7月13日,赵建军厅长会见强生中国区副总裁阙非一行。

7月13日,省委党史学习教育第八巡回指导组副组长薛劲松、指导组成员蔡琦列席指导合作处(海外办)党支部党史学习教育专题组织生活会,陈晓梅副厅长、孙津副厅长以普通党员身份参加组织生活会。

7月13日,省商务厅召开推进落实跨境贸易便利化专项行动座谈会,姜昕副厅长出席会议并讲话。

7月13日,商务部许可证局宋先茂局长在无锡开展贸易数字化调研。周晓阳副厅长陪同调研。

7月13日至14日,商务部外贸司一级巡视员江帆(正司级)一行在江苏开展离岸贸易专题调研,出席苏州离岸贸易创新发展大会并召开离岸贸易座谈会。周晓阳副厅长参加相关活动。

7月13日,孙津副厅长陪同惠建林副省长会见加拿大索普瑞玛集团亚太区总裁白力伟一行。

7月14日,惠建林副省长带队赴中央改革办就生物医药全产业链开放创新发展试点工作进行沟通对接。省商务厅厅长、自贸办主任赵建军陪同参加。

7月14日至16日,孙津副厅长在青岛参加跨国公司领导人青岛峰会系列活动。

7月15日,省商务厅在南京召开全省商务局长座谈会。商务部驻宁特派办特派员王选庆应邀参会。厅领导班子全体成员出席会议,各设区市商务局主要负责同志与会交流。

7月15日,由全国政协郑建邦副主席带队、全国政协常委楼继伟任组长的全国政协外事委员会调研组,围绕"增强对外贸易综合竞争力",在南京召开专题调研座谈会。会议由省政协胡刚副主席主持,惠建林副省长、省有关部门相关负责同志参加会议,省内部分外贸企业负责人在会上做交流发言。周晓阳副厅长参加会议。

7月19日,商务部召开培育国际消费中心城市工作视频会议,赵建军厅长、王存二级巡视员在线参加会议。

7月20日,赵建军厅长在省分会场参加全国医改工作电视电话会议。

7月20日,陈晓梅副厅长参加省涉外联防联控指挥部工作会议,汇报境外企业疫情防控工作情况。

7月20日,姜昕副厅长参加政风热线在线直播活动。

7月20日,由省商务厅、省外办、美国加州州长商务与经济发展办公室、加州湾区委员会共同主办的"江苏—加州贸易投资合作交流会"在南京举办。朱益民副厅长出席活动并致辞。

7月20日至21日,省商务厅在盐城市建湖县举办"电商公共服务全省行"第三站活动。郁冰滢二级巡视员出席活动,并赴电商特色产业园区和企业开展专题调研。

7月20日,省商务厅组织30多名离退休干部参观"百年征程 初心永恒——中国共产党在江苏历史展(1921—2021)"。

7月22日,经厅党组研究同意,孙津同志兼任江苏省海峡两岸关系研究会理事。

7月23日,赵建军厅长、姜昕副厅长、王存二级巡视员分别带领检查组,以"四不两直"方式深入南京市低风险地区部分商贸流通场所,实地检查餐饮场所、商场超市、农贸市场疫情防控措施落实情况,进一步督促抓细抓实疫情防控各项工作。

7月23日,厅综合处党支部、贸研所党支部联合举办7月"四度学堂"学习交流会活动。倪海清副厅长出席活动。

7月23日,省商务厅完成省级机关2021年度综合考核半年评估,根据考核办反馈材料对标找差,做好整改落实。

7月27日,吴政隆省长召开疫情防控专题会议,赵建军厅长参加会议。

7月28日,赵建军厅长赴无锡履新市委副书记、代市长,姜昕副厅长陪同省委组织部周为号副部长赴无锡宣布省委任命决定。

7月29日,南京市政府组织召开省处置禄口机场疫情应急指挥部市场与物流专项组专题会议。会议听取《江苏省处置南京禄口机场新冠肺炎疫情应急指挥部市场及物流专项组工作方案》(征求意见稿)情况汇报,并征求有关部门意见。会议由南京市林涛副市长主持,郁冰滢二级巡视员出席会议。

7月31日,南京市政府组织召开省处置禄口机场疫情应急指挥部市场与物流专项组第二次工作调度会,就落实国家工作组关于进口冷链食品从业人员防护的交办问题工作单进行专题研究。会议由南京市林涛副市长主持,郁冰滢二级巡视员出席会议。

8月2日,吴政隆省长主持召开省疫情防控指挥部会议,郁冰滢二级巡视员参加会议。

8月3日,吴政隆省长主持召开国家省市疫情防控三级对接会,郁冰滢二级巡视员参加会议。

8月3日,省政府新闻办召开新冠肺炎疫情防控新闻发布会,通报江苏疫情防控相关情况。王存二级巡视员出席发布会,介绍全省市场保供工作。

8月3日,江苏苏美达科技设备有限公司按照《商务部 公安部关于扩大二手车出口业务地区范围的通知》要求,申办二手车出口许可证,是江苏首单二手车出口许可证。

8月5日,吴政隆省长主持召开国家省市疫情防控三级对接会,郁冰滢二级巡视员参加会议。

8月6日,郁冰滢二级巡视员带队检查南京疫情防控及保供工作。

8月7日,吴政隆省长主持召开国家省市疫情防控三级对接会暨全省疫情防控视频调度会,郁冰滢二级巡视员参加会议。

8月9日,吴政隆省长主持召开国家省市疫情防控三级对接会暨全省疫情防控工作会,郁冰滢二级巡视员参加会议。

8月9日,为加强南京大润发仓储有限公司生活物资保供扬州市场工作,王存二级巡视员赴六合区横梁镇沪陕高速新篁南枢纽高速卡口实地调研和协调宁扬两市保供物资运输工作。

8月10日,为指导督促地方进一步加强生活物资保障工作,王存二级巡视员带队检查南京生活必需品保供及疫情防控工作。

8月11日,惠建林副省长主持召开FTC脱困专题会议并讲话。孙津副厅长参加会议。

8月13日,商务部召开全国商务援藏工作电视电话会议,陈晓梅副厅长、朱益民副厅长在江苏分会场参加会议。

8月14日,王存二级巡视员带队前往常州凌家塘农副产品批发市场实地调研并协调常州市、扬州市两地间生活物资保供运输工作。

8月16日,省商务厅召开应对疫情影响保障经济平稳运行专题工作会议,研究讨论商务领域支持企业纾困解难的对策建议和政策措施。倪海清副厅长出席会议。

8月17日,省商务厅召开"双循环战略下加快内外贸一体化进程的思考与对策"专题研讨会。倪海清副厅长出席会议。

8月19日,省政府召开第四届中国国际进口博览会江苏交易团专题汇报会。惠建林副省长出席会议,并就下一步工作做出部署。王存二级巡视员就筹备进展情况做了汇报。

8月19日,省商务厅召开第四届进博会筹备工作会议,传达惠建林副省长关于做好筹备工作的重要指示要求,通报第四届进博会基本情况、筹备工作进展情况,就下一步工作做出部署。王存二级巡视员出席会议。

8月23日,朱益民副厅长参加江苏沿海地区高质量发展专题推进会。

8月24日,商务部召开2021年中国国际服务贸易交易会筹备工作视频会。姜昕副厅长参加会议。

8月24日,第十二届中国大学生服务外包创新创业大赛总结颁奖活动采取线上线下融合方式举办。姜昕副厅长以视频方式出席活动并致辞。

8月24日,商务部召开重点外资项目工作专班地方成员会议暨外资形势座谈视频会议,全面了解各地外资形势,听取各地对做好稳外资工作的意见建议。孙津副厅长参加会议并做交流发言。

8月25日,省商务厅党组2021年巡察工作动员会部署开展第三轮政治巡察,明确聚焦"四个落实"对服务中心、信息中心、流促中心党支部进行"政治体检"任务安排。陈晓梅副厅长出席会议并做动员讲话。

8月25日,省"外防输入"联防联控机制召开工作会议,调整优化省"外防输入"指挥体系,明确省商务厅为省境外企业疫情防控协调组组长单位。周晓阳副厅长参加会议。

8月26日,省商务厅在南京召开电商平台疫情防控工作座谈会,南京市商务局、省电商协会以及美团、叮咚买菜、京东到家、每日优鲜、饿了么等平台企业参会。郁冰滢二级巡视员出席会议,并于会前实地调研美团配送线下运营中心、叮咚买菜前置仓、饿了么配送站。

8月27日,厅综合处党支部、贸研所党支部联合举办8月"四度学堂"学习交流会活动。倪海清副厅长出席活动。

8月30日,省地方金融监管局、省商务厅召开座谈会,交流研讨预付卡资金存管工作,王存二级巡视员出席会议。

8月31日,王存二级巡视员带队赴上海中国国际进口博览局对接第四届进博会筹备工作,与进博局刘福学副局长围绕进博会疫情防控、企业参展、采购商组织、配套活动、人文交流等事项进行深入交流。

9月2日,省商务厅召开2021年度重点研究课题中期评审会,14个重点研究课题牵头处室和课题组负责人参会。倪海清副厅长出席会议并讲话。

9月3日,省"外防输入"联防联控机制召开工作会议,陈晓梅副厅长参加会议,并汇报境外企业疫情防控工作情况。

9月3日,商务部外贸司召开部分省市外贸转型升级基地视频座谈会,周晓阳副厅长参会并做交流发言。

9月6日,接中共江苏省委通知(苏委〔2021〕539号),陈涛同志任省商务厅党组书记。

9月6日,接中共江苏省委通知(苏委〔2021〕540号),提名陈涛同志为省商务厅厅长人选。

9月6日,陈晓梅副厅长、朱益民副厅长与来访的西藏自治区商务厅厅长旦巴一行就商务援藏工作事项开展座谈交流。

9月6日,省商务厅召开省境外企业疫情防控工作会议,传达贯彻省政府领导在省"外防输入"联防联控机制专题会议上的讲话精神,研究部署境外企业疫情防控工作。陈晓梅副厅长参加会议。

9月6日,省委平安江苏建设领导小组社会治安工作协调小组召开第一次全体成员会议。姜昕副厅长参加会议。

9月6日,中日(苏州)地方发展合作示范区成立一周年暨重点项目集中开工和签约活动在苏州市相城区举行。倪海清副厅长出席相关活动。

9月7日,省政府新闻办召开省积极应对疫情影响助力企业纾困解难保障经济加快恢复新闻发布会。倪海清副厅长出席发布会,解读《关于积极应对疫情影响助力企业纾困解难保障经济加快恢复的若干措施》中涉及商务部门的政策措施。

9月8日,省政府新闻办召开《关于深化"放管服"改革着力服务"六稳""六保"的实施方案》新闻发布会。朱益民副厅长出席发布会,就全省商务系统深化"放管服"改革服务"六稳""六保"所做工作回答记者提问。

9月8日,朱益民副厅长赴省商务厅驻政务服务中心窗口检查指导工作。

9月9日至10日,姜昕副厅长带队在广西参加第18届中国—东盟博览会有关活动。

9月9日,省政府召开推进政府职能转变和"放管服"改革协调小组会议,省委常委、常务副省长樊金龙出席会议并讲话。朱益民副厅长参加会议。

9月9日至10日,省商务厅组织参加商务部举办的外贸新业态新模式线上专题培训。南京海关、中信保江苏分公司、省进出口商会相关业务负责人以及南京、苏州等10个跨境电商综试区,海门、常熟2个市场采购贸易方式试点管理部门相关负责同志共650余人参训。周晓阳副厅长参加培训。

9月9日,孙津副厅长在上海与新加坡企业发展局副局长张俊荣、中国司副司长胡丽燕等就新加坡—江苏合作理事会第十五次会议筹备工作进行座谈交流。

9月9日,省商务厅召开部门预算管理工作会议。倪海清副厅长出席会议。

9月10日,省政府召开第四届中国国际进口博览会江苏交易团工作会议,惠建林副省长出席会议并讲话,省交易团秘书处(省商务厅)汇报进博会江苏交易团组织筹备工作情况,南京、无锡、淮安、省国资委交易分团就做好招商促进、进口履约、活动组织、放大展会溢出效应等工作进行交流发言。

9月10日,2021(第六届)中国国际食品餐饮博览会在湖南省长沙市举办。省商务厅、省流通产业促进中心和江苏贸促国际会展有限公司获得"2021中国国际食品餐饮博览会优秀组织奖"。

9月14日,惠建林副省长率省商务厅、省发展改革委、省自然资源厅、省交通运输厅负责同志赴徐州淮海国际陆港专题调研并召开座谈会,深入了解项目建设总体推进情况,研究解决困难问题。姜昕副厅长参加调研。

9月14日,孙津副厅长会见来访的香港贸发局华东、华中首席代表吕剑和江苏代表张厦一行,双方就深化江苏与香港经贸领域合作以及苏港合作联席会议第九次会议相关筹备工作进行座谈交流。

9月14日,省商务厅会同中国国际进口博览局、苏州工业园区管理委员会在苏州共同举办医疗器械及医药保健展区招商路演,宣传推介医疗器械及医药保健展区展商展品。商务部驻南京特派员王选庆、国家会展中心(上海)副总裁宁风、苏州市委常委工业园区党工委书记沈觅、王存二级巡视员、中国银行苏州分行行长董宗林以及进博会展商代表等参加活动。

9月15日至17日,姜昕副厅长在盐城开展中秋和国庆节前安全生产督导。

9月15日至16日,朱益民副厅长带队赴徐州开展经济开发区安全专项整治督查。

9月15日至16日,省商务厅在徐州市沛县召开全省城乡商业体系建设暨农贸市场改造升级工作推进会。郁冰滢二级巡视员出席会议并讲话。

9月16日,省政府召开全省成品油税收专项整治视频会议。王存二级巡视员参加会议并做交流发言。

9月17日,省民营经济统战工作协调机制第四次会议召开。会议围绕"绿色发展"问题,听取相关民营企业具体诉求和意见建议,研究对策措施。孙津副厅长参加会议。

9月18日,省商务厅召开干部大会,宣布省委关于调整省商务厅主要领导的决定。省政府党组成员、副省长惠建林出席会议并讲话。省委组织部郑跃奇副部长宣布:陈涛同志任江苏省商务厅党组书记,提名为厅长人选。陈涛同志做表态发言。

9月22日,孙津副厅长会见来访的中国欧盟商会南京分会董事会副主席魏博一行,双方就欧盟商会会员企业近期关注的"苏政30条"、能耗双控等事宜交换意见,并就进一步加强合作进行交流。

9月23日,省政协十二届十七次常委会议召开。会议围绕"坚持陆海统筹、突出向海发展、推动构建新发展格局"进行协商讨论。倪海清副厅长参加会议。

9月24日,姜昕副厅长出席省级服务贸易基地和重点企业专家评审会。

9月24日,由省商务厅和香港投资推广署、香港中联办经济部贸易处共同主办的"苏港合作—利用香港平台开拓海外市场"研讨会以线上线下融合方式召开。孙津副厅长在江苏会场出席会议并致辞。

9月24日,中国德国商会(上海)"商会之夜"活动在太仓举办,孙津副厅长出席活动并致辞。

9月24日,中国对外贸易中心、广东省商务厅、江苏省商务厅、中国工商银行江苏省分行采取粤苏两地联动、线上线下结合的方式,共同举办第130届广交会江苏省招商推介会。周晓阳副厅长与中国对外贸易中心文仲亮副主任、广东省商务厅叶华二级巡视员、中国工商银行江苏省分行张海滨副行长出席会议并致辞。

9月24日至27日,郁冰滢二级巡视员带队参加在拉萨举办的"2021年苏拉农畜产品产销对接会"和拉萨国家级经济开发区分场对接会、西藏特色农畜产品展销馆现场采购等配套活动,期间,走访了江苏援藏前方指挥部及拉萨市商务局,看望了省商务厅援藏干部。

9月24日至26日,2021中国跨境电商交易会(秋季)在广州举行。作为"江苏优品·数贸全球"跨境电商专项行动重点项目,省商务厅组织250家企业现场参会,共计400余个展位。

9月26日,由商务部与湖南省人民政府共同主办的第二届中国—非洲经贸博览会在湖南省长沙市开幕。朱益民副厅长陪同惠建林副省长等省政府领导出席开幕式。

9月26日至27日,王存二级巡视员带队赴泰州深入商贸流通企业,通过听汇报、看现场、查台账、抽查提问等方式开展国庆节前市场保供和安全生产专项检查。

9月27至28日,姜昕副厅长带队赴南通市,围绕"以高水平开放助力通州湾新出海口建设"开展专题调研,实地考察通州湾新出海口及通州湾江海联动开发示范区建设发展情况,并召开座谈会听取意见和建议。

9月27日,孙津副厅长会见来访的大韩贸易投资振兴公社南京代表处新任首席代表金廷泰一行,双方就深化江苏与韩国经贸领域合作进行座谈交流。

9月28日,省商务厅完成参加省第十四次党代表大会代表候选人、参加省级机关党代会代表人选等推荐工作,并向省委组织部和省级机关工委分别报送相关材料。

9月28日,惠建林副省长主持召开省"外防输入"联防联控机制专题会议,胡广杰副省长、黄澜副秘书长出席会议并讲话,省疫情防控工作领导小组成员单位相关负责同志参会。周晓阳副厅长参加会议并作交流发言。

9月29日,周晓阳副厅长带队赴淮安市督查调研进口货物疫情防控工作,省卫健委、省市场监管局同志参加督查。

9月29日,厅综合处党支部、贸研所党支部联合举办9月"四度学堂"学习交流会活动。倪海清副厅长出席活动。

9月29日至30日,郁冰滢二级巡视员赴宿迁市泗洪县开展"三访三服务"活动,深入企业和电商特色产业园区开展实地调研。

9月29日,王存二级巡视员召集运营公司、技术公司专题研究协调省商务诚信公众服务平台建设工作。

9月30日,省委党史学习教育第八巡回指导组组长杨勇一行在省商务厅调研指导"两在两同"建新功行动相关工作并召开专题座谈会。厅党组书记、厅长陈涛向巡回指导组做汇报，厅党组成员、副厅长、机关党委书记陈晓梅，厅党组成员、副厅长姜昕，以及厅党史学习教育领导小组办公室部分成员参加座谈会。

10月1日，2021太湖（金秋）购物节暨深化创建国际消费中心城市启动仪式在无锡举办。陈涛厅长出席活动。

10月8日，陈涛厅长会见淮安市王向红副市长一行。

10月8日，陈涛厅长拜访商务部驻南京特派员办事处王选庆特派员，看望省商务厅所属事业单位同志。

10月8日，省商务厅召开第四届进博会江苏交易团秘书处工作会议，听取秘书处各专项组工作情况汇报，并就下一步重点工作进行动员部署。王存二级巡视员出席会议并讲话。

10月9日，陈涛厅长会见扬州市张礼涛副市长一行。

10月9日，2021江苏国际养老服务博览会在南京开幕，姜昕副厅长出席开幕式。

10月9日，省商务厅在南京召开全省国家级经开区年度综合发展水平考核评价工作会议，对全省国家级经开区参评相关工作进行部署。朱益民副厅长出席会议并讲话。

10月9日，省政府召开动力蓄电池回收利用专题工作会议。胡广杰副省长主持会议并讲话，郁冰滢二级巡视员参加会议。

10月9日，中国国际进口博览会组委会办公室召开"第四届进口博览会全国交易团工作电视电话会议"。商务部副部长、进口博览局党委书记、局长王炳南同志出席会议并讲话。王存二级巡视员在江苏分会场参加会议。

10月11日，吴政隆省长召开做好能源保障、能耗双控工作专题会议。陈涛厅长参加会议。

10月11日，国家知识产权局与江苏省人民政府合作举办会商会议及签约仪式。陈涛厅长参加活动。

10月11日，惠建林副省长召开研究广交会相关工作专题会议。陈涛厅长、周晓阳副厅长参加会议。

10月11日,惠建林副省长召开研究综保区相关工作专题会议。省自贸办主任陈涛厅长参加会议。

10月11日,省政府召开三季度经济形势座谈会。倪海清副厅长参加会议。

10月12日,姜昕副厅长、朱益民副厅长参加全省安全生产专项整治三年行动推进落实情况汇报会。

10月13日,省政协召开政企协商座谈会,围绕"进一步优化政策环境,促进民营经济健康发展"主题,与企业家面对面协商座谈。陈涛厅长参加座谈会。

10月13日,省外防输入联防联控机制召开会议,研究境外企业疫情防控协调组有关工作。省委常委、常务副省长樊金龙主持会议并讲话。陈涛厅长、周晓阳副厅长参加会议。

10月13日至14日,朱益民副厅长带队在南通市开展经济开发区安全专项整治督查和开发区"放管服"改革专题调研。

10月14日,第130届中国进出口商品交易会(广交会)在广州开幕。国家主席习近平向大会致贺信。国务院总理李克强出席广交会暨珠江国际贸易论坛开幕式,并发表主旨演讲。惠建林副省长出席开幕式,并调研江苏参展企业。陈涛厅长、周晓阳副厅长参加开幕式和调研等活动。

10月14日,2021全球服务贸易大会数字服务出口创新发展论坛在南京举办。姜昕副厅长出席活动。

10月14日,省商务厅、太仓市政府共同举办"太仓之夜·2021江苏—法国经贸合作交流会"。孙津副厅长出席会议并致辞。

10月14日,郁冰滢二级巡视员出席孩子王儿童用品股份有限公司首次公开发行股票并在创业板上市仪式活动。

10月15日,2021新时代江苏旅游发展论坛在淮安开幕。姜昕副厅长出席开幕式。

10月15日,2021两岸(昆山)产业合作论坛在昆山举行。孙津副厅长出席论坛开幕式并见证两岸青创项目集中签约。

10月19日,2021全国大众创业万众创新活动周江苏分会场启动仪式在常州市举办。郁冰滢二级巡视员出席活动。

10月20日,陈涛厅长参加海南省党政代表团来苏考察座谈会。

10月20日,朱益民副厅长出席武进国家高新区高质量发展大会。

10月20日至21日,郁冰滢带队赴镇江丹阳、淮安金湖等地开展电子商务进农村综合示范专题督查。

10月21日,陈涛厅长在省政府参加全省疫情防控工作视频会议。

10月21日,由省商务厅与德国北威州经济、创新、数字化与能源部(简称"经济部")共同主办的"北威州—中国创新峰会江苏专场"在南京举行。孙津副厅长出席活动并致辞,并于会后视频会见北威州经济部外经司比托夫司长。

10月21日,惠建林副省长在省政府主持召开打击冻品走私工作会议,周晓阳副厅长参加会议。

10月22日,陈涛厅长在江苏分会场参加全国新冠肺炎疫情防控工作电视电话会议。

10月22日,陈涛厅长参加省级机关十四届省"两委"委员人选推荐会议。

10月22日,省商务厅召开疫情防控工作领导小组会议,深入学习贯彻习近平总书记关于统筹推进疫情防控和经济社会发展重要论述以及党中央、国务院决策部署,传达国务院疫情防控工作电视电话会议、省委常委会和省政府疫情防控工作视频会议精神,对当前及今后一个时期全省商务领域疫情防控工作进行再动员、再部署、再抓实。陈涛厅长和厅领导班子成员参加会议。

10月22日,陈涛厅长会见英国阿斯利康中国区副总裁黄彬一行。孙津副厅长参加会见。

10月22日,王存二级巡视员带领疫情防控工作组赴昆山对接部署第四届进博会期间疫情防控工作。

10月23日,2021世界物联网博览会在无锡开幕。姜昕副厅长出席开幕式。

10月23日,2021全国农商互联暨乡村振兴产销对接大会在南京溧水白马农业国际博览中心举办，郁冰滢二级巡视员参加活动。

10月25日，省商务厅党组组织党史学习教育第七次集中学习研讨。厅党组书记、厅长陈涛主持会议，朱益民副厅长、孙津副厅长做重点发言。省级机关工委党建督查室刘振华主任一行与会指导。

10月25日，省政府召开季度工作会议。陈涛厅长参加会议。

10月25日，纪念韩培信同志百年诞辰座谈会在南京召开。周晓阳副厅长出席会议。

10月25日至29日，郁冰滢二级巡视员带队在淮安开展省疫情防控督查。

10月26日，陈涛厅长赴镇江开展商务工作调研。

10月26日，朱益民副厅长出席2021苏州相城国际经贸恳谈周开幕活动，并为"苏州相城国际商务创新区"揭牌。

10月26日，惠建林副省长会见巴西驻沪总领事乐思哲一行并见证双方企业签署合作协议，孙津副厅长陪同参加上述活动。

10月26日，孙津副厅长与省委驻睢宁县帮扶工作队队长王道发座谈交流。

10月26日，商务部召开2021年全国贸易救济工作电视电话会议。商务部副部长任鸿斌出席会议并讲话，商务部贸易救济局罗津局长主持会议并做工作报告。省发展改革、科技、工业和信息化、司法、财政、税务、南京海关等有关部门、省级进出口公平贸易工作站及省商务厅有关处室在江苏分会场收听收看。周晓阳副厅长参加会议。

10月27日，省商务厅召开厅季度工作会议，分析前三季度商务运行情况，研究下一阶段走势并部署相关工作。陈涛厅长主持会议，厅领导班子成员参加会议。

10月27日至28日，第四届中国（淮安）国际食品博览会在淮安开幕。陈涛厅长、姜昕副厅长出席开幕式并参加相关活动。

10月27日，省政府召开全省燃气安全工作电视电话会议。姜昕副厅长参加会议。

10月28日,惠建林副省长在盐城会见前来参加第三届中韩贸易投资博览会的韩国SK集团副会长徐镇宇一行。陈涛厅长陪同会见。

10月29日,第三届中韩贸易投资博览会在盐城开幕。惠建林副省长在开幕式上致辞。陈涛厅长、孙津副厅长出席开幕式。

10月30日,省商务厅召开第四届进博会江苏交易团秘书处专项工作会议,研究省领导、厅领导参会行程安排方案、江苏交易团参会人员证件激活及疫情防控事宜。王存二级巡视员出席会议并讲话。

11月1日,陈晓梅会见南通市商务局副局长黄柳春一行。

11月1日,孙津副厅长分别会见日本三菱日联银行苏州分行新任行长坂口裕康、无锡分行新任行长董晓春等一行和韩国LG集团新能源小型电池全球中心长具浩男一行。

11月2日,省商务厅召开厅长办公会和厅安委会会议。陈涛厅长主持会议,厅领导班子成员参加。

11月2日,省商务厅党组召开"两在两同"建新功行动调研成果交流会。厅党组书记、厅党史学习教育领导小组组长、厅长陈涛主持会议并讲话,厅领导班子成员参加会议并做交流。

11月2日,樊金龙常务副省长会见凯辉基金法国生态圈企业负责人一行。陈涛厅长陪同会见。

11月2日,孙津副厅长会见新加坡贸易及工业部东北亚司谢乐沁副司长一行。

11月3日,第四届进博会江苏交易团在昆山驻地召开秘书处工作会议,交流秘书处各专项组筹备工作情况。王存二级巡视员出席会议并做动员讲话。

11月4日,省委召开综合经济部门征求意见座谈会。陈涛厅长参加会议。

11月4日,许昆林代省长在上海出席第四届中国国际进口博览会开幕式暨第四届虹桥国际经济论坛。副省长兼江苏交易团团长惠建林、省商务厅厅长兼江苏交易团秘书长陈涛陪同参加。

11月4日，惠建林副省长出席无锡国际新能源展，周晓阳副厅长陪同参加活动。

11月5日，由省政府主办，省商务厅承办，省科技厅、省外办协办的2021江苏开放创新发展国际咨询会议于第四届中国国际进口博览会期间在上海举行。省委副书记、代省长许昆林出席会议并讲话，惠建林副省长主持会议，陈涛厅长在会上做重点招商项目信息推介。孙津副厅长出席会议。

11月5日，惠建林副省长在进博会人文交流活动江苏展区观看传统技艺现场表演，提出老字号企业要加快适应新消费生态、打造新消费模式，在引领"品质生活·苏新消费"活动中发挥更大作用。江苏交易团共组织10家有代表性的江苏老字号企业参加活动。省政府黄澜副秘书长、省商务厅陈涛厅长陪同参观。

11月6日，第四届进博会期间，商务部在上海举办中华老字号创新发展大会。商务部王炳南副部长出席大会并讲话，王存二级巡视员参加。

11月7日，由省政府主办，苏州市政府承办的第四届中新合作服务贸易创新论坛于第四届中国国际进口博览会期间在上海举行。商务部副部长王炳南、新加坡贸工部常任秘书林明亮、江苏省副省长惠建林致辞。姜昕副厅长出席论坛。

11月8日，姜昕副厅长在昆山开展服务贸易工作专题调研。

11月8日，省人大召开数字经济重点建议督办会暨专题询问工作协调会。郁冰滢二级巡视员参加会议。

11月9日，昆山市新兴产业发展大会召开。陈涛厅长出席活动。

11月9日，陈涛厅长赴昆山驻地看望慰问第四届进博会江苏交易团秘书处全体工作人员，现场听取秘书处各专题工作组有关工作汇报，对秘书处工作给予肯定。

11月9日，"长三角服务贸易一体化发展联盟"成立活动在上海举办。姜昕副厅长出席活动。

11月9日，潘贤掌副省长赴泰州兴化市调研推进挂钩联系的江苏兴达高性能子午线轮胎用钢帘线扩建项目。朱益民副厅长陪同调研。

11月9日,由商务部长三角产业安全监测工作站主办的"2021长三角产业安全发展论坛"在上海举办。周晓阳副厅长线上出席论坛,并与上海、浙江、安徽商务部门领导共同签署《关于加强长三角国际经贸风险防范和产业安全协同发展合作备忘录》。

11月10日,陈涛厅长在昆山开展商务工作调研。

11月11日,省政府召开省"十四五"现代服务业发展规划新闻发布会。姜昕副厅长出席发布会。

11月11日至12月,郁冰滢二级巡视员在睢宁县开展电子商务进农村综合示范督查。

11月12日,陈涛厅长会见南通市潘建华副市长一行。

11月12日,省商务厅党组理论学习中心组召开学习(扩大)会议,专题传达学习党的十九届六中全会精神,并就全会审议通过的《中共中央关于党的百年奋斗重大成就和历史经验的决议》进行研学交流。厅党组书记、厅长陈涛主持会议,厅领导班子成员参加会议。

11月12日,省商务厅召开消费促进活动专题座谈会,7家全省重点商贸流通企业、头部平台企业负责人及省商务厅有关部门主要负责同志参加座谈。王存二级巡视员出席会议并讲话。

11月15日,新加坡—江苏合作理事会第十五次会议以视频连线方式在南京、新加坡两地召开。省委副书记、代省长、理事会江苏方主席许昆林,新加坡总理公署部长兼财政部和国家发展部第二部长、理事会新方主席英兰妮出席会议并致辞。副省长、理事会江苏方副主席惠建林,新加坡卫生部兼人力部高级政务部长、理事会新方副主席许宝琨做会议总结。省政府秘书长陈建刚、副秘书长黄澜,新加坡驻上海总领事蔡簦合等出席会议。陈涛厅长在会上就"江苏利用RCEP机遇,加强新苏经贸合作"做专题发言。孙津副厅长参加会议。

11月15日,姜昕副厅长在省政府参加迎接国家知识产权保护工作实地检查考核工作会议。

11月16日,陈涛厅长会见日本瑞穗银行苏州分行行长山口真一一行。

11月16日,由商务部、韩国产业通商资源部、日本九州经济产业局共同举办的第19次泛黄海中日韩经济技术交流会议在线召开。孙津副厅长出席会议并就"疫情防控常态化背景下推动江苏与日韩产业链供应链合作"做主题交流发言。

11月17日,陈涛厅长会见阿里巴巴华东公司李嘉平总经理一行。

11月17日至18日,省商务厅召开年终工作专题对接会,总结2021年度工作亮点,查找困难并分析面临形势,细致谋划2022年度工作思路与举措。倪海清副厅长主持会议。

11月18日,省委在南京召开第十三届十一次全会。陈涛厅长参加会议。

11月18日,周晓阳副厅长带队赴泰州市督查调研进口货物疫情防控工作。省卫健委、省市场监管局派员参加督查活动。

11月18日至19日,根据省民营经济统战工作协调机制办公室安排,倪海清副厅带队赴扬州开展民营企业服务月调研指导,现场走访企业并召开专题座谈会。

11月19日,省委召开第三次"一带一路"建设座谈会。陈涛厅长参加会议。

11月19日,陈涛厅长参加省安全生产和应急管理工作座谈会。

11月19日,江苏省—北威州合作联委会第二次会议以视频连线方式在江苏南京、德国北威州杜塞尔多夫两地召开。副厅长、联委会江苏方主席孙津出席会议并致辞。

11月19日,第二十届中国(苏州)电子信息博览会开幕式暨第三届江苏省紫峰奖颁奖仪式在苏州举行。孙津副厅长出席活动。

11月22日,省商务厅党组召开会议,审议通过《江苏省商务厅先进处室目标考核评比办法》。厅党组书记、厅长陈涛主持会议,厅领导班子成员参加会议。

11月22日,孙津副厅长会见韩国(株)远东投资集团董事长、高丽制钢中国区董事长全炳雨一行。

11月22日,印发《江苏省商务厅跟班学习人员管理办法(试行)》。

11月23日至27日,陈涛厅长出席省第十四次党代会。

11月24日,朱益民副厅长带队赴扬州市开展经济开发区安全专项整治督查,并召开全省经济开发区安全专项整治省有关部门工作专班会议和苏中片区工作座谈会。

11月24日,由荷兰北布拉邦省经济发展署和荷兰驻上海总领事馆主办的荷兰(北布拉邦)企业交流会在苏州高铁新城举行。孙津副厅长出席活动并讲话,并会见荷兰驻上海总领事馆副总领事康如幸一行。

11月25日,姜昕副厅长赴江苏省电子口岸有限公司开展电子口岸建设工作专题调研,听取2021年工作情况和智慧口岸建设试点情况汇报,研究部署下一步重点工作。

11月25日,周晓阳副厅长带队赴镇江丹阳市开展外贸专题调研,并督查进口货物疫情防控措施落实情况。

11月25日,商务部召开全国电子商务工作视频会议。商务部副部长任鸿斌出席会议并讲话,电子商务司司长骞芳莉主持会议。省商务厅二级巡视员郁冰滢在江苏分会场参加会议。

11月27日,省商务厅组织2021年重点研究课题结项专家评审会。省人大财经委、省政府研究室、省社科联、省战略与发展研究中心等单位专家组成专家组,对13个厅重点研究课题进行评审。倪海清副厅长主持评审会。

11月29日,陈涛厅长参加学习贯彻党的十九届六中全会精神中央宣讲团宣讲报告会。

11月29日,省商务厅党组理论学习中心组召开学习(扩大)会议,传达学习省第十四次党代会精神。厅党组书记、厅长陈涛主持会议,厅领导班子成员参加。

11月29日,陈晓梅副厅长会见盐城市政府副市长蒋巍一行。

11月29日,江苏—韩国经贸合作联席会议第一次会议以线上方式召开。陈涛厅长出席会议并致辞,孙津副厅长就韩方关切问题进行回复。

11月30日,省委书记吴政隆在南京会见韩国SK集团中国事务副会长徐镇宇一行。惠建林副省长、潘贤掌副省长,陈涛厅长参加会见。

11月30日,省政府召开苏宁风险处置专题会议。陈涛厅长参加会议。

11月30日,省委办公厅召开在非企业专项工作协调会议。省委副秘书长、省委办公厅主任、省委国安办常务副主任杨根平主持会议并讲话。陈晓梅副厅长参加会议并做相关情况汇报。

11月30日,省商务厅召开江苏外资政策视频宣讲会。省应急管理厅、省生态环境厅、省财政厅有关部门负责同志分别就本行业涉企政策进行解读。孙津副厅长出席会议并讲话。

12月1日,吴政隆书记召开经济形势分析专题会议。陈涛厅长参加会议。

12月1日,2021中国江苏电子商务大会在南京召开。郁冰滢二级巡视员出席大会并致辞。

12月1日,省人大组织关于推进数字经济发展专题询问。郁冰滢二级巡视员现场接受询问。

12月1日,省商务厅会同省发展改革委、省工业和信息化厅、省生态环境厅、省交通运输厅、省市场监管局联合印发《关于进一步完善报废机动车回收企业资质认定相关工作的通知》,进一步细化资质认定材料清单、明确专家验收标准、压实地方有关部门责任,指导企业有序申报,促进行业健康发展。

12月2日,陈涛厅长在江苏分会场参加全国城镇燃气安全排查整治动员部署电视电话会议。

12月3日至7日,省委举办全省领导干部专题研修班。陈涛厅长参加研修班学习并做交流发言。

12月3日,省电商协会第二届第二次常务理事会在南京召开。郁冰滢二级巡视员出席会议。

12月5日,省政府召开省境外公民和机构安全保障工作会议。省委常委、常务副省长费高云主持会议并讲话。陈晓梅副厅长参加会议并做汇报。

12月7日,省政府召开省境外公民和机构安全保障工作联席会议暨省"一带一路"建设境外安全保障协调小组工作会议。受省委常委、常务副省长费高云委托,省政府副秘书长黄澜主持会议并讲话。陈晓梅副厅长参加并做相关情况汇报。

12月7日,省委巡视办召开开发区相关工作专题座谈会。朱益民副厅长参加会议。

12月8日至11日,由省政府主办,省港澳办、省发展改革委、省商务厅等单位承办的"澳门江苏周"经贸人文交流活动在澳门举办。省委常委、省委统战部部长惠建林出席活动并拜会澳门特区政府、澳门中联办、中葡论坛常设秘书处等机构。陈涛厅长、孙津副厅长出席上述有关活动。

12月9日,省服务外包协会三届二次会员大会在南京召开。姜昕副厅长出席大会。

12月9日,由国台办经济局、江苏省台办、江苏省商务厅和淮安市政府主办的第十六届台商论坛在淮安市举行。倪海清副厅长出席论坛。

12月9日至10日,国务院联防联控机制口岸进口冷链食品疫情防控督查组在苏州开展专题调研。郁冰滢二级巡视员带队陪同调研,省公安厅、省卫健委、省市场监督管理局有关同志参加。

12月10日,倪海清副厅长赴省委改革办沟通江苏开放型经济督查反馈情况。

12月10日,2021自由贸易园区发展国际论坛在江苏自贸试验区南京片区举行。倪海清副厅长出席会议并做专题交流发言。

12月11日,"苏新消费·冬季购物节"暨第二届"双12苏州购物节"启幕仪式在苏州主会场举办,无锡、徐州、南通、淮安、扬州、镇江等地设分会场。陈涛厅长、王存二级巡视员出席活动。

12月11日,"双十二"·金山消费节启动仪式在镇江举行。姜昕副厅长出席活动。

12月13日,省商务厅党组召开会议,听取巡察情况汇报。厅党组书记、厅长陈涛主持会议,厅领导班子成员参加。

12月13日至15日,省商务厅举办厅机关年轻干部能力素质提升培训班。姜昕副厅长出席开班式并做动员讲话,倪海清副厅长为培训班学员进行专题授课。

12月14日，《江苏省成品油流通管理办法》经省政府第95次常务会议讨论通过，自2022年3月1日施行。陈涛厅长参加会议。

12月15日，省商务厅召开商务工作务虚会。陈涛厅长主持会议。

12月15日，省商务厅召开巡察反馈会，向服务中心、信息中心、流促中心党支部反馈巡察意见，指导被巡察党支部做好巡察整改相关工作。陈晓梅副厅长主持会议。

12月15日，苏港合作联席会议第九次会议以视频连线方式在南京、香港两地举行。省委常委、常务副省长费高云主持会议并讲话，香港贸发局总裁方舜文出席并讲话。江苏省有关部门和香港有关机构负责人、双方企业代表参加会议。陈涛厅长在会上发言，并与香港贸发局中国内地总代表钟永喜签署苏港合作联席会议第九次会议纪要。孙津副厅长出席会议。

12月16日，厅党组书记、厅长陈涛率队赴南通市开展"两在两同"建新功行动专题调研，省委党史学习教育第八巡回指导组杨勇组长一行受邀参加调研。南通市政府有关领导，市商务局、海门区政府有关负责同志陪同调研。

12月16日，姜昕副厅长在南京市开展餐饮电商平台专题调研。

12月16日，商务部召开全国部分省市商务部门电视电话会议。倪海清副厅长代表江苏省商务厅参会并做交流发言。

12月17日，第二届江苏质量大会在南京召开。陈涛厅长出席会议。

12月17日，省政府召开经济形势分析专题会议。陈涛厅长参加会议。

12月17日，2021年长三角地区合作与发展联席办第二次会议召开。倪海清副厅长参加并代表长三角商务专题合作组做交流发言。

12月17日，商务部召开"2022全国网上年货节"部分省市和重点电商平台企业视频会议。郁冰滢二级巡视员参加并发言。

12月17日，商务部召开全国商务系统元旦春节期间疫情防控工作电视电话会议。商务部副部长王炳南出席会议并讲话，商务部有关部门负责同志在主会场参加会议，各省(市、自治区)商务主管部门同志以视频形式在分会场参加会议。王存二级巡视员在江苏分会场参加会议。

12月21日,陈涛厅长、姜昕副厅长会见扬州市政府相关负责同志一行。

12月21日,省政府召开医药产业发展专题会议。陈涛厅长参加会议。

12月21日,姜昕副厅长在中国(南京)软件谷开展国家数字服务出口基地专题调研。

12月21日,商务部以视频方式组织召开全国对欧合作园区联席会议,江苏、浙江、四川、广东、山东、安徽等地方商务主管部门和全国14家对欧合作园区参会。孙津副厅长出席会议并做交流发言。

12月22日,省委召开经济工作会议和2021年度干部选拔任用工作"一报告两评议"会议。陈涛厅长参加会议。

12月22日,姜昕副厅长赴中国电子口岸数据中心南京分中心调研,听取今年以来工作情况和支持省电子口岸"单一窗口"建设情况介绍,交流研究下一步重点工作。

12月22日,周晓阳副厅长带队赴常州开展进口物品疫情防控专项督查。省市场监管局、省邮政管理局、省卫生健康委派员参加督查。

12月22日,孙津副厅长会见韩国LG Display株式会社常务、乐金显示(南京)有限公司总经理金胜祷一行,并代表省商务厅接受企业赠送的锦旗。

12月22日至24日,全省商务系统电商业务能力提升专题培训班在南京举办。郁冰滢二级巡视员出席开班式并讲话。

12月23日,省委召开人才工作会议。陈涛厅长参加会议。

12月23日,商务部召开2021年全国地方世贸组织工作电视电话会议。商务部党组书记、部长王文涛做视频致辞,副部长兼国际贸易谈判副代表王受文专题讲话。陈涛厅长参加会议并做交流发言,周晓阳副厅长一同参会。

12月23日,省商务厅召开厅数字贸易专班工作会议。姜昕副厅长出席会议。

12月23日,省商务厅在扬州市邗江区举办"电商公共服务全省行"第五站暨"台商走电商"专场活动。郁冰滢二级巡视员出席活动。

12月24日,全省新冠肺炎疫情防控工作电视电话会议和全省安全生产电视电话会议暨省安委会全体(扩大)会议分别召开。陈涛厅长参加会议。

12月27日,厅党组书记、厅长陈涛向全省商务系统宣讲省第十四党代会精神,厅领导班子成员参加。

12月28日,商务部召开全国商务工作电视电话会议。陈涛厅长和厅领导班子成员在江苏分会场参加会议。

12月28日,2021中国(扬州)国际创意美食博览会暨第三届中国早茶文化节在扬州开幕。姜昕副厅长出席开幕式。

12月29日,省委召开民族工作会议。陈涛厅长、倪海清副厅长参加会议。

12月29日,陈涛参加地方党委系统统一战线发挥作用工作交流会。

12月29日,省商务厅召开厅安全生产委员会办公室工作会议,传达学习省安全生产电视电话会议精神,分析研判当前商务领域安全生产形势,并研究部署元旦、春节及冬奥会期间全省商务领域安全生产工作。王存二级巡视员主持会议。

12月29日至30日,西藏自治区商务厅在江苏开展商贸物流降本增效工作调研。王存二级巡视员与西藏自治区商务厅苏斌副厅长一行进行工作交流。

12月30日,商务部召开全国商务工作视频座谈会。商务部王文涛部长和部领导班子出席座谈会。胡广杰副省长,陈涛厅长和厅领导班子成员在省政府参加会议。

12月30日,淮安市举办"幸福满淮·安心消费——冬季购物节"启动仪式。王存二级巡视员出席活动。

12月31日,陈涛厅长和厅领导班子成员参加厅机关民主推荐干部会议。

12月31日,省商务厅举行2021年度干部荣誉退休仪式。陈涛厅长出席活动并讲话,姜昕副厅长主持仪式。

12月31日,陈涛厅长会见中江国际集团宋勤波董事长一行。

12月31日,省商务厅召开2021年度党支部书记述职会议,厅直属机关党委书记陈晓梅副厅长、驻厅纪检监察组郝建祥组长出席会议。

12月31日,朱益民副厅长带队赴南京江宁滨江经济开发区开展安全专项整治督查。

12月31日,省商务厅召开全省商务系统安全生产工作电视电话会议,王存二级巡视员出席会议并讲话。

12月31日,省政府在南京召开江苏省"十四五"消费促进规划新闻发布会。王存二级巡视员出席发布会。

2021 年江苏省相关经贸数据

2021 年全省国民经济主要指标

金额单位：亿元

指　　标	12月 绝对值	12月 同比	1—12月 绝对值	1—12月 同比
1. 规模以上工业增加值	—	—	116 364.2	8.6%
2. 全社会用电量(亿千瓦时)	631.9	－1.8%	7 101.2	11.4%
工业用电量	476.3	－3.2%	4 980.0	10.1%
3. 固定资产投资	—	—	—	5.8%
工业投资				
房地产开发投资	—	—	13 477.4	2.3%
4. 限额以上社会消费品零售总额	1 737.8	4.9%	15 950.3	15.8%
5. 一般公共预算收入	748.6	3.7%	10 015.2	10.6%

续 表

指 标	12月 绝对值	12月 同比	1—12月 绝对值	1—12月 同比
税收收入	—	—	8 171.3	10.2%
6. 一般公共预算支出	—	—	14 586.0	6.6%
7. 金融机构人民币存款余额(月末)	—	—	189 433.1	9.8%
8. 金融机构人民币贷款余额(月末)	—	—	177 970.1	15.2%
9. 居民消费价格指数(上年同期=100)	101.8	上涨1.8个百分点	101.6	上涨1.6个百分点
10. 工业生产者出厂价格指数	108.7	上涨8.7个百分点	106.3	上涨6.3个百分点

2021年沿海兄弟省市商务主要指标完成情况

指　　标		广东	上海	浙江	山东	江苏	全国
社会消费品零售总额（亿元）	1—12月	44 187.7	18 079.3	29 210.5	33 714.5	42 702.6	440 823.2
	同比	9.9%	13.5%	9.7%	15.3%	15.1%	12.5%
	占全国比重	10.0%	4.1%	6.6%	7.6%	9.7%	100.0%
进出口（亿元）	1—12月	82 680.3	40 610.4	41 429.1	29 304.1	52 130.6	391 008.5
	同比	16.7%	16.5%	22.4%	32.4%	17.1%	21.4%
进出口（亿美元）	1—12月	12 795.5	6 286.0	6 410.9	4 536.3	8 068.7	60 514.9
	同比	25.0%	24.8%	31.2%	41.7%	25.5%	30.0%
	占全国比重	21.1%	10.4%	10.6%	7.5%	13.3%	100.0%
出口（亿元）	1—12月	50 528.7	15 718.7	30 121.3	17 582.7	32 532.3	217 347.6
	同比	16.2%	14.6%	19.7%	34.8%	18.6%	21.2%
出口（亿美元）	1—12月	7 819.1	2 433.1	4 661.2	2 722.3	5 035.4	33 639.6
	同比	24.5%	22.9%	28.4%	44.1%	27.1%	29.9%
	占全国比重	23.2%	7.2%	13.9%	8.1%	15.0%	100.0%
进口（亿元）	1—12月	32 151.6	24 891.7	11 307.8	11 721.4	19 598.3	173 660.9
	同比	17.4%	17.7%	30.3%	29.0%	14.8%	21.5%
进口（亿美元）	1—12月	4 976.4	3 852.9	1 749.7	1 813.9	3 033.3	26 875.3
	同比	25.7%	26.0%	39.5%	38.2%	23.0%	30.1%
	占全国比重	18.5%	14.3%	6.5%	6.7%	11.3%	100.0%
实际使用外资（亿美元）	1—12月	276.6	233.3	183.4	215.2	288.5	1 734.8
	同比	18.0%	22.7%	16.2%	21.9%	22.7%	20.2%
境外中方投资（亿美元）	1—12月	139.0	196.2	89.9	—	66.8	1 451.9
	同比	10.2%	29.8%	−18.5%	—	15.3%	9.2%

注：广东、上海、浙江、江苏为协议投资额。

2021年全省社会消费品零售总额

金额单位：亿元

指　标	1—12月 绝对值	1—12月 同比	1—12月 比重
社会消费品零售总额	42 702.6	15.1%	100.0%
限额以上社会消费品零售总额	15 950.3	15.8%	37.4%
其中：通过公共网络实现的零售额	2 630.2	26.9%	6.2%
1. 粮油、食品类	1 708.5	16.0%	4.0%
2. 饮料	176.2	18.6%	0.4%
3. 烟酒	441.3	17.6%	1.0%
4. 服装、鞋帽、针纺织品类	1 439.4	16.7%	3.4%
5. 化妆品类	255.4	3.1%	0.6%
6. 金银珠宝类	345.6	22.4%	0.8%
7. 日用品类	828.2	22.6%	1.9%
8. 五金、电料类	160.9	23.1%	0.4%
9. 体育、娱乐用品类	90.8	39.8%	0.2%
10. 书报杂志类	153.7	－26.2%	0.4%
11. 家用电器和音像器材类	1 019.8	12.4%	1.2%
12. 中西药品类	506.5	9.2%	1.2%
13. 文化办公用品类	364.4	13.5%	0.9%
14. 家具类	128.0	11.5%	0.3%
15. 通信器材类	456.5	8.0%	1.1%
16. 石油及制品类	1 871.8	26.6%	4.4%
17. 建筑及装潢材料类	403.0	36.9%	0.9%
18. 汽车类	4 255.9	9.9%	10.0%

2021年全省各设区市及直管县(市)进出口情况

金额单位:亿元

指标	进出口 累计金额	进出口 同比	进出口 比重	出口 累计金额	出口 同比	出口 比重	进口 累计金额	进口 同比	进口 比重
全省	52 130.6	17.1%	100.0%	32 532.3	18.6%	100.0%	19 598.3	14.8%	100.0%
南京市	6 366.8	19.2%	12.2%	3 989.9	17.4%	12.3%	2 376.9	22.3%	12.1%
无锡市	6 829.4	12.4%	13.1%	4 221.8	19.1%	13.0%	2 607.6	3.1%	13.3%
徐州市	1 254.2	18.3%	2.4%	1 050.3	21.5%	3.2%	203.9	4.1%	1.0%
常州市	3 017.8	24.9%	5.8%	2 196.4	22.3%	6.8%	821.5	32.4%	4.2%
苏州市	25 332.0	13.5%	48.6%	14 875.8	15.0%	45.7%	10 456.2	11.3%	53.4%
南通市	3 405.8	29.7%	6.5%	2 263.4	26.3%	7.0%	1 142.4	37.0%	5.8%
连云港市	936.7	45.0%	1.8%	389.0	48.1%	1.2%	547.8	42.9%	2.8%
淮安市	386.8	12.7%	0.7%	281.3	18.4%	0.9%	105.5	−0.1%	0.5%
盐城市	1 125.0	36.4%	2.2%	701.2	26.5%	2.2%	423.8	56.6%	2.2%
扬州市	969.1	25.3%	1.9%	712.2	22.8%	2.2%	256.9	32.7%	1.3%
镇江市	834.4	15.4%	1.6%	596.1	16.4%	1.8%	238.3	13.1%	1.2%
泰州市	1 222.8	20.5%	2.3%	863.1	29.8%	2.7%	359.7	2.9%	1.8%
宿迁市	449.8	35.2%	0.9%	392.0	35.3%	1.2%	57.8	34.4%	0.3%
苏南地区	42 380.4	14.9%	81.3%	25 879.9	16.6%	79.6%	16 500.5	12.3%	84.2%
苏中地区	5 597.7	26.8%	10.7%	3 838.8	26.4%	11.8%	1 759.0	27.7%	9.0%
苏北地区	4 152.5	29.5%	8.0%	2 813.7	27.4%	8.6%	1 338.8	34.1%	6.8%

2021年全省各设区市及直管县(市)外商直接投资情况

省辖市 (直管县)	实际使用外资			本期外商投资企业		
	1—12月 金额(万美元)	同比	占比	企业数	同比	占比
全　省	3 299 649	16.3%	100.0%	4 237	18.6%	100.0%
南京市	501 445	11.1%	15.2%	688	16.2%	16.2%
无锡市	380 714	5.1%	11.5%	372	36.3%	8.8%
徐州市	242 250	10.1%	7.3%	227	21.4%	5.4%
常州市	307 147	13.0%	9.3%	316	38.6%	7.5%
苏州市	699 219	26.2%	21.2%	1 462	16.4%	34.5%
南通市	312 096	15.1%	9.5%	287	38.0%	6.8%
连云港市	82 430	21.9%	2.5%	108	35.0%	2.5%
淮安市	126 389	17.0%	3.8%	165	13.0%	3.9%
盐城市	126 019	24.5%	3.8%	155	−1.3%	3.7%
扬州市	173 007	17.7%	5.2%	173	19.3%	4.1%
镇江市	80 949	2.8%	2.5%	100	25.0%	2.4%
泰州市	182 753	22.3%	5.5%	124	−14.5%	2.9%
宿迁市	85 231	53.4%	2.6%	59	−22.4%	1.4%
昆　山	122 481	16.9%	3.7%	339	7.6%	8.0%
泰　兴	42 710	13.6%	1.3%	35	6.1%	0.8%
沭　阳	12 578	14.2%	0.4%	12	20.0%	0.3%
苏南地区	1 969 474	14.6%	59.7%	2 938	21.0%	69.3%
苏中地区	667 856	17.6%	20.2%	584	17.3%	13.8%
苏北地区	662 319	19.9%	20.1%	714	10.5%	16.9%
沿海地区	520 545	18.3%	15.8%	550	23.6%	13.0%

注：1. 泰州市数据中含靖江园区数；
　　2. 沿海地区包括南通市、连云港市、盐城市。

2021年全省各设区市及直管县(市)境外投资累计情况

指　　标	新批项目数 1—12月(万美元)	同比	比重	中方协议投资 1—12月(万美元)	同比	比重
全　省	726	3.9%	100.0%	667 584.0	15.3%	100.0%
南京市	91	3.4%	12.5%	44 722.8	4.4%	6.7%
无锡市	97	9.0%	13.4%	125 674.0	1.6%	18.8%
徐州市	22	－33.3%	3.0%	22 114.6	－54.3%	3.3%
常州市	47	－31.9%	6.5%	54 184.7	51.4%	8.1%
苏州市	349	47.9%	48.1%	324 384.7	97.9%	48.6%
南通市	43	－44.2%	5.9%	18 516.9	－60.1%	2.8%
连云港市	16	－5.9%	2.2%	21 255.1	122.0%	3.2%
淮安市	1	－87.5%	0.1%	100.0	－90.7%	—
盐城市	6	－33.3%	0.8%	21 219.5	－34.1%	3.2%
扬州市	16	—	2.2%	4 961.5	－48.2%	0.7%
镇江市	15	－31.8%	2.1%	9 351.7	－70.7%	1.4%
泰州市	17	－29.2%	2.3%	20 521.3	－32.6%	3.1%
宿迁市	6	－45.5%	0.8%	577.3	－83.2%	0.1%
昆　山	32	60.0%	4.4%	17 480.6	30.1%	2.6%
泰　兴	2	－66.7%	0.3%	2.0	—	—
沭　阳	1	－80.0%	0.1%	0.1	－99.6%	—
苏南地区	599	18.9%	82.5%	558 317.8	40.2%	83.6%
苏中地区	76	－35.0%	10.5%	43 999.6	－49.1%	6.6%
苏北地区	51	－34.6%	7.0%	65 266.6	－31.0%	9.8%

2021年全省各设区市及直管县(市)对外承包工程累计情况

指　　标	新签合同额			完成营业额		
	1—12月(万美元)	同比	比重	1—12月(万美元)	同比	比重
全　　省	559 451	2.5%	100.0%	595 277	−4.7%	100.0%
南　　京	188 690	−12.8%	33.7%	241 317	6.3%	40.5%
无　　锡	—	—	—	3 182	12 628.0%	1.3%
徐　　州	86	−98.1%	—	5 185	−46.8%	0.9%
常　　州	44 037	244.8%	7.9%	27 593	8.2%	4.6%
苏　　州	109 733	334.2%	19.6%	42 022	−9.6%	7.1%
南　　通	113 362	−13.1%	20.3%	182 440	3.5%	30.6%
连 云 港	554	—	—	110	−85.3%	—
淮　　安	6 020	−10.1%	1.1%	5 899	−49.5%	1.0%
盐　　城	—	—	—	580	−43.4%	0.1%
扬　　州	26 888	−52.3%	4.8%	17 404	−50.9%	2.9%
镇　　江	3 059	−67.6%	0.5%	21 786	−11.0%	3.7%
泰　　州	67 022	4.2%	12.0%	47 761	−27.7%	8.0%
宿　　迁	—	—	—	—	—	—
昆　　山	84 089	363.9%	15.0%	20 087	8.3%	3.4%
泰　　兴	—	—	—	3 701	−82.1%	0.6%
沭　　阳	—	—	—	—	—	—
苏南地区	345 519	30.9%	61.8%	335 900	3.9%	56.4%
苏中地区	207 272	−17.5%	37.0%	247 605	−10.9%	41.6%
苏北地区	6 660	−78.2%	1.2%	117 74	−49.3%	2.0%

2021年全省各设区市及直管县(市)对外劳务合作累计情况

指标	新签劳务人员合同工资总额 1—12月(万美元)	同比	比重	劳务人员实际收入总额 1—12月(万美元)	同比	比重
全　省	18 831	−8.1%	100.0%	43 220	−24.1%	100.0%
南　京	3 702	4.2%	19.7%	13 198	−24.3%	30.5%
无　锡	5	−98.7%	—	156	225.0%	0.4%
徐　州	—	—	—	—	—	—
常　州	200	—	1.1%	382	−41.2%	0.9%
苏　州	700	29.6%	3.7%	4 017	4.7%	9.3%
南　通	12 410	134.7%	65.9%	18 336	−7.9%	42.4%
连云港	794	−90.6%	4.2%	1 802	−57.7%	4.2%
淮　安	—	—	—	19	−78.7%	—
盐　城	120	−33.0%	0.6%	827	21.6%	1.9%
扬　州	690	−58.9%	3.7%	3 902	−34.7%	9.0%
镇　江	126	−60.0%	0.7%	129	17.3%	0.3%
泰　州	—	—	—	110	−96.7%	0.3%
宿　迁	84	42.4%	0.4%	342	−38.9%	0.8%
昆　山	—	—	—	—	—	—
泰　兴	—	—	—	108	−95.3%	0.2%
沭　阳	—	—	—	—	—	—
苏南地区	4 733	−57.1%	25.1%	17 882	−9.9%	41.4%
苏中地区	13 100	−40.0%	69.6%	22 348	−62.0%	51.7%
苏北地区	998	−85.6%	5.3%	2 990	−63.5%	6.9%